A REBELIÃO DAS
MASSAS

JOSÉ ORTEGA Y GASSET

A REBELIÃO DAS MASSAS

Tradução
MARYLENE PINTO MICHAEL
Revisão da Tradução
MARIA ESTELA HEIDER CAVALHEIRO

martins fontes
selo martins

© 2019 Martins Editora Livraria Ltda.,
São Paulo, para a presente edição.
© *Herederos de José Ortega y Gasset*.
Esta obra foi publicada originalmente em espanhol sob o título
La rebelión de las masas.

Publisher	*Evandro Mendonça Martins Fontes*
Coordenação editorial	*Vanessa Faleck*
Produção editorial	*Carolina Cordeiro Lopes*
Revisão	*Julio de Mattos*
	Lucas Torrisi
	Renata Sangeon

Dados Internacionais de Catalogação na Publicação (CIP)
Angelica Ilacqua CRB-8/7057

Ortega y Gasset, José, 1883-1955
 A rebelião das massas / José Ortega y Gasset ; tradução Marylene Pinto Michael ; revisão da tradução Maria Estela Heider Cavalheiro. – 4. ed. – São Paulo : Martins Fontes – selo Martins, 2019.
 312 p.

 ISBN: 978-85-8063-369-6
 Título original: La rebelión de las masas

 1. Civilização moderna 2. Cultura – História 3. Europa – Civilização 4. Proletariado I. Título II. Colomb, Gregory G. III. Williams, Joseph M. IV. Monteiro, Henrique A. Rego

19-0969   CDD-909

Índices para catálogo sistemático:
1. Civilização e cultura : História   909

Todos os direitos desta edição reservados à
Martins Editora Livraria Ltda.
Av. Dr. Arnaldo, 2076
01255-000 São Paulo SP Brasil
Tel.: (11) 3116 0000
info@emartinsfontes.com.br
www.emartinsfontes.com.br

SUMÁRIO

Prólogo para franceses 1

Primeira Parte
A REBELIÃO DAS MASSAS

I. O fato das aglomerações.................................	41
II. A subida do nível histórico.............................	49
III. A altura dos tempos..	57
IV. O crescimento da vida.....................................	67
V. Um dado estatístico...	77
VI. Começa a dissecção do homem-massa...........	85
VII. Vida nobre e vida vulgar, ou esforço e inércia...	93
VIII. Por que as massas intervêm em tudo e por que só intervêm violentamente..............................	101
IX. Primitivismo e técnica....................................	111
X. Primitivismo e história...................................	121
XI. A época do "senhorzinho satisfeito"...............	129
XII. A barbárie da "especialização"......................	141
XIII. O maior perigo, o Estado................................	149

Segunda Parte
QUEM MANDA NO MUNDO?

XIV. Quem manda no mundo? 161
XV. Chega-se à verdadeira questão 221

Epílogo para ingleses 225
    Quanto ao pacifismo 235

A dinâmica do tempo
    As vitrines mandam 271
    Juventude 277
    Masculino ou feminino? 289

Fac-símile da primeira página manuscrita de uma conferência feita pelo autor na Alemanha.

PRÓLOGO PARA FRANCESES

I

Este livro – supondo-se que seja um livro – data... Começou a ser publicado num diário madrileno em 1926, e o assunto de que trata é demasiadamente humano para que o tempo não o afete demasiadamente. Há, sem dúvida, épocas em que a realidade humana, sempre móvel, se acelera, atingindo velocidades vertiginosas. A nossa é uma época desse tipo, porque é de descidas e quedas. Eis por que os fatos ultrapassam o livro. Muito do que nele se previa foi logo um presente e já é passado. Além disso, como este livro tem circulado muito fora da França durante estes anos, muitas de suas fórmulas chegaram ao leitor francês por vias anônimas e são simples lugar-comum. Teria sido, pois, uma excelente ocasião de se praticar a obra de caridade mais apropriada a nosso tempo: não publicar livros supérfluos. Fiz o possível nesse sentido – há cinco anos que a Casa Stock me propôs sua versão –, mas me fizeram ver que o conjunto de ideias enunciadas nestas páginas não é do conhecimento do leitor francês e que, certo ou errado, seria útil submetê-lo à sua meditação e à sua crítica.

Não estou muito convencido disso, mas também não é o caso de se polemizar. O que me importa, sem dúvida, é que não comecem a lê-lo com expectativas improcedentes. Esclareçamos, pois, que se trata simplesmente de uma série de artigos publicados num diário madrileno de grande circulação. Como quase tudo o que tenho escrito, estas páginas foram dirigidas a um certo número de espanhóis que o destino me ofereceu como leitores. Não é extremamente improvável que minhas palavras, mudando agora de destinatário, consigam transmitir aos franceses o que elas pretendem enunciar? Não me atrevo a esperar tal sorte, por estar convencido de que falar é uma operação muito mais ilusória do que se costuma achar, naturalmente, como quase tudo que o homem faz. Definimos a linguagem como o meio que serve para manifestar nossos pensamentos. Mas uma definição, se é verídica, é irônica, implica tácitas reservas, e quando não é interpretada dessa forma produz resultados funestos. Assim também é esta. O menos grave é o fato de a linguagem também servir para ocultar nossos pensamentos, para mentir. A mentira seria impossível se o falar primário e normal não fosse sincero. A moeda falsa circula apoiada pela moeda verdadeira. No final, o engano se apresenta como um humilde parasita da ingenuidade.

Não; o mais perigoso daquela definição é a maneira otimista como costumamos ouvi-la. Porque ela mesma não nos assegura que mediante a linguagem podemos manifestar adequadamente todos os nossos pensamentos. Não se compromete a tanto, mas também não nos faz ver claramente a verdade estrita: que sendo impossível para o homem entender-se com seus semelhantes, estando condenado à solidão radical, desenvolve esforços extenuantes para chegar ao próximo. Dentre esses esforços, a linguagem é o que às vezes consegue transmitir, mais aproximadamente, algumas das coisas que se passam dentro de nós. Apenas isso. Mas, geralmente, essas restrições não são levadas em conta. Ao contrário, quando o homem fala ele o faz *porque* acha que vai poder dizer tudo o que pensa. Pois bem, isso é um engano. A linguagem não consegue tanto. Diz, aproximadamente, uma parte do que pensamos e abre um fosso intransponível para a transmissão do restante. Serve bastante bem para enunciados e provas matemáticas; já para falar sobre Física começa a se tornar equívoca e insuficiente. Mas na medida em que a conversação trata de temas mais importantes que esses, mais humanos, mais "reais", aumentam sua imprecisão, sua inabilidade e confusionismo. Acreditando no arraigado preconceito de que falando nos entendemos, dizemos e escutamos de tão boa-fé, que muitas vezes acabamos por nos desentender muito mais do que se procurássemos nos adivinhar, mudos.

Esquece-se com demasiada frequência de que todo dizer autêntico não só diz algo, mas que algo é dito a alguém por alguém. Em todo dizer há um emissor e um receptor que não são indiferentes ao significado das palavras. Este varia quando aquelas variam. *Duo si idem dicunt non est idem.* Todo vocábulo é ocasional[1]. A linguagem é diálogo por essência, e todas as outras formas do falar diminuem o poder de sua eficácia. Por isso, acho que um livro só é bom na medida em que nos traz um diálogo latente, em que sentimos que o autor sabe imaginar concretamente seu leitor e este sente como se uma mão ectoplásmica saísse das linhas para tocar sua pessoa, para acariciá-la – ou então, cortesmente, dar-lhe um soco.

---

1. Cf. o ensaio do autor intitulado "History as a System", no livro *Philosophy and History, Homages to Ernst Cassirer*, Londres, 1936. (Cf. edição espanhola "Historia como sistema", no vol. VI das *Obras completas* do autor.)

Tem-se abusado da palavra e por isso ela caiu no desprestígio. Como em tantas outras coisas, o abuso consistiu aqui no uso sem preocupações, sem consciência da limitação do instrumento. Há quase dois séculos acredita-se que falar é falar *urbi et orbi*, isto é, a todo mundo e a ninguém. Detesto essa maneira de falar e sofro quando não sei muito concretamente a quem estou falando.

Contam, sem insistir muito na veracidade do fato, que quando foi celebrado o jubileu de Victor Hugo foi organizada uma grande festa no palácio do Eliseu, à qual compareceram representantes de todas as nações para homenageá-lo. O grande poeta se achava no salão de recepção, em solene pose de estátua, com o cotovelo apoiado na borda de uma lareira. Os representantes das nações iam se adiantando e prestavam sua homenagem ao vate francês. O porteiro do palácio ia anunciando a todos em voz alta:

"Monsieur le Représentant de l'Angleterre!" E Victor Hugo, com voz de dramático *trémolo*, com um olhar vago, dizia: "L'Angleterre! Ah, Shakespeare!". O porteiro continuava: "Monsieur le Représentant de l'Espagne!". E Victor Hugo: "L'Espagne! Ah, Cervantès!". O porteiro: "Monsieur le Représentant de l'Allemagne!". E Victor Hugo: "L'Allemagne! Ah, Goethe!".

Aí, então, chegou a vez de um senhor atarracado, gorducho e de andar desajeitado. O porteiro exclamou: "Monsieur le Représentant de la Mésopotamie!".

Victor Hugo, até então inabalável e seguro de si, pareceu vacilar. Suas pupilas, ansiosas, descreveram um grande círculo como que procurando em todo o cosmo algo que não encontrava. Mas logo percebeu-se que tinha encontrado e que tornava a sentir-se dono da situação. De fato, com o mesmo tom patético, com a mesma convicção, respondeu à homenagem do rotundo representante dizendo: "La Mésopotamie! Ah, l'Humanité!".

Contei esse episódio a fim de declarar, sem a solenidade de Victor Hugo, que nunca escrevi ou falei para a Mesopotâmia, e que jamais me dirigi à Humanidade. Esse costume de falar à Humanidade, que é a forma mais sublime e, portanto, mais desprezível da demagogia, foi adotada até 1750 por intelectuais desorientados, ignorantes de seus próprios limites e que sendo, por força de seu ofício, os homens do dizer, do *logos*, usaram dele sem respeito e sem precauções, sem terem consciência de que a palavra é um sacramento de administração muito delicada.

II

Esta tese que sustenta a exiguidade do raio de ação eficazmente concedido à palavra poderia parecer invalidada pelo próprio fato de que este livro encontrou leitores em quase todos os idiomas europeus. Contudo, acredito que esse fato seja antes um sintoma de outra coisa, de outra coisa grave: da pavorosa homogeneidade de situações em que vai caindo todo o Ocidente. Desde a publicação deste livro, pela mecânica que nele mesmo se descreve, essa identidade tem crescido de forma angustiante. Digo angustiante porque, de fato, o que em cada país é sentido como circunstância dolorosa multiplica infinitamente seu efeito deprimente quando quem o sofre percebe que dificilmente haverá um lugar no continente onde não aconteça exatamente a mesma coisa. Antes era possível arejar a atmosfera limitada de um país abrindo-se as janelas que davam para o outro. Mas agora esse expediente já não adianta, porque no outro país o ar é igualmente irrespirável. Vem daí a sensação opressora de asfixia. Jó, que era um terrível *pince-sans-rire*, pergunta a seus amigos, viajantes e mercadores que andaram pelo mundo todo: *Unde sapientia venit et quis est locus intelligentiae*? "Sabeis de algum lugar do mundo onde exista a inteligência?"

No entanto, convém distinguir, nessa assimilação progressiva das circunstâncias, duas dimensões diferentes e de valor oposto.

Esse enxame de povos ocidentais que partiu voando pela história desde as ruínas do mundo antigo tem se caracterizado sempre por uma forma dual de vida. Conforme cada um ia formando seu gênio peculiar, ia se criando entre eles ou sobre eles um repertório comum de ideias, modos e entusiasmos. Ainda mais, esse destino que os tornava ao mesmo tempo cada vez mais homogêneos e cada vez mais diversos deve ser entendido como superlativamente paradoxal. Porque neles a homogeneidade não foi alheia à diversidade. Ao contrário: cada novo princípio uniforme fomentava a diversificação. A ideia cristã engendra as igrejas nacionais; a lembrança do *Imperium* romano inspira as diversas formas de Estado; a "restauração das letras" no século XV dá início às literaturas divergentes; a ciência e o princípio unitário do homem como "razão pura" cria os diferentes estilos intelectuais que modelam diferencialmente até as abstrações extremas da obra matemática. Por fim, e para culminar, até a extravagante ideia do século XVIII segundo a qual todos os povos devem ter uma constituição idêntica produz o efeito de despertar romanticamente a consciência diferencial das nacionalidades, que vem a ser como incitar cada um à sua vocação particular.

E dessa forma, para os povos chamados europeus, viver tem sido sempre – mais precisamente desde o século XI, desde Oto III – mover-se e atuar num espaço ou âmbito comum. Isto significa que, para cada um, viver era conviver com os demais. Essa convivência assumia, indiferentemente, aspecto pacífico ou combativo. As guerras intereuropeias têm mostrado quase sempre um curioso estilo que as aproxima muito das brigas domésticas. Evitam a aniquilação do inimigo e assemelham-se mais a certames, lutas de emulação, como as dos jovens dentro de uma aldeia ou disputas de herdeiros na partilha de um legado familiar. Cada um a seu modo, todos têm o mesmo fim. *Eadem sed aliter*. Como Carlos V dizia de Francisco I: "Meu primo Francisco e eu estamos inteiramente de acordo: nós dois queremos Milão".

Esse espaço histórico comum, onde todos os povos do Ocidente se sentiam em casa, corresponde a um espaço físico que a geografia denomina Europa. Mas o espaço histórico a que me refiro mede-se pelo raio da efetiva e prolongada convivência – é um espaço social. Pois bem, convivência e sociedade são termos equivalentes. Sociedade é o que se produz automaticamente pelo simples fato da convivência. Espontânea e inexoravelmente origina costumes, usos, língua, direito, poder público. Um dos mais graves erros do pensamento "moderno", cujos efeitos ainda sentimos, foi confundir a sociedade com a associação, que é, aproximadamente, o contrário daquela. Uma sociedade não se constitui por acordo das vontades. Ao contrário, todo acordo de vontades pressupõe a existência de uma sociedade, de pessoas que convivem, e o acordo só pode consistir em definir uma ou outra forma dessa convivência, dessa sociedade preexistente. A ideia da sociedade como união contratual, portanto jurídica, é a mais insensata tentativa já feita de se colocar o carro na frente dos bois. Porque o direito, a realidade "direito" – não as ideias que o filósofo, o jurista ou o demagogo fazem dele –, é, se me permitem a expressão barroca, secreção espontânea da sociedade e não pode ser outra coisa. Querer que o direito reja as relações entre seres que não vivem previamente em efetiva sociedade parece-me – e perdoem-me a insolência – uma ideia bastante confusa e ridícula do que é o direito.

Por outro lado, não se deve estranhar a preponderância dessa opinião confusa e ridícula sobre o direito, porque uma das maiores infelicidades desta época é que, diante dos terríveis conflitos públicos do presente, os povos do Ocidente se encontraram munidos de instrumentos arcaicos e pobres de noções sobre o que é sociedade, coletividade, indivíduo, usos, lei, justiça, revolução etc. Boa parte da perturbação atual provém da incongruência entre a perfeição de nossas ideias sobre os fenômenos físicos e o atraso escandaloso das "ciências morais". O ministro, o professor, o físico ilustre e o novelista costumam ter dessas coisas conceitos dignos de um barbeiro suburbano. Não é perfeitamente natural que seja o barbeiro suburbano quem dê o tom ao tempo[2]?

Mas voltemos ao nosso assunto. Eu queria mostrar que os povos europeus são, há muito tempo, uma sociedade, uma coletividade, no mesmo sentido que essas palavras têm quando aplicadas a cada uma das nações que integram aquela. Essa sociedade tem todos os atributos: há costumes europeus, usos europeus, opinião pública europeia, direito europeu, poder público europeu. Mas todos esses fenômenos sociais ocorrem na forma adequada ao estado de evolução em que se encontra a sociedade europeia, que, é claro, não é tão avançado como o de seus membros componentes, as nações.

Por exemplo: a forma de pressão social que é o poder público funciona em toda sociedade, inclusive nas primitivas onde ainda não existe um órgão encarregado de exercê-lo. Se quisermos chamar de Estado esse órgão diferenciado ao qual se atribui o exercício do poder público, podemos dizer que

---

2. É justo que se diga que foi na França, e só na França, que se iniciou o esclarecimento e a *mise au point* de todos esses conceitos. Mais adiante o leitor encontrará mais alguma informação sobre esse assunto e também sobre o motivo do malogro desse início. Procurei colaborar com esse esforço de esclarecimento partindo da recente tradição francesa, superior às demais nesse tipo de tema. O resultado de minhas reflexões constará de meu próximo livro, a ser publicado em breve, *El hombre y la gente*. Nele se encontra desenvolvido e justificado tudo o que acabo de dizer.

em certas sociedades não há Estado, mas não podemos dizer que nelas não há poder público. Como poderá faltar um poder público onde há opinião pública, se aquele nada mais é que a violência coletiva disparada por esta opinião? Pois bem, que existe há séculos e com intensidade crescente uma opinião pública europeia – e até uma técnica para se influir nela – é um fato difícil de se negar.

Por isso, aconselho o leitor a poupar a malignidade de um sorriso quando constatar que nos últimos capítulos deste livro se faz com certa ousadia, diante do aspecto oposto das aparências atuais, a afirmação de uma possível, de uma provável unidade estatal da Europa. Não nego que os Estados Unidos da Europa são uma das mais moderadas fantasias que existem e nem sou solidário com o que outros têm pensado sobre estas expressões verbais. Mas, por outro lado, é sumamente improvável que uma sociedade, uma coletividade tão amadurecida como a que já é formada pelos povos europeus, não esteja perto de criar seu instrumento estatal mediante o qual formalize o exercício do poder público europeu já existente. O que me leva a pensar assim não é, portanto, fraqueza ante as atrações da fantasia nem propensão para um "idealismo", que detesto e que combati durante toda a minha vida. Foi o realismo histórico que me fez ver que a unidade da Europa como sociedade não é um "ideal", mas um fato há muito tempo cotidiano. Pois bem, admitido esse fato, impõe-se necessariamente a probabilidade de um Estado geral europeu. Esse processo pode ser levado a cabo subitamente por qualquer acontecimento: por exemplo, a trança de um chinês que assome pelos Urais ou então uma agitação do grande *magma* islâmico.

A figura desse Estado supernacional será, é claro, muito diferente das usadas, como – segundo se tenta mostrar nesses mesmos capítulos – também foi muito diferente o Estado nacional do Estado-cidade que os antigos conheceram. Nestas páginas procurei preparar as mentes para que saibam ser sensíveis à sutil concepção do Estado e sociedade que a tradição europeia nos propõe.

Nunca foi fácil para o pensamento greco-romano conceber a realidade como dinamismo. Não conseguia se libertar do visível ou de seus sucedâneos, da mesma forma como uma criança não entende bem um livro além das ilustrações. Todos os esforços de seus filósofos autóctones para transcender essa limitação foram vãos. Em todas as suas tentativas para compreender, atua mais ou menos como paradigma o objeto corporal, que, para eles, é a "coisa" por excelência. Só conseguem ver *uma* sociedade, *um* Estado, onde a unidade tenha caráter de continuidade visual: por exemplo, uma cidade. A vocação mental do europeu é oposta. Toda coisa visível parece, como tal, simples máscara aparente de uma força latente que a produz constantemente e que é sua verdadeira realidade. É onde a força, a *dynamis*, atua unitariamente que *há* real unidade, embora a nossos olhos apareçam como manifestação dela só coisas diversas.

Seria reincidir na limitação antiga só ver unidade de poder público onde este já tenha adotado máscaras conhecidas e solidificadas de Estado; isto é, nas nações particulares da Europa. Nego totalmente que o poder público decisivo atuante em cada uma delas consista exclusivamente em seu poder público interior ou nacional. Convém compreender de uma vez por todas que há muitos séculos – e com consciência disso há quatro – todos os povos da Europa vivem submetidos a um poder público que por sua própria pureza dinâmica não permite outra denominação que não a extraída da ciência mecânica: o "equilíbrio europeu" ou *balance of Power*.

Esse é o autêntico governo da Europa que regula, em seu voo pela história, o enxame de povos, dedicados e lutadores como abelhas, que escaparam das ruínas do mundo antigo. A unidade europeia não é uma fantasia, mas a própria realidade, e a fantasia é exatamente o oposto: a crença de que a França, a Alemanha, a Itália ou a Espanha são realidades substantivas e independentes.

Compreende-se, no entanto, que nem todo mundo perceba claramente a realidade da Europa, porque a Europa não é uma "coisa", mas um equilíbrio. Já no século XVIII o historiador Robertson chamou o equilíbrio europeu de *the great secret of modern politics*.

Segredo grande e paradoxal, sem dúvida! Porque o equilíbrio ou balança de poderes é uma realidade que consiste essencialmente na existência de uma pluralidade. Se essa pluralidade se perdesse, aquela unidade dinâmica desapareceria. A Europa é, de fato, um enxame: muitas abelhas e um só voo.

Esse caráter unitário da magnífica pluralidade europeia é o que eu chamaria de boa homogeneidade, a que é fecunda e desejável, a que já levava Montesquieu a dizer: *L'Europe n'est qu'une nation composée de plusieurs*[3], e que levava Balzac, mais romanticamente, a falar da *grande famille continentale, dont tous les efforts tendent à je ne sais quel mystère de civilisation*[4].

III

Essa multidão de modos europeus que brota constantemente de sua unidade radical e retorna a ela, mantendo-a, é o maior tesouro do Ocidente. Os homens de mentalidades tacanhas não conseguem pensar em uma ideia tão acrobática como esta em que é preciso oscilar, sem descanso, entre a

---

3. *Monarchie universelle: deux opuscules*, 1891, p. 36.
4. Calmann-Lévy, *Oeuvres complètes*, vol. XXII, p. 248.

afirmação da pluralidade e o reconhecimento da unidade, e vice-versa. São mentes duras, nascidas para viver sob as perpétuas tiranias do Oriente.

Triunfa hoje, sobre toda a área continental, uma forma de homogeneidade que ameaça consumir completamente aquele tesouro. Por toda parte tem surgido o homem-massa de que este livro trata, um homem feito de pressa, montado simplesmente sobre poucas e pobres abstrações e que, por isso, é idêntico de um extremo a outro da Europa. A ele se deve o triste aspecto de asfixiante monotonia que a vida vai tomando em todo o continente. Esse homem-massa é o homem previamente esvaziado de sua própria história, sem entranhas de passado e, por isso mesmo, dócil a todas as disciplinas chamadas "internacionais". Não é um homem, é apenas *uma* forma de homem constituída por meros *idola fori*; carece de um "dentro", de uma intimidade própria, inexorável e inalienável, de um eu que não se possa revogar. Eis por que está sempre disposto a fingir que é alguma coisa. Só tem apetites, pensa que só tem direitos e não acha que tem obrigações: é um homem sem obrigações de nobreza – *sine nobilitate* – *snob*[5].

Esse esnobismo universal, que aparece tão claramente, por exemplo, no operário atual, cegou as almas para compreenderem que, embora toda estrutura conhecida da vida continental tenha que ser transcendida, essa mudança deve ser feita sem perda grave de sua pluralidade interior. Como o *snob* é vazio de destino próprio, como não sente que existe sobre o planeta para fazer algo determinado e impermutá-

---

5. Na Inglaterra, as listas de vizinhos indicavam, junto a cada nome, a profissão e a classe da pessoa. Por isso, junto ao nome dos simples burgueses aparecia a abreviatura *s. nob.*, isto é, sem nobreza. Esta é a origem da palavra *snob*.

vel, é incapaz de entender que há missões particulares e mensagens especiais. Por esta razão é hostil ao liberalismo, com uma hostilidade semelhante à do surdo para com a palavra. Na Europa a liberdade tem sempre significado uma franquia para sermos o que somos autenticamente. Pode-se, portanto, compreender que aspire a prescindir dela aquele que sabe que não tem uma missão autêntica.

Com estranha facilidade, todo mundo se pôs de acordo para combater e injuriar o velho liberalismo. A coisa é meio suspeita. Porque as pessoas não costumam pôr-se de acordo senão com relação a coisas um pouco patifes ou um pouco bobas. Não acho que o velho liberalismo seja uma ideia plenamente razoável: como pode sê-lo se é velho e se é *ismo*! Mas, isso *sim*, acho que é uma doutrina sobre a sociedade, muito mais profunda e clara do que pretendem seus detratores coletivistas, que começam por desconhecê-lo. E, além disso, há nele uma intuição altamente perspicaz do que a Europa foi.

Quando Guizot, por exemplo, contrapõe a civilização europeia às demais fazendo notar que nela nunca triunfou de forma absoluta nenhum princípio, nenhuma ideia, nenhum grupo ou classe, e que a isso se deve seu crescimento permanente e seu caráter progressivo, não podemos deixar de ficar atentos[6]. Esse homem sabe o que diz. A expressão é in-

---

6. Guizot, "La coexistence et le combat de principes divers", em *Histoire de la civilisation en Europe*, p. 35. Em Ranke, homem tão diferente de Guizot, encontramos a mesma ideia: "Na Europa, tão logo que um princípio, seja qual for, tenta o domínio absoluto, encontra sempre uma resistência que se opõe a ele dos mais profundos seios vitais" (*Oeuvres complètes*, vol. 38, p. 110). Em outro lugar (vols. 8 e 10, p. 3): "O mundo europeu compõe-se de elementos de diversas origens, em cuja ulterior contraposição e luta vêm desenvolver-se justamente as mudanças das épocas históricas". Não há, nessas palavras de Ranke, uma clara influência de Guizot? Um fator que impede a visão de certas camadas profundas da história do século XIX é o fato de não estar bem estudado o intercâmbio de ideias en-

suficiente porque é negativa, mas suas palavras nos chegam repletas de visões instantâneas. Como do búzio emergente emanam odores abissais, vemos que esse homem vem efetivamente do profundo passado da Europa, onde soube submergir. É incrível, de fato, que nos primeiros anos do século XIX, tempo retórico e de grande confusão, se tenha escrito um livro como a *Histoire de la civilisation en Europe*. O homem de hoje ainda pode aprender nele como a liberdade e o pluralismo são duas coisas recíprocas e como ambas constituem as entranhas permanentes da Europa.

Mas Guizot nunca teve boa aceitação, como os doutrinários em geral. Isso não me surpreende. Quando vejo que se dirige a um homem ou a um grupo um fácil e insistente aplauso, surge em mim a veemente suspeita de que nesse homem ou nesse grupo, talvez junto a qualidades excelentes, haja algo excessivamente impuro. Talvez seja erro meu, mas devo dizer que não procurei por ele, foi a experiência que fez com que ele se fosse decantando dentro de mim. De qualquer forma quero ter o mérito de afirmar que esse grupo dos doutrinários, de quem todo mundo riu e fez comentários depreciativos, é, na minha opinião, o de maior importância que houve na política do continente durante o século XIX. Foram os únicos que viram claramente o que devia ser feito na Europa depois da Grande Revolução e foram, além disso, homens que se mantiveram como pessoas dignas e distantes, em meio à grosseria e à frivolidade crescente daquele século. Estando derrogadas e sem vigência quase todas as normas com que a sociedade contém o indivíduo, este só podia constituir-se uma dignidade se a extraísse do fundo de si mesmo.

---

tre a França e a Alemanha, digamos, de 1790 a 1830. Talvez o resultado desse estudo revelasse que nessa época a Alemanha recebeu muito mais da França do que vice-versa.

Dificilmente se consegue fazer isso sem algum exagero, embora sendo apenas para se defender da absoluta orgia em que viviam à sua volta. Guizot soube ser, como Buster Keaton, o homem que não ri[7]. Não se entrega jamais. Nele se condensam várias gerações de protestantes extremados que tinham vivido em perpétuo alerta, sem poder deixar-se levar à deriva no ambiente social, sem poder entregar-se. Neles, tinha chegado a converter-se em instinto a impressão radical de que existir é resistir, fincar os calcanhares na terra para se opor à correnteza. Numa época como a nossa, de puras "correntezas" e abandonos, é bom conhecer homens que "não se deixam levar". Os doutrinários são um caso excepcional de responsabilidade intelectual; ou seja, do que mais tem faltado aos intelectuais europeus desde 1750, defeito que é, por sua vez, uma das grandes causas do desacerto atual.

Mas não sei se, mesmo me dirigindo a leitores franceses, posso referir-me ao doutrinarismo como uma grandeza conhecida. Pois acontece que, surpreendentemente, não há um só livro que tente explicar o que aquele grupo de homens pensava[8] e, embora pareça incrível, tampouco existe um só livro medianamente formal sobre Guizot ou sobre Royer-Collard[9]. É verdade que nem um nem outro jamais publicaram

---

7. Mme. de Gasparin relata, com certa satisfação, que o Papa Gregório XVI, falando com o embaixador francês, dizia referindo-se a ele: "É un gran ministro. Dicono que non ride mai" ("É um grande ministro. Dizem que nunca ri"). *Correspondance avec Mme. Gasparin*, p. 283.

8. Se o leitor tentar se informar, encontrará muitas vezes a réplica falsa de que os doutrinários não tinham uma doutrina idêntica, que esta variava de um para outro. Como se isso não fosse comum em todas as escolas intelectuais, e como se a diferença não fosse mais importante entre um grupo de homens do que entre um grupo de aparelhos de som.

9. Nestes últimos anos, M. Charles H. Pouthas incumbiu-se da fatigante tarefa de desentranhar dos arquivos de Guizot e publicar numa série de volumes um material sem o qual seria impossível empreender-se o tra-

um soneto. Mas, afinal, pensaram, pensaram profundamente, originalmente, sobre os problemas mais graves da vida pública europeia, e construíram a doutrina política mais apreciável do século. Nem será possível reconstruir a história desta sem se adquirir intimidade com o modo como se apresentaram as grandes questões diante desses homens[10]. Seu estilo intelectual é diferente não apenas em espécie, mas também em gênero e em essência dos demais que fizeram sucesso na Europa antes e depois deles. Por isso não foram entendidos, a despeito de sua clareza clássica. Contudo, é bem possível que o futuro pertença a tendências intelectuais muito semelhantes às suas. Garanto, pelo menos, a quem se propuser formular as ideias dos doutrinários com rigor sistemático, prazeres de pensamento inesperados e uma intuição da realidade social e política totalmente diferente das usuais. Perdura

---

balho posterior de reconstrução. Sobre Royer-Collard, nem isso existe. Só resta recorrer aos estudos de Faguet sobre o *idearium* de um e de outro, que, mesmo sendo extremamente perspicazes, não são absolutamente suficientes.

10. Por exemplo: ninguém poderá ter a consciência tranquila – entenda-se "consciência" intelectual – quando interpretou a política de "resistência" como pura e simplesmente conservadora. É evidente demais que os homens Royer-Collard, Guizot, Broglie, não eram conservadores. A palavra "resistência", que ao aparecer na citação já mencionada de Ranke atesta a influência de Guizot sobre esse grande historiador, adquire, por sua vez, uma súbita mudança de sentido e, por assim dizer, expõe suas ideias mais profundas quando lemos num discurso de Royer-Collard: "Les libertés publiques ne sont pas autre chose que des resistences" ("As liberdades públicas nada mais são que resistências"). Cf. De Barante, *La vie et les discours de Royer-Collard*, II, 130. Encontra-se aqui mais uma vez a melhor inspiração europeia reduzindo a dinamismo todo o estático. O *estado* de liberdade é o resultado de uma pluralidade de forças que se resistem mutuamente. Mas os discursos de Royer-Collard são tão pouco lidos atualmente que parecerá até inoportuno dizer que são maravilhosos, que sua leitura é uma pura delícia de intelecção, que é divertida e até prazerosa, e que constituem a última manifestação do melhor estilo cartesiano.

neles, ativa, a melhor tradição racionalista em que o homem se compromete consigo mesmo a buscar coisas absolutas; mas, diferentemente do racionalismo linfático de enciclopedistas e revolucionários, que encontram o absoluto em abstrações *bon marché*, veem o histórico como o verdadeiro absoluto. A história é a realidade do homem. Ele não tem outra. Nela se chegou a fazer tal e como é. Negar o passado é absurdo e ilusório, porque o passado é "o natural do homem que volta a galope". O passado não existe mais, e não se deu ao trabalho de passar para ser negado, mas para ser integrado[11]. Os doutrinários desprezavam os "direitos do homem" porque são absolutos "metafísicos", abstrações e irrealidades. Os verdadeiros direitos são os que existem absolutamente, porque foram aparecendo e se consolidando na história: assim são as "liberdades", a legitimidade, a magistratura, as "capacidades". A aplaudir, hoje, teriam reconhecido o direito à greve (não política) e o contrato coletivo. Para um inglês isso seria óbvio; mas nós, continentais, ainda não chegamos a esse estágio. Talvez estejamos, desde o tempo de Alcuíno, pelo menos cinquenta anos atrasados em relação aos ingleses.

Os coletivistas de agora padecem do mesmo desconhecimento do velho liberalismo quando, sem qualquer razão, supõem como inquestionável que ele era individualista. Como já disse, quanto a todos esses temas as noções andam muito turvas. Os russos dos últimos anos costumavam chamar a Rússia de "o Coletivo". Não seria interessante averiguar que ideias ou imagens surgiam à invocação desse vocábulo na mente um tanto etérea do homem russo, que tão frequentemente, como o capitão italiano de que Goethe fala, *bisogna aver una confusione nella testa*? Diante de tudo isso eu pediria ao leitor que considerasse, não para aceitá-las, mas para serem discutidas e julgadas, as seguintes teses:

---

11. Cf. o citado ensaio do autor "História como sistema".

Primeira: o liberalismo individualista pertence à flora do século XVIII; inspira, em parte, a legislação da Revolução Francesa, mas morre com ela.

Segunda: a criação característica do século XIX foi exatamente o coletivismo. É a primeira ideia que ele inventou, assim que nasceu, e que durante seus cem anos foi crescendo até tomar todo o horizonte.

Terceira: essa ideia é de origem francesa. Aparece pela primeira vez nos arquirreacionários de Bonald e de Maistre. Em essência é imediatamente aceita por todos, com exceção de Benjamin Constant, um "atrasado" do século anterior. Mas é aceita em Saint-Simon, em Ballanche, em Comte e pulula por toda parte[12]. Por exemplo: um médico de Lyon, M. Amard, falará em 1821 do *collectisme* em relação ao *personnalisme*[13]. Leiam-se os artigos publicados no *L'avenir*, em 1830 e 1831, contra o individualismo.

Mas há algo mais importante do que tudo isso. Quando, avançando pelo século, chegamos aos grandes teorizadores do liberalismo – Stuart Mill ou Spencer –, surpreen-

---

12. Os alemães pretendem ser os descobridores do social como realidade diferente dos indivíduos e "anterior" a estes. O *Volksgeist* parece-lhes uma de suas ideias mais autóctones. Este é um dos casos que mais recomendam o estudo minucioso do intercâmbio intelectual franco-germânico de 1790 a 1830, ao qual já me referi em nota anterior. Mas o termo *Volksgeist* mostra de maneira muito evidente que é a tradução do *esprit des nations* voltairiano. A origem francesa do coletivismo não é uma casualidade e obedece às mesmas causas que fizeram da França o berço da sociologia e de sua proliferação por volta de 1890 (Durkheim).

13. Cf. *Doctrine de Saint-Simon*, com introdução e notas de C. Bouglé e E. Halévy (p. 204, nota). Além de essa exposição do sansimonismo, feita em 1829, ser uma das obras mais geniais do século, o trabalho acumulado por MM. Bouglé e E. Halévy que aparece nas notas é uma das contribuições mais importantes que conheço para o efetivo esclarecimento da alma europeia entre 1800 e 1830.

de-nos que sua suposta defesa do indivíduo não se baseie em mostrar que a liberdade beneficia ou interessa a este, mas, ao contrário, que beneficia e interessa à sociedade. Deve-se ao caráter agressivo que Spencer escolhe para seu livro – *O indivíduo contra o Estado* – o fato de ser obstinadamente mal compreendido por aqueles que, dos livros, só leem os títulos. Porque, nesse título, indivíduo e Estado significam dois meros órgãos de um único sujeito – a sociedade. E o que se discute é se certas necessidades sociais são atendidas melhor por um ou por outro órgão. Só isso. O famoso "individualismo" de Spencer luta continuamente dentro da atmosfera coletivista de sua sociologia. No fim, tanto ele como Stuart Mill acabam por tratar os indivíduos com a mesma crueldade socializante com que as térmites tratam alguns de seus congêneres, aos quais cevam para depois chupar sua seiva. A tal ponto era a primazia do coletivo o fundo evidente sobre o qual dançavam ingenuamente suas ideias!

Deduz-se daí que minha defesa lohengrinesca do velho liberalismo é completamente desinteressada e gratuita. Porque acontece que não sou um "velho liberal". O descobrimento – sem dúvida glorioso e essencial – do social, do coletivo, era recente demais. Aqueles homens apalpavam, mais do que viam, o fato de que a coletividade é uma realidade distinta dos indivíduos e de sua simples soma, mas não sabiam bem em que consistia e quais eram seus atributos efetivos. Por outro lado, os fenômenos sociais da época camuflavam a verdadeira economia da coletividade, porque então convinha a esta cevar bem os indivíduos. Ainda não havia chegado o momento da nivelação, da espoliação e da repartição em todos os aspectos.

Eis por que os "velhos liberais" se abriam, sem as devidas precauções, ao coletivismo que respiravam. Mas quando se vê claramente que há no fenômeno social, no fato coletivo, simplesmente e como tal, de benéfico por um lado, mas de terrível, de pavoroso, por outro, só se pode aderir a um liberalismo de estilo radicalmente novo, menos ingênuo e de beligerância mais ágil, um liberalismo que já está germinando, prestes a nascer na linha do horizonte.

Nem era possível que, sendo esses homens, como de fato eram, sobejamente perspicazes, não tivessem vislumbrado algumas vezes as angústias que seu tempo nos reservava. Ao contrário do que se costuma acreditar, a previsão do futuro tem sido um fato normal na história[14]. Podemos encontrar o esboço de nosso momento em Macaulay, em Tocqueville, em Comte. Veja-se, por exemplo, o que escrevia Stuart Mill há mais de oitenta anos: "Ao lado das doutrinas particulares de pensadores individuais, há no mundo uma forte e crescente inclinação para se estender de forma extrema o poder da sociedade sobre o indivíduo, tanto por meio da força da opinião como da legislativa. Pois bem, como todas as mudanças que acontecem no mundo têm o efeito de aumentar a força social e de diminuir o poder individual, este excesso não é um mal que tenda a desaparecer espontaneamente mas, ao contrário, tende a tornar-se cada vez maior. A disposição dos homens, seja como soberanos, seja como concidadãos, de impor aos outros sua opinião e seus gostos como regra de conduta encontra-se tão firmemente apoiada em alguns dos melhores e em alguns dos piores sentimentos inerentes à natureza humana, que quase nunca se detém, a não ser quando lhes falta poder. E, como o poder não parece estar em via de declinar e sim de crescer, devemos esperar que, a menos que uma forte barreira de convicção moral se levante contra o

---

14. Um trabalho fácil e útil que alguém deveria fazer seria reunir os prognósticos feitos em cada época sobre o futuro próximo. De minha parte, colecionei o suficiente para ficar estarrecido com o fato de que sempre houve alguns homens que previram o futuro.

mal, nas condições atuais do mundo essa disposição só tenda a aumentar"[15].

Mas o que mais nos interessa em Stuart Mill é sua preocupação com a homogeneidade de má categoria que via crescer em todo o Ocidente. Isto o leva a se apoiar num grande pensamento emitido por Humboldt em sua juventude. Para que o humano se enriqueça, se consolide e se aperfeiçoe, é necessário, segundo Humboldt, que exista "variedade de situações"[16]. Dentro de cada nação, e tomando as nações em seu conjunto, é preciso haver circunstâncias diferentes. Assim, no caso da falha de uma ainda restam as outras possibilidades em aberto. É insensato jogar-se toda a vida europeia numa única carta, num único tipo de homem, numa idêntica "situação". Evitar isso tem sido até hoje o segredo do sucesso da Europa, e a consciência desse segredo é a que, de modo claro ou balbuciante, tem movido sempre os lábios do perene liberalismo europeu. Nessa consciência se reconhece a própria pluralidade continental como valor positivo, como bem e não como mal. Era importante para mim esclarecer isso para que não se tergiversasse sobre a ideia de uma supernação europeia postulada por este livro.

Como estamos indo, com uma "variedade de situações" a cada dia menor, estamos caminhando diretamente para o Baixo Império. Aquele também foi um tempo de massas e de pavorosa homogeneidade. Já no tempo dos Antoninos nota-se claramente um estranho fenômeno, menos ressaltado e analisado do que deveria ter sido: os homens tornaram-se estúpidos. O processo já vinha de tempos atrás. Já se disse, com uma certa razão, que o estoico Posidônio, mestre de Cícero, foi o último homem antigo capaz de se colocar diante dos

---

15. Stuart Mill, *La liberté*, trad. fr. Dupont-White, p. 131-2.
16. *Gesammelte Schriften*, I, 106.

fatos com a mente aberta e ativa, disposto a investigá-los. Depois dele as cabeças se obliteraram e, salvo os Alexandrinos, não fizeram mais do que repetir, estereotipar.

Mas o sistema e o documento mais terrível dessa forma, ao mesmo tempo homogênea e estúpida – sendo uma decorrente da outra –, que a vida adota de um extremo a outro do Império, está onde menos se poderia esperar e onde, que eu saiba, ainda ninguém o procurou: no idioma. A língua, que serve para dizer suficientemente o que se quer dizer, revela por outro lado, de forma gritante, sem que se queira, a condição mais oculta da sociedade que a fala. Na parte não helenizada do povo romano, a língua vigente era a que se chamou de "latim vulgar", matriz de nossos romances. Não se conhece bem este latim vulgar e, em boa parte, só se chega a ele por reconstruções. Mas o que se conhece dele chega e sobra para que duas de suas características nos surpreendam. Uma é a incrível simplificação de seu mecanismo gramatical em comparação com o latim clássico. A saborosa complexidade indo-europeia, que a linguagem das classes superiores conservava, foi suplantada por uma linguagem plebeia, de mecanismo muito fácil, mas ao mesmo tempo, ou justamente por isso, extremamente mecânica como matéria: gramática balbuciante e perifrástica, de experimentação e rodeios como a infantil. É, de fato, uma língua pueril ou *gaga* que não permite a fina aresta da argumentação nem os líricos matizes. É uma língua sem luz nem temperatura, sem evidência e sem calor de alma, uma língua triste, que anda tateando. Os vocábulos parecem velhas moedas de cobre, azinhavradas e de bordas irregulares, de tanto rodarem pelas tabernas mediterrâneas. Que vidas vazias, desoladas, condenadas à eterna rotina se adivinham através deste árido artefato linguístico!

A outra característica aterradora do latim vulgar é precisamente sua homogeneidade. Os linguistas que são eventualmente, depois dos aviadores, os homens menos propensos a se assustarem com alguma coisa, não parecem perturbados com o fato de se falar igual em países tão díspares como Cartago e Gália, Tingitânia e Dalmácia, Espanha e Romênia. Eu, em compensação, que sou bem tímido, que tremo quando vejo o vento fustigar as canas, não posso reprimir ante esse fato um estremecimento interior. Para mim parece simplesmente atroz. É verdade que tento imaginar como devia ser por dentro esse fato que visto de fora nos parece, tranquilamente, homogeneidade; procuro descobrir a realidade viva da qual esse fato é a muda representação. Consta, naturalmente, que havia africanismos, espanholismos, galicismos. Mas essa simples existência significa que o tronco da língua era comum, idêntico, apesar das distâncias, do escasso intercâmbio, da dificuldade de comunicação e da inexistência de uma literatura para fixá-lo. Como podiam coincidir o celtibero e o belga, o vizinho de Hipona e o de Lutécia, o mauritano e o dácio, senão em virtude de um achatamento geral, reduzindo a existência à sua base, tornando suas vidas nulas? O latim vulgar encontra-se nos arquivos, como uma obra horripilante, testemunha de que uma vez a história agonizou sob o império homogêneo da vulgaridade por ter desaparecido a fértil "variedade de situações".

IV

Nem este livro nem eu somos políticos. O assunto que é tratado aqui é anterior à política e pertence a seu subsolo. Meu trabalho é obscuro trabalho subterrâneo de mineiro. A missão do chamado "intelectual" é, de certo modo, oposta à do político. A obra intelectual aspira, frequentemente em vão, a esclarecer um pouco as coisas, enquanto a do político, ao contrário, geralmente consiste em confundi-las mais do que já estavam. Ser da esquerda, assim como ser da direita, é uma das infinitas maneiras que o homem pode escolher para ser um imbecil: na verdade, ambas são uma forma de hemiplegia moral. Além disso, a existência desses qualificativos contribui muito para falsificar mais ainda a "realidade" do presente, já falsa por si só, porque as experiências políticas a que cada uma corresponde giraram cento e oitenta graus, como demonstra o fato de que hoje as direitas prometem revoluções e as esquerdas propõem tiranias.

Tem-se obrigação de meditar sobre os problemas da época, sem dúvida. E eu o tenho feito durante toda a minha vida. Estive sempre atento. Mas uma das coisas que agora *se* diz – uma *corrente* – é que, mesmo à custa do esclarecimento mental, todo mundo tem que fazer política *sensu stricto*. Naturalmente os que dizem isso não têm outra coisa para fazer. E até o corroboram citando o imperativo *d'abêtissement* de Pascal. Mas há muito tempo já aprendi a me precaver quando alguém cita Pascal. É um procedimento elementar de profilaxia.

O politicismo integral, a absorção de todas as coisas e de todo o homem pela política é a mesma coisa que o fenômeno da rebelião das massas descrito aqui. A massa rebelde perdeu toda a capacidade de religião e de conhecimento. Não pode conter mais que política, uma política exacerbada, frenética, fora de si, visto que pretende suplantar a religião, a *sagesse* – enfim, as únicas coisas que por seu conteúdo estão aptas a ocupar o centro da mente humana. A política priva o homem de solidão e de intimidade, e por isso a pregação do politicismo integral é uma das técnicas usadas para socializá-lo.

Quando alguém nos pergunta qual é nossa posição política, ou, antecipando-se com a insolência característica desta época, nos atribui uma, em vez de responder devemos perguntar ao impertinente o que ele pensa que é o homem e a natureza e a história, o que é a sociedade e o indivíduo, a coletividade, o Estado, o uso, o direito. A política se apressa em apagar as luzes, para que todos os gatos fiquem pardos. É preciso que o pensamento europeu proporcione uma nova clareza sobre todos esses temas. É para isso que existe, e não para se pavonear nas reuniões acadêmicas. E é preciso que o faça logo ou, como dizia Dante, que encontre a saída,

> ... *studiate il passo*
> *Mentre que l'Occidente non s'annera.*
> (*Purg.* XXVII, 62-63.)

Só disso se poderia esperar, com alguma vaga probabilidade, a solução para o tremendo problema criado pelas massas atuais.

Este livro não pretende, nem de longe, nada parecido. Conforme suas palavras finais, é apenas uma primeira abordagem do problema do homem atual. Para falar sobre ele mais a sério e mais a fundo, não há outro meio senão dirigir-se ao abismo, vestir-se o escafandro e descer às profundezas do homem. Isso deve ser feito sem pretensões, mas com decisão, e foi o que tentei no livro *El hombre y la gente*, a ser publicado brevemente em outros idiomas.

Uma vez que saibamos bem como é esse tipo humano hoje dominante, e que chamo de homem-massa, levantar-se-ão as interrogações mais férteis e mais dramáticas: pode-se modificar esse tipo de homem? Isto é: os graves defeitos que existem nele, tão graves que se não forem extirpados provocarão inexoravelmente a aniquilação do Ocidente, podem ser corrigidos? Porque, como se há de convir, trata-se precisamente de um homem hermético, que não está verdadeiramente aberto a nenhuma instância superior.

A outra pergunta decisiva, da qual, na minha opinião, depende toda possibilidade de sanidade, é a seguinte: podem as massas, ainda que queiram, despertar para a vida pessoal? Não cabe aqui desenvolver esse tema estarrecedor, porque ainda é demasiadamente novo. Os termos em que deve ser exposto não fazem parte da consciência pública. Nem sequer está esboçado o estudo da definição da margem de individualidade que cada época do passado deixou à existência humana. Porque é pura inércia mental do "progressismo" supor que conforme a história avança aumenta a folga concedida ao homem para poder ser indivíduo pessoal, como acreditava o honrado engenheiro, mas historiador nulo, Herbert Spencer. Não; a história está cheia de retrocessos desta ordem, e justamente a estrutura da vida em nossa época impede superlativamente que o homem possa viver como pessoa.

Ao contemplar nas grandes cidades essas imensas aglomerações de seres humanos, que vão e vêm por suas ruas ou se concentram em festivais e manifestações políticas, incorpora-se em mim, obsessivo, este pensamento: um homem que tenha vinte anos hoje pode fazer um projeto de vida que tenha caráter individual e que, portanto, precisaria ser realizado por suas iniciativas independentes, por seus esforços particulares? Ao tentar destacar essa imagem em sua fantasia, não notará que é, se não impossível, quase improvável, porque não há espaço disponível para alojá-la e no qual possa se mover segundo sua própria vontade? Logo perceberá que seu projeto tropeça no do próximo, como a vida do próximo restringe a sua. Com a facilidade de adaptação própria de sua idade, o desânimo o levará a renunciar não só a todo ato, mas até mesmo a todo desejo pessoal, e ele buscará a solução oposta: imaginará para si uma vida *standard*, composta de *desiderata* comuns a todos, e verá que para consegui-la será necessário solicitá-la ou exigi-la coletivamente com os demais. Daí, a ação em massa.

A coisa é horrível, mas não creio que ultrapasse a situação efetiva em que estão vivendo quase todos os europeus.

Em uma prisão onde se amontoaram muito mais presos do que cabiam, nenhum deles podendo mover um braço ou uma perna por iniciativa própria, porque se chocaria contra os corpos dos outros. Em tais circunstâncias, os movimentos têm que ser executados em conjunto, e até o ato de respirar deve ser executado no ritmo regulamentar. Isso seria a Europa transformada numa colônia de térmites. Mas nem sequer esta cruel imagem é uma solução. É impossível que a vida humana venha a ser moldada na das térmites, porque foi o chamado "individualismo" que enriqueceu o mundo e *a todos* no mundo, e foi esta riqueza que fez proliferar tão fabulosamente a planta humana. Quando os restos desse "individualismo" desaparecessem, reapareceria na Europa a fome gigantesca do Baixo Império, e essas térmites sucumbiriam ao sopro de um deus terrível e vingativo. Sobrariam muito menos homens, que o seriam um pouco mais.

Diante do feroz e patético desta questão que, queiramos ou não, já está à vista, o tema da "justiça social", embora sendo tão respeitável, empalidece e se degrada até parecer retórico e falso suspiro romântico. Mas, ao mesmo tempo, inspira os caminhos adequados para se conseguir dessa "justiça social" o que é possível e justo, caminhos esses que não parecem passar por uma miserável socialização, mas dirigir-se em linha reta para um magnânimo solidarismo. Este último vocábulo é, quanto ao mais, inoperante, porque até hoje não se condensou nele um sistema enérgico de ideias históricas e sociais, mas recende apenas a vagas filantropias.

A primeira condição para se melhorar a situação presente é estar-se bem consciente de sua enorme dificuldade. Só assim se poderá atacar o mal nas profundezas de onde se origina verdadeiramente. É, de fato, muito difícil salvar-se uma civilização quando chegou sua hora de cair em poder dos demagogos. Os demagogos têm sido os grandes estranguladores de civilizações. A grega e a romana sucumbiram nas mãos dessa fauna repugnante, que fazia Macaulay exclamar: "Em todos os séculos, os exemplos mais vis da natureza humana se encontraram entre os demagogos"[17]. Mas um homem não é demagogo simplesmente porque grita diante da multidão. Em certas ocasiões isso pode ser uma magistratura sacrossanta. A demagogia essencial do demagogo está dentro de sua mente e nasce de sua irresponsabilidade ante as próprias ideias que manipula e que não foram criadas por ele, mas recebidas dos verdadeiros criadores. A demagogia é uma forma de degeneração intelectual, que como amplo fenômeno da história europeia aparece na França por volta de 1750. Por que naquela época? Por que na França? Este é um dos pontos nevrálgicos do destino ocidental, e especialmente do destino francês.

Acontece que naquela época a França passou a crer, e por sua influência todo o continente, que o método para se resolverem os grandes problemas humanos era o método da revolução, entendendo como tal o que Leibniz já chamava de "revolução geral"[18], a vontade de transformar de uma só

---

17. *Histoire de Jacques II*, I, 643.

18. "Je trouve même que des opinions approchantes s'insinuant peu à peu dans l'esprit des hommes du grand monde, qui règlent les autres et dont dépendent les affaires, et se glissant dans les livres à la mode disposent toutes choses à la révolution générale dont l'Europe est menacée." ("Creio mesmo que opiniões semelhantes, pouco a pouco insinuadas no espírito dos homens do grande mundo, que dirigem os outros e dos quais dependem os negócios, e introduzidas nos livros da moda, vão criando as circunstâncias para a revolução geral pela qual a Europa está ameaçada.") *Nouveaux essais sur l'entendement humain*, IV, cap. 16. Isso demonstra duas coisas. Primeira: que um homem, por volta de 1700, data aproximada de quando Leibniz escreveu isso, era capaz de prever o que aconteceu um século depois; segunda: que os males atuais da Europa se originaram em regiões cronológica e virtualmente mais profundas do que habitualmente se presume.

vez tudo e em todos os gêneros[19]. Devido a isso, essa maravilha que é a França chega em más condições à difícil conjuntura do presente. Porque esse país tem ou acredita que tem uma tradição revolucionária. E, se já é grave ser revolucionário, quanto mais sê-lo, paradoxalmente, por tradição! É certo que na França se fez uma Grande Revolução e várias terríveis ou ridículas; mas, se atentarmos para a crua verdade dos anais, o que verificamos é que essas revoluções serviram principalmente para que durante todo um século, salvo alguns dias ou semanas, a França tenha vivido mais que qualquer outro povo sob formas políticas autoritárias e contrarrevolucionárias, em grau maior ou menor. Principalmente a grande depressão moral da história francesa, que foram os vinte anos do Segundo Império, deveu-se nitidamente à extravagância dos revolucionários de 1848[20], grande parte dos quais já haviam sido clientes de Raspail, como ele próprio confessou.

Nas revoluções a abstração tenta sublevar-se contra o concreto; por isso as revoluções e o fracasso são consubstanciais. Os problemas humanos não são abstratos, como os astronômicos ou os químicos. São problemas de máxima con-

---

19. "(...) notre siècle qui se croit destiné à changer les lois en tout genre..." ("... nosso século que se crê destinado a mudar as leis de todo tipo...") D'Alembert, *Discours préliminaire à l'encyclopédie. Oeuvres*: 1, 56 (1821).

20. "Cette honnête, irreprochable, mais imprévoyante et superficielle révolution de 1848 eut pour conséquence, au bout de moins d'un an, de donner le pouvoir à l'élement le plus pesant, le moins clairvoyant, le plus obstinément conservateur de notre pays." ("Essa honesta, irrepreensível, mas imprevisível e superficial revolução de 1848 teve por consequência, ao fim de menos de um ano, dar o poder ao elemento mais atrasado, menos clarividente, mais obstinadamente conservador de nosso país.") Renan, *Questions contemporaines*, XVI. Renan, que era jovem em 1848 e simpatizou com aquele movimento, na sua maturidade se vê obrigado a apresentar algumas atenuantes benévolas a seu favor, supondo que foi "honesto e irrepreensível".

creção, porque são históricos. E o único método de pensamento que proporciona alguma probabilidade de acerto em seu tratamento é a "razão histórica". Quando se contempla panoramicamente a vida da França durante os últimos cento e cinquenta anos, salta aos olhos que seus geômetras, seus físicos e seus médicos equivocaram-se quase sempre em seus juízos políticos, ao contrário de seus historiadores, que costumavam acertar. Mas o racionalismo físico-matemático tem sido demasiadamente glorioso na França para não tiranizar a opinião pública. Malebranche rompe com um amigo seu porque viu um Tucídides sobre sua mesa[21].

Há alguns meses, carregando minha solidão pelas ruas de Paris, descobri que na verdade eu não conhecia ninguém na grande cidade, salvo as estátuas. Algumas destas, por outro lado, são velhas amizades, antigas incitações ou mestres perenes de minha intimidade. E, como não tinha com quem falar, conversei com elas sobre grandes temas humanos. Não sei se algum dia virão à luz essas *Conversaciones con estatuas*, que amenizaram uma fase dolorosa e estéril de minha vida. Nelas converso com o marquês de Condorcet, que está no Quai Conti, sobre a perigosa ideia do progresso. Com o pequeno busto de Comte que há em seu distrito da rua Monsieur-le-Prince falei sobre o *pouvoir spirituel*, insuficientemente exercido por mandarins literários e por uma universidade que ficou completamente desatualizada quanto à efetiva vida das nações. Nessa ocasião também tive a honra de ser portador de uma vigorosa mensagem que esse busto dirige ao outro, erigido na praça da Sorbonne, e que é o busto do falso Comte, do oficial, do de Littré. Mas era natural que me interessasse acima de tudo escutar mais uma vez a palavra de nosso sumo mestre Descartes, o homem a quem a Europa mais deve.

---

21. J. R. Carré, *La philosophie de Fontenelle*, p. 143.

O puro acaso que acompanha minha existência fez com que eu redigisse estas linhas vendo o lugar da Holanda em que o novo descobridor da *raison* viveu em 1642. Esse lugar, chamado Endegeest, cujas árvores sombreiam minha janela, é hoje um manicômio. Duas vezes por dia – e numa proximidade inquietante – vejo passar os idiotas e os dementes que refrescam um pouco ao ar livre sua perdida dignidade.

Três séculos de experiência "racionalista" nos obrigam a repensar sobre o esplendor e os limites daquela prodigiosa *raison* cartesiana. Essa *raison* é apenas matemática, física, biológica. Seus fabulosos triunfos sobre a natureza, superiores a tudo quanto se pudesse sonhar, contrastam acentuadamente com seu fracasso nos assuntos especificamente humanos e nos convidam a integrá-la em outra razão mais radical, que é a "razão histórica"[22].

Esta nos mostra a vaidade de toda revolução geral, de tudo que seja uma tentativa de transformação súbita de uma sociedade e de começar de novo a história, como pretendiam os "confusionários" de 89. Ao método da revolução opõe-se o único digno da longa experiência que o europeu atual tem atrás de si. As revoluções tão incontinentes na sua pressa, hipocritamente generosa, de proclamar direitos têm sempre violado, pisado e rasgado o direito fundamental do homem, tão fundamental que é a própria definição de sua substância: o direito à continuidade. A única diferença radical entre a história humana e a "história natural" é que aquela nunca pode começar de novo. Kohler e outros demonstraram como o chimpanzé e o orangotango não se diferenciam do homem por aquilo que, a rigor, chamamos de inteligência, mas porque têm muito menos memória do que nós. Os animais se defrontam a cada manhã com o fato de terem esquecido quase

---

22. Cf. "História como sistema".

tudo o que viveram no dia anterior, e seu intelecto tem que trabalhar sobre um material mínimo de experiências. Da mesma forma, o tigre de hoje é idêntico ao de seis mil anos atrás, porque cada tigre tem que começar de novo a ser tigre, como se antes nunca tivesse existido outro. O homem, ao contrário, devido a seu poder de lembrar, acumula seu próprio passado, toma posse dele e o aproveita. O homem nunca é um primeiro homem: desde o início já existe a partir de um certo nível de passado acumulado. Este é o tesouro único do homem, seu privilégio e sua marca. E, de todo esse tesouro, a maior riqueza não consiste no que parece certo e digno de ser conservado: o mais importante é a memória dos erros, que nos permite não cometê-los. O verdadeiro tesouro do homem é o tesouro de seus erros, a longa experiência de vida decantada gota a gota durante milênios. Por isso Nietzsche define o homem superior como o ser "da mais longa memória".

Romper a continuidade com o passado, querer começar de novo, é aspirar a descer e plagiar o orangotango. Alegro-me que tenha sido um francês, Dupont-White, quem, por volta de 1860, se atreveu a clamar: "La continuité est un droit de l'homme; elle est un hommage à tout ce qui le distingue de la bête"[23].

Tenho à minha frente um jornal onde acabo de ler uma reportagem sobre as festas da coroação do novo rei na Inglaterra. Diz-se que há muito tempo a monarquia inglesa é uma instituição meramente simbólica. É verdade, mas colocando-se dessa forma deixa-se escapar o principal. Porque, de fato, a monarquia não exerce nenhuma função material e

---

23. "A continuidade é um direito do homem; ela é uma homenagem a tudo o que o distingue do animal." No prefácio que fez para sua tradução de *La liberté*, de Stuart Mill, p. 44.

palpável no império britânico. Seu papel não é governar, nem administrar a justiça, nem comandar o exército. Mas nem por isso é uma instituição gratuita e sem função. Na Inglaterra a monarquia exerce uma função muito bem determinada e de alta eficácia: a de simbolizar. Por isso o povo inglês, deliberadamente, imprimiu agora uma solenidade inusitada ao ritual da coroação. Tendo em vista a atual turbulência do continente, quis ratificar as normas permanentes que regulam sua vida. Deu-nos mais uma lição. Como sempre – já que a Europa sempre pareceu um tropel de povos –, os continentais cheios de talento, mas parcos de serenidade, nunca maduros, sempre pueris, e como fundo, atrás deles, a Inglaterra... como a *nurse* da Europa.

Esse é o povo que sempre chegou antes ao futuro, que se antecipou a todos em quase todos os aspectos. Praticamente deveríamos omitir o quase. E eis que agora esse povo nos obriga, com uma certa impertinência do mais puro *dandysmo*, a presenciar um vetusto cerimonial e a ver como atuam – porque nunca deixaram de ser atuais – os mais velhos e mágicos instrumentos de sua história, a coroa e o cetro, que entre nós só regem a sorte do baralho. *O inglês faz questão de deixar patente que seu passado, precisamente porque passou, porque se passou com ele, continua existindo para ele.* De um futuro ao qual ainda não chegamos, mostra-nos a vigência atual de seu passado[24]. Esse povo cir-

---

24. Não é uma simples maneira de falar, mas o é efetivamente ao pé da letra, visto que vale na esfera onde a palavra "vigência" tem hoje seu sentido mais imediato, isto é, no direito. Na Inglaterra, "aucune barrière entre le présent et le passé. Sans discontinuité le droit positif remonte dans l'histoire jusqu'aux temps immémoriaux. Le droit anglais est un droit *historique*. Juridiquement parlant, il n'y a pas 'd'ancien droit anglais'. Donc, en Angleterre tout le droit est actuel, quel qu'en soit l'âge" ("não há nenhuma barreira entre o presente e o passado. O direito positivo remonta aos

cula por todo o seu tempo, é verdadeiramente senhor de seus séculos, que conserva exercendo sua posse ativa. Isso é *ser* um povo de homens: poder hoje continuar em seu ontem, sem por isso deixar de viver para o futuro, poder existir no verdadeiro presente, uma vez que o presente é apenas a presença do passado e do futuro, o lugar onde efetivamente existe passado e futuro.

Com as comemorações simbólicas da coroação, a Inglaterra opôs, uma vez mais, ao método revolucionário o método da continuidade, o único que pode evitar no curso dos acontecimentos humanos esse aspecto patológico que faz da história uma luta ilustre e perene entre paralíticos e epiléticos.

V

Como nestas páginas estuda-se a anatomia do homem hoje dominante, começo por seu aspecto externo, ou seja, por sua pele, e a seguir penetro um pouco mais em direção a suas entranhas. Por esse motivo os primeiros capítulos são os mais ultrapassados. A pele do tempo mudou. Ao lê-los, o leitor deveria retroagir aos anos de 1926/1928. Já começou a crise na Europa, mas ainda parece uma crise como outras tantas. As pessoas ainda se sentem em plena segurança. Ainda desfrutam os luxos da inflação. E, acima de tudo, se pensava: eis a América! Era a América da fabulosa *prosperity*.

De tudo quanto digo nestas páginas, a única coisa que me faz sentir orgulho é não ter cometido o inconcebível erro

---

tempos imemoriais da história sem descontinuidade. O direito inglês é um direito *histórico*. Juridicamente falando, não há 'direito inglês antigo'. Portanto, na Inglaterra, todo direito é atual, qualquer que seja sua idade").
Lévy-Ullmann, *Le système juridique de l'Angleterre*, I, p. 38-9.

de óptica que então cometeram quase todos os europeus, inclusive os próprios economistas. Porque não se deve esquecer de que então se acreditava muito seriamente que os americanos tinham descoberto outra organização da vida que anulava para sempre as indefectíveis pragas humanas que são as crises. Envergonhava-me de que os europeus, inventores da coisa mais elevada que até hoje já se inventou – o sentido histórico –, mostrassem naquela época uma carência total dele. O velho lugar-comum de que a América é o futuro havia toldado momentaneamente sua perspicácia. Tive então a coragem de me opor a esse deslize, sustentando que a América, longe de ser o futuro, era, na realidade, um remoto passado porque era primitivismo. E, também ao contrário do que se acredita, o era e o é muito mais a América do Norte que a América do Sul, a hispânica. Hoje as coisas vão ficando claras e os Estados Unidos já não mandam senhoritas ao Velho Continente para – como uma delas me disse naquela época – "convencerem-se de que na Europa não há nada de interessante"[25].

Mesmo me violentando, destaquei neste quase livro apenas um fator do problema global que é para o homem, e mais particularmente para o homem europeu, seu futuro próximo: a caracterização do homem médio que hoje vai se apoderando de tudo. Isso me obrigou a um difícil ascetismo, a me abster de expressar minhas convicções sobre tudo o que falo de passagem. Ainda mais: a apresentar frequentemente os fatos de uma forma que, se é a mais adequada para esclarecer o tema exclusivo deste estudo, é também a pior para transmitir minha opinião sobre esses fatos. Basta assinalar

---

25. Cf. o ensaio *Hegel e América*, 1928, e os artigos sobre *Os Estados Unidos*, publicados pouco depois. (Cf., respectivamente, vols. II e IV de *Obras completas*.)

uma questão, ainda que fundamental. Avaliei o homem médio atual quanto à sua capacidade para continuar a civilização moderna e quanto à sua adesão à cultura. Qualquer um diria que essas duas questões – a civilização e a cultura – não são a minha especialidade. Mas a verdade é que são exatamente o que tenho discutido praticamente desde meus primeiros escritos. Mas eu não quis misturar os assuntos. Qualquer que seja nossa atitude diante da civilizacão e da cultura, aí está, como um fator de primeira ordem que tem que ser considerado, a anomalia representada pelo homem-massa. Por isso urgia identificar cruamente seus sintomas.

O leitor francês não deve, portanto, esperar mais deste livro, que é, afinal, uma tentativa de serenidade em plena tormenta.

José Ortega y Gasset

"Het Witte Huis."
Oegstgeest-Holanda,
maio, 1937

PRIMEIRA PARTE
A REBELIÃO DAS MASSAS

CAPÍTULO I
O FATO DAS AGLOMERAÇÕES[1]

Há um fato que, seja para o bem ou para o mal, é o mais importante na vida pública europeia do momento. Esse fato é o advento das massas ao pleno poderio social. Como as massas, por definição, não devem nem podem dirigir sua própria existência, e muito menos reger a sociedade, a Europa enfrenta atualmente a crise mais grave que possa ser enfrentada por povos, nações ou culturas. Essa crise já aconteceu várias vezes no curso da história. Suas características e suas consequências já são conhecidas. Também já se conhece seu nome. Chama-se a rebelião das massas.

Para a compreensão desse fato formidável convém, naturalmente, que se evite dar um significado exclusiva ou primariamente político às palavras "rebelião", "massas", "poderio social" etc. A vida pública não é apenas política e sim,

---

1. Em meu livro *España invertebrada*, publicado em 1921, num artigo do *El Sol*, intitulado "Masas" (1926), e em duas conferências feitas na Associação de Amigos da Arte, em Buenos Aires (1928), tratei do tema desenvolvido neste ensaio. Meu propósito, agora, é coligir e completar o que já foi dito por mim, a fim de apresentar uma doutrina orgânica sobre o fato mais importante de nosso tempo.

ao mesmo tempo e até antes, intelectual, moral, econômica, religiosa; compreende todos os hábitos coletivos, inclusive o modo de se vestir e o modo de se divertir.

Talvez a melhor maneira de abordar esse fenômeno histórico consista em nos referirmos a uma experiência visual, sublinhando um aspecto de nossa época que salta aos olhos de todos.

Simples de se enunciar, mas não de se analisar, eu denomino o fato da aglomeração de "cheio". As cidades estão cheias de gente. As casas, cheias de inquilinos. Os hotéis, cheios de hóspedes. Os trens, cheios de passageiros. Os cafés, cheios de consumidores. Os passeios, cheios de transeuntes. Os consultórios dos médicos famosos, cheios de pacientes. Os espetáculos, não sendo muito fora de época, cheios de espectadores. As praias, cheias de banhistas. O que antes não costumava ser problema começa a sê-lo quase que de forma contínua: encontrar lugar.

Só isso. Há fato mais simples, mais notório, mais constante na vida atual? Perfuremos a matéria trivial desta observação, e ficaremos surpreendidos de ver como brota dela uma fonte inesperada, onde a branca luz do dia, deste dia, do presente, se decompõe em todo o seu rico cromatismo interior.

O que vemos, que nos surpreende tanto? Vemos a multidão, como tal, de posse dos locais e utensílios criados pela civilização. Basta refletirmos um pouco, para nos surpreendermos com a nossa surpresa. Pois não é o ideal? O teatro tem seus lugares para que sejam ocupados; portanto, para que a sala esteja cheia. E o mesmo acontece com os bancos do trem e com os quartos do hotel. Sim, não há dúvida. Mas o fato é que antes nenhum desses estabelecimentos e veículos costumava estar cheio, e agora estão superlotados, fica de fora gente ansiosa para usufruí-los. Ainda que o fato seja lógico, natural, não se pode desconhecer que antes não acontecia mas agora acontece; portanto, houve uma mudança, uma inovação, que justifica, pelo menos no primeiro momento, nossa surpresa.

Surpreender-se, estranhar, é começar a entender. É o esporte e o luxo específico do intelectual. Por isso seu comportamento geral consiste em olhar o mundo com olhos arregalados pela estranheza. Tudo no mundo é estranho e maravilhoso para olhos bem abertos. Maravilhar-se é a delícia vedada ao futebolista e é, por outro lado, o que leva o intelectual pelo mundo, em perpétua embriaguez de visionário. Seu atributo são seus olhos pasmados. Por isso os antigos deram a Minerva a coruja, o pássaro de olhos sempre ofuscados.

A aglomeração, o cheio, não era frequente antes. Por que agora é?

Os componentes dessas multidões não surgiram do nada. Há quinze anos existia aproximadamente o mesmo número de pessoas. Depois da guerra, seria de se esperar que esse número fosse menor. Eis aqui, sem dúvida, a primeira observação importante. Os indivíduos que integram essas multidões já existiam, porém não como multidão. Espalhados pelo mundo em pequenos grupos, ou solitários, levavam, pelo visto, uma vida divergente, dissociada, distante. Cada um – indivíduo ou pequeno grupo – ocupava um lugar, talvez o seu, no campo, na aldeia, na pequena cidade, ou no bairro da cidade grande.

Agora, de repente, aparecem sob a forma de aglomeração, e nossos olhos veem multidões por toda parte. Por toda parte não: justamente nos melhores lugares, criação relativamente refinada da cultura humana, anteriormente reservados a grupos menores, precisamente, às minorias.

De repente a multidão tornou-se visível, instalou-se nos lugares preferenciais da sociedade. Antes, se existia, passava despercebida, ocupava o fundo do cenário social; agora antecipou-se às baterias, tornou-se o personagem principal. Já não há protagonistas: só há coro.

O conceito de multidão é quantitativo e visual. Se o traduzirmos para a terminologia sociológica, sem alterá-lo, encontraremos a ideia de massa social. A sociedade é sempre uma unidade dinâmica de dois fatores: minorias e massas. As minorias são indivíduos ou grupos de indivíduos especialmente qualificados. A massa é o conjunto de pessoas não especialmente qualificadas. Portanto não se deve entender por massas, nem apenas, nem principalmente, "as massas operárias". Massa é "o homem médio". Desse modo converte-se o que era apenas quantidade – a multidão – em uma determinação qualitativa; é a qualidade comum, é o monstrengo social, é o homem enquanto não diferenciado dos outros homens, mas que representa um tipo genérico. Mas aonde chegamos com essa conversão de quantidade em qualidade? Muito simples: por meio desta compreendemos a gênese daquela. É evidente, até óbvio demais, que a formação normal de uma multidão implica a coincidência de desejos, de ideias, de modo de ser dos indivíduos que a integram. Pode-se objetar que isso é o que acontece com qualquer grupo social, por mais seleto que pretenda ser. De fato; mas há uma diferença essencial.

Nos grupos que se caracterizam por não serem multidão e massa, a coincidência efetiva de seus membros consiste em algum desejo, ideia ou ideal, que por si só exclui o grande número. Para se formar uma minoria, seja qual for, é preciso que, antes, cada um se separe da multidão por razões *especiais*, relativamente individuais. Sua coincidência com os outros que formam a minoria é, pois, secundária, posterior ao fato da singularização de cada um, e portanto é, em boa parte, uma coincidência em não coincidir. Há casos em que esse caráter singularizador do grupo aparece por acaso: os grupos ingleses que se autodenominam "não conformistas", isto é, o agrupamento dos que só concordam na sua discordância referente à multidão ilimitada. Esse ingrediente de a minoria se juntar exatamente para se separar da maioria está sempre envolvido na formação de toda minoria. Falando do público reduzido que escutava um músico famoso, Mallarmé gracejou dizendo que, com a presença de sua escassez, aquele público acentuava a ausência da multidão.

A rigor, a massa pode definir-se como fato psicológico, sem necessidade de esperar o aparecimento dos indivíduos em aglomeração. Diante de uma só pessoa, podemos saber se é massa ou não. Massa é todo aquele que não atribui a si mesmo um valor – bom ou mau – por razões especiais, mas que se sente "como todo mundo" e, certamente, não se angustia com isso, sente-se bem por ser idêntico aos demais. Imagine-se um homem humilde que, ao tentar se avaliar por razões especiais – ao se perguntar se tem talento para isso ou para aquilo, se se destaca em algum aspecto –, conclui que não possui nenhuma qualidade fora do comum. Esse homem se sentirá medíocre e vulgar, mal dotado; mas não se sentirá "massa".

Quando se fala de "minorias especiais", a habitual má--fé costuma distorcer o sentido dessa expressão, fingindo ignorar que o homem especial não é o petulante, que se julga superior aos outros, mas o que exige mais de si mesmo que a maioria, ainda que não consiga atingir essas exigências superiores. E é indubitável que a divisão mais radical que deve ser feita na humanidade é dividi-la em duas classes de criaturas: as que exigem muito de si mesmas e se acumulam de dificuldades e deveres, e as que não exigem de si nada de especial, para as quais viver é ser a cada instante o que já são, sem esforço para o aperfeiçoamento de si próprias, boias que vão à deriva.

Isso me lembra que o budismo ortodoxo compõe-se de duas religiões distintas: uma mais rigorosa e difícil; outra mais branda e trivial; o Mahayana – "grande veículo" ou "grande caminho" – e o Hinayana – "pequeno veículo", "caminho menor". O decisivo é o fato de dirigirmos nossa vida para um ou para o outro veículo, para um máximo de exigências ou para um mínimo.

A divisão da sociedade em massas e minorias excepcionais não é, portanto, uma divisão em classes sociais, e sim em classes de homens, e não pode coincidir com a hierarquia decorrente de classes superiores e inferiores. É claro que, nas classes superiores, quando e enquanto o são de fato, há mais possibilidades de se achar homens que adotam o "grande veículo", enquanto as inferiores são normalmente constituídas por indivíduos sem qualidade. Mas, a rigor, dentro de cada classe social há massa e minoria autêntica. Como veremos, mesmo nos grupos cuja tradição era seletiva, a predominância da massa e do vulgo é característica do tempo. Assim, na vida intelectual, que por sua própria essência requer e pressupõe a qualificação, nota-se o progressivo triunfo dos pseudointelectuais não qualificados, desqualificáveis e desqualificados por seu próprio conteúdo. O mesmo acontece nos grupos sobreviventes da "nobreza" masculina e feminina. Em compensação, não é raro encontrar-se hoje, entre os operários, que antes poderiam servir como o exemplo mais puro do que chamamos de "massa", almas admiravelmente disciplinadas.

Pois bem: na sociedade existem trabalhos, atividades, funções das mais diversas ordens que, por sua própria natureza, são especiais e, consequentemente, não podem ser bem executadas sem dotes também especiais. Por exemplo: certos prazeres de caráter artístico e luxuoso, ou as funções governamentais e de caráter político relativas aos assuntos públicos. Antes, essas atividades especiais eram exercidas por minorias qualificadas – pelo menos supostamente. A massa não pretendia interferir nelas; percebia que se quisesse interferir teria, logicamente, que adquirir esses dotes especiais e deixar de ser massa. Conhecia seu papel numa saudável dinâmica social.

Se retrocedermos agora aos fatos enunciados no princípio, estes nos parecerão sinais inequívocos de uma mudança de atitude da massa. Todos indicam que ela resolveu promover-se ao primeiro plano social e ocupar os lugares, e usar os utensílios, e gozar dos prazeres que antes eram exclusivos de poucos. É evidente que, por exemplo, os lugares não foram previstos para as multidões, visto que suas dimensões são muito reduzidas e o gentio transborda constantemente deles, fazendo saltar aos olhos, e com linguagem visível, o fato novo: a massa que, sem deixar de sê-lo, suplanta as minorias.

Creio que ninguém deplora que o povo desfrute, hoje, mais e em maior número do que antes, já que tem para tanto o apetite e os meios. O mau é que essa decisão, tomada pelas massas, de assumir as atividades próprias das minorias, não se manifesta, nem pode se manifestar, só em relação aos prazeres, mas de um modo geral no tempo. Assim – antecipando o que veremos a seguir –, creio que as inovações políticas dos anos mais recentes não significam outra coisa senão o império político das massas. A velha democracia vivia aquecida por uma dose abundante de liberalismo e entusiasmo pela lei. Ao atender a esses princípios, o indivíduo se obrigava a uma disciplina difícil. As minorias podiam viver e atuar sob o amparo do princípio liberal e da norma jurídica. Democracia e lei, convivência legal, eram sinônimos. Hoje assistimos ao triunfo de uma hiperdemocracia na qual a massa atua diretamente sem lei, por meio de pressões materiais, impondo suas aspirações e seus gostos. É falso interpretarem-se as novas situações como se a massa tivesse se cansado da política e encarregasse de seu exercício pessoas especiais. Justamente o contrário. Isso era o que acontecia antes, era a democracia liberal. A massa presumia que, afinal de contas, com todos os seus defeitos e imperfeições, as minorias dos políticos entendiam um pouco mais dos problemas públicos do que ela. Agora, em vez disso, a massa acha que tem direito de impor e dar força de lei aos seus problemas do dia a dia. Duvido que em qualquer outra época da história a multidão tenha chegado a governar tão diretamente como em nossa época. Por isso falo em hiperdemocracia.

O mesmo acontece nos demais planos, muito especialmente no intelectual. Talvez eu esteja errado; mas o escritor, ao começar a escrever sobre um tema que estudou profundamente, deve pensar que o leitor médio, que nunca estudou o assunto, se o vier a ler, não será com o fim de aprender alguma coisa com ele, mas sim, ao contrário, para condenar o autor, quando as ideias deste não coincidirem com as vulgaridades que tal leitor tem na cabeça. Se os indivíduos que integram a massa se julgassem especialmente dotados, teríamos apenas um caso de erro pessoal, mas não uma subversão sociológica. *A característica do momento é que a alma vulgar, sabendo que é vulgar, tem a coragem de afirmar o direito da vulgaridade e o impõe em toda parte.* Como se diz nos Estados Unidos: ser diferente é indecente. A massa faz sucumbir tudo o que é diferente, egrégio, individual, qualificado e especial. Quem não for como todo mundo, quem não pensar como todo mundo, correrá o risco de ser eliminado. E é claro que esse "todo mundo" não é "todo mundo". "Todo mundo" era, normalmente, a unidade complexa de massa e minorias discrepantes, especiais. Agora, todo mundo é apenas a massa.

Este é o fato formidável de nosso tempo, descrito sem se ocultar a brutalidade de sua aparência.

CAPÍTULO II
A SUBIDA DO NÍVEL HISTÓRICO

Este é o fato formidável de nosso tempo, descrito sem se ocultar a brutalidade de sua aparência. É, além de tudo, uma absoluta novidade na história de nossa civilização. Jamais, em todo o seu desenvolvimento, aconteceu algo semelhante. Para acharmos algo semelhante, teríamos que brincar fora de nossa história e mergulhar num mundo, num elemento vital, completamente diferente do nosso; teríamos que nos insinuar no mundo antigo, e chegar no momento de seu declínio. A história do Império romano também é a história da subversão, do império das massas, que absorvem e anulam as minorias dirigentes e se colocam em seu lugar. Então, produz-se também o fenômeno da aglomeração, do cheio. Por isso, como bem observou Spengler, foi necessário, como agora, construir enormes edifícios. A época das massas é a época do colossal[1].

Vivemos sob o brutal império das massas. Exatamente; já chamamos duas vezes de "brutal" esse império, já paga-

---

1. O trágico daquele processo é que, ao mesmo tempo que essas aglomerações se formavam, começava o êxodo do campo, que faria com que ficassem à míngua absoluta todos os habitantes do Império.

mos nosso tributo ao deus dos lugares-comuns; agora, com o ingresso na mão, podemos entrar alegremente no tema, ver o espetáculo por dentro. Ou se julgava que eu ia me contentar com essa descrição, talvez exata, mas externa, que é só a fachada, a vertente, sob as quais se apresenta o tremendo fato quando observado do passado? Se eu abandonasse esse assunto aqui, e acabasse subitamente este ensaio, o leitor poderia pensar, com razão, que esse fabuloso advento das massas à superfície da história não me inspira nada além de algumas palavras displicentes, desdenhosas, um pouco de abominação e um pouco de repugnância; a mim, que notoriamente sustento uma interpretação radicalmente aristocrática da história[2]. É radical, porque eu nunca disse que a sociedade humana *deve* ser aristocrática, mas muito mais que isso. Disse e continuo acreditando, cada dia com mais convicção, que a sociedade humana *é* sempre aristocrática, queira ou não, por sua própria essência, a ponto de ser sociedade na medida em que é aristocrática, e deixar de sê-lo na medida em que se desaristocratiza. Que fique bem entendido que falo da sociedade e não do Estado.

Ninguém poderá acreditar que, diante dessa fabulosa excitação da massa, o aristocrático seja contentar-se em fazer um breve gesto afetado, como um cavalheirozinho de Versalhes. Versalhes – entenda-se aquele Versalhes dos trejeitos – não é aristocracia, é o oposto: é a morte e a putrefação de uma aristocracia magnífica. Por isso, de verdadeiramente aristo-

---

2. Cf. *España invertebrada*, 1920, data de sua primeira publicação como uma série de artigos no diário *El Sol*. (Reeditado nesta Coleção.)

Aproveito esta ocasião para esclarecer aos estrangeiros que de forma tão amável escrevem sobre meus livros, e às vezes têm dificuldade em saber qual a data em que foram publicados pela primeira vez, que quase toda a minha obra veio ao mundo sob forma de artigos publicados em jornais; uma boa parte dela demorou muitos anos para se atrever a ser livro (1946).

crático naqueles seres só restava a elegância digna com que sabiam receber em seus pescoços o golpe da guilhotina; aceitavam-no como o tumor aceita o bisturi. Não, aquele que tem a missão profunda das aristocracias sente, diante do espetáculo da massa, a mesma incitação e excitação de um escultor diante do mármore virgem. A aristocracia social não se parece em nada com esse grupo reduzidíssimo que pretende assumir exclusivamente para si o nome de "sociedade", que se autodenomina "sociedade", e que vive simplesmente de se convidar ou de não se convidar. Como tudo no mundo tem sua virtude e sua missão, esse pequeno "mundo elegante" também tem as suas neste vasto mundo, mas uma missão muito subalterna e incomparável com a tarefa hercúlea das autênticas aristocracias. Não vejo inconveniente algum em falar sobre o sentido que tem essa vida elegante, aparentemente tão sem sentido; mas nosso tema de agora é outro, de maiores proporções. É claro que mesmo essa "alta sociedade" também acompanha a época. Certa mocinha em flor, toda juventude e atualidade, estrela de primeira grandeza no zodíaco da elegância madrilena, me fez meditar muito porque me disse: "Não posso suportar um baile para o qual não tenham sido convidadas menos de oitocentas pessoas". Percebi, através dessa frase, que o estilo das massas triunfa hoje em todas as áreas da vida e se impõe até nos últimos rincões que pareciam reservados aos *happy few*.

Rechaço pois, igualmente, qualquer interpretação de nosso tempo que não considere a significação positiva oculta sob o atual império das massas, bem como as que o aceitam pacificamente, sem estremecer de espanto. Todo destino é, no fundo, dramático e trágico. Quem não sentiu o perigo do tempo palpitar em suas mãos não chegou às entranhas do destino, não fez mais que tocar sua mórbida face. No nosso, o ingrediente terrível é colocado pela avassaladora e violenta sublevação moral das massas, imponente, indomável e equívoca como todo destino. Aonde nos leva? É um mal absoluto, ou um bem possível? Aí está, colossal, instalada em nosso tempo como um gigante, signo cósmico de interrogação, que tem sempre uma forma equívoca que lembra, de fato, uma guilhotina ou uma forca, mas também um possível arco triunfal!

A análise de sua anatomia pode ser resumida nestes dois pontos: primeiro, as massas executam hoje um repertório vital que coincide, em grande parte, com o que antes parecia exclusivamente reservado às minorias; segundo, ao mesmo tempo, as massas se tornaram indóceis diante das minorias; não as obedecem, não as seguem, não as respeitam, mas, ao contrário, as ignoram e as suplantam.

Analisemos o primeiro ponto. Quero dizer com isso que as massas gozam dos prazeres e usam os utensílios inventados pelos grupos especiais, e que antes só estes usufruíam. Sentem vontades e necessidades que antes se qualificavam de refinamentos, porque eram patrimônio de poucos. Um exemplo trivial: em 1820 não havia em Paris dez banheiros em casas particulares; vejam-se as *Memórias* da *comtesse* de Boigne. Ainda mais: as massas conhecem e empregam hoje, com relativa eficiência, muitas das técnicas que antes só eram empregadas por indivíduos especializados.

E não só as técnicas materiais como também, o que é mais importante, as técnicas jurídicas e sociais. No século XVIII, certas minorias descobriram que todo ser humano, pelo simples fato de nascer, e sem necessidade de nenhuma qualificação especial, possuía certos direitos políticos fundamentais, os chamados direitos do homem e do cidadão, e que, a rigor, esses direitos comuns a todos são os únicos existentes. Qualquer outro direito relativo a dotes especiais ficava condenado como privilégio. Isso foi, inicialmente, um simples teorema e ideia de poucos; depois esses poucos começaram a usar essa ideia na prática, a impô-la e reclamá-la: as minorias melhores. Não obstante, durante todo o século

XIX, a massa, que ia se entusiasmando com a ideia desses direitos como um ideal, não os sentia em si mesma, não os exercitava nem se valia deles, mas sob as legislações democráticas continuava vivendo, continuava sentindo a si mesma como no antigo regime. O "povo" – conforme, então, era chamado –, o "povo" já sabia que era soberano; mas não acreditava nisso. Hoje aquele ideal se converteu numa realidade, não apenas nas legislações, que são esquemas externos da vida pública, mas no coração de todo indivíduo, quaisquer que sejam suas ideias, inclusive quando estas são reacionárias; *isto é, inclusive quando massacra e tritura as instituições onde aqueles direitos são sancionados.* Na minha opinião, quem não entender essa curiosa situação moral das massas não poderá compreender nada do que começa a acontecer no mundo de hoje. A soberania do indivíduo não qualificado, do indivíduo humano genérico e como tal, passou de ideia ou ideal jurídico que era a um estado psicológico constitutivo do homem médio. E note-se bem: quando algo que foi ideal torna-se ingrediente da realidade deixa, inexoravelmente, de ser ideal. O prestígio e a magia autorizante, que são atributos do ideal, que são seu efeito sobre o homem, se volatilizam. Os direitos niveladores da generosa inspiração democrática se converteram, de aspirações e ideais, em apetites e supostos inconscientes.

Pois bem: o sentido daqueles direitos não era outro senão o de libertar aquelas almas humanas de sua servidão interior e proclamar dentro delas uma certa consciência de domínio e dignidade. Não era isso o que se queria? Que o homem médio se sentisse amo, dono, senhor de si mesmo e de sua vida? Já se conseguiu. Por que os liberais, os democratas, os progressistas de há trinta anos se queixam? Será que, como as crianças, querem uma coisa mas não suas consequências? Quer-se que o homem médio seja senhor. Então não se estranhe que ele atue por si e diante de si, que reclame todos os prazeres, que imponha sua vontade com decisão, que se negue a toda servidão, que não siga ninguém docilmente, que cuide de sua pessoa e de seus ócios, que arrume sua indumentária: são alguns dos atributos perenes inerentes à consciência de senhorio. Hoje encontram-se no homem médio, na massa.

Vemos, pois, que a vida do homem médio agora é constituída pelo repertório vital que antes caracterizava apenas as minorias culminantes. Pois bem: o homem médio representa a área sobre a qual se move a história de cada época; está para a história como o nível do mar está para a geografia. Se, portanto, o nível médio se encontra hoje onde antes só chegavam as aristocracias, isso significa simplesmente que o nível da história subiu de repente – depois de uma preparação longa e surda, mas rápida na sua manifestação –, num pulo, em uma geração. A vida humana ascendeu na totalidade. Diríamos que o soldado de hoje tem muito de capitão; o exército humano já é composto de capitães. Basta ver a energia, a resolução, a facilidade com que qualquer indivíduo de hoje atravessa sua existência, agarra o prazer que passa, impõe sua decisão.

Todo o bem e todo o mal do presente e do futuro imediato têm sua causa e sua origem nessa elevação geral do nível histórico.

Mas agora nos ocorre uma observação imprevista. Que o nível médio da vida seja hoje o das minorias antigas é um fato novo na Europa; mas era o fato nativo, constitucional, da América. Para ver claramente minha intenção, pense o leitor na consciência de igualdade jurídica. Esse estado psicológico de sentir-se amo e senhor de si mesmo e igual a qualquer outro indivíduo, que na Europa só era conseguido pelos grupos que se distinguiam, era o que acontecia na América desde o século XVIII, praticamente desde sempre. E outra coincidência ainda mais curiosa! Quando surgiu na Europa esse estado psicológico do homem médio, quando subiu o nível de sua existência integral, o tom e as formas da vida europeia adquiriram, de imediato e em todos os aspectos, uma fisionomia que fez muitos dizerem: "A Europa está se americanizando". Os que diziam isso não davam importância maior ao fenômeno; achavam que se tratava de uma leve mudança nos costumes, de uma moda, e, desorientados pelo aspecto externo, atribuíam-no a algum tipo de influência da América sobre a Europa. Com isso, a meu ver, tornou-se trivial uma questão que é muito mais sutil, surpreendente e profunda.

A gentileza tenta agora me subornar para que eu diga aos homens de além-mar que, de fato, a Europa se americanizou e que isso é devido à influência da América sobre a Europa. Mas a verdade entra agora em conflito com a gentileza e deve triunfar. A Europa não se americanizou. Tampouco recebeu grande influência da América. Esses dois fatos podem até começar a ocorrer agora; mas não produziram no passado próximo o fruto que brotou no presente. Há, sobre esse assunto, um grande número de ideias falsas que não deturpam a visão de ninguém, americanos ou europeus. O triunfo das massas e a consequente e magnífica ascensão de nível vital aconteceram na Europa por razões internas, depois de dois séculos de educação progressista das multidões e de um paralelo enriquecimento econômico da sociedade. Mas o fato é que o resultado coincide com o aspecto mais decisivo da existência americana; e por isso, porque a situação moral do homem médio europeu coincide com a do americano, pela primeira vez o europeu entende a vida americana, que para ele era, até então, um enigma e um mistério. Não se trata, pois, de um influxo, que seria um pouco estranho, que seria um refluxo, mas do que ainda menos se suspeitava: trata-se de uma nivelação. Os europeus já tinham percebido, há muito tempo – embora de modo não muito nítido –, que o nível médio de vida era mais alto na América que no Velho Continente. A intuição pouco analítica mas evidente desse fato deu origem à ideia, sempre aceita, nunca posta em dúvida, de que a América era o futuro. Temos que admitir que uma ideia tão ampla e tão arraigada não podia ter nascido do ar, como as orquídeas, que se diz serem criadas no ar, sem raízes. O fundamento era aquela percepção de um nível mais elevado, na vida média de além-mar, que contrastava com o nível inferior das minorias melhores da América comparadas com as europeias. Mas a história, como a agricultura, nutre-se dos vales e não dos cumes, da altitude social média e não das eminências.

Vivemos uma época de nivelações: nivelam-se as fortunas, nivela-se a cultura entre as diferentes classes sociais, nivelam-se os sexos. Pois bem: nivelam-se também os continentes. E, como o europeu se achava vitalmente mais baixo, ganhou com essa nivelação. Portanto, vista deste ângulo, a subversão das massas significa um fabuloso aumento de vitalidade e possibilidades; justamente o contrário, portanto, do que se ouve tão amiúde sobre a decadência da Europa. Frase confusa e tosca, na qual não se sabe bem do que se fala, se dos Estados europeus, da cultura europeia ou do que está sob tudo isso e é infinitamente mais importante: a vitalidade europeia. Mais adiante diremos algo mais sobre os Estados e a cultura europeia – e talvez a frase precedente sirva para eles –, mas, quanto à vitalidade, convém já fazer constar que se trata de um erro crasso. Dita de outra maneira, talvez minha afirmação pareça mais convincente, menos inverossímil; digo, pois, que hoje um italiano médio, um espanhol médio, um alemão médio, diferenciam-se menos, em termos de tônus vital, de um norte-americano, ou de um argentino, do que há trinta anos. E esse é um dado que os americanos não devem esquecer.

CAPÍTULO III
A ALTURA DOS TEMPOS

O império das massas, pois, apresenta um lado favorável enquanto subida de todo o nível histórico, e revela que a vida média se desenvolve hoje numa altura superior à que se encontrava ontem. Isso nos faz tomar consciência de que a vida pode ter altitudes diferentes, e que é uma frase que tem muito sentido a que inconscientemente se costuma repetir quando se fala da altura dos tempos. Convém nos determos neste ponto, porque ele nos oferece uma maneira de estabelecer uma das características mais surpreendentes de nossa época.

Diz-se, por exemplo, que isso ou aquilo não é próprio da altura dos tempos. De fato: não o tempo abstrato da cronologia, que é todo plano, mas o tempo vital, o que cada geração chama de "nosso tempo", tem sempre certa altura, eleva-se hoje sobre ontem, ou se mantém igual, ou cai abaixo. A imagem de cair, oculta no vocábulo "decadência", procede dessa intuição. Da mesma forma cada um sente, com maior ou menor clareza, a relação de sua vida com a altura do tempo em que transcorre... Há quem se sinta, na forma de vida atual, como um náufrago que não consegue flutuar. A velocidade do *tempo* com que as coisas caminham hoje, o ímpeto e a energia com que se faz tudo, angustiam o homem de temperamento arcaico, e essa angústia é a medida do desnível entre a altura de seu pulso e a altura da época. Por outro lado, o que vive plenamente e à vontade as formas do presente tem consciência da relação entre a altura de nosso tempo e a altura das diversas idades passadas. Qual é essa relação?

Seria errado supor que o homem de uma época sempre sente as épocas passadas como de nível mais baixo que a sua, pelo simples fato de serem passadas. Basta lembrar que, no *parescer* de Jorge Manrique,

QUALQUER TEMPO PASSADO FOI MELHOR.

Mas isso tampouco é verdade. Nem todas as idades sentiram-se inferiores a alguma do passado, e nem todas se acreditaram superiores às que sucederam. Cada idade histórica manifesta uma sensação diferente ante esse estranho fenômeno da altura vital, e surpreende-me que os pensadores e historiadores nunca tenham reparado nesse fato tão evidente e substancial.

A impressão de Jorge Manrique tem sido certamente a mais geral, pelo menos *grosso modo*. À maior parte das épocas, seu tempo não pareceu mais elevado que o de outras idades antigas. Ao contrário, o mais comum tem sido os homens suporem num vago passado tempos melhores, de uma existência mais plena: a "idade de ouro", dizem os educados pela Grécia e Roma; a *Alcheringa*, dizem os selvagens australianos. Isso revela que esses homens sentiam o pulso de sua própria vida carente de plenitude, lento, incapaz de encher completamente o interior das veias. Por essa razão respeitavam o passado, os tempos "clássicos", cuja existência lhes parecia algo mais amplo, mais rico, mais perfeito e difícil que a vida de seu tempo. Ao olhar para trás e imaginar esses séculos mais valiosos tinham a impressão de não dominá-los e sim, ao contrário, de estar abaixo deles, como um grau de temperatura que, se tivesse consciência, sentisse que não contém em si o grau superior; que há neste último mais calorias que nele mesmo. A partir de cento e cinquenta anos depois de Cristo, essa impressão de encolhimento vital, de ser menos, de decair e perder pulso, cresce progressivamente no Império romano. Horácio já havia dito: "Nossos pais, piores que nossos avós, nos fizeram ainda mais depravados, e nós teremos uma progênie ainda mais incapaz". (*Odes*, Livro III, 6).

> *Aetas parentum peior avis tulit*
> *nos nequiores, mox daturos*
> *progeniem vitiosorem.*

Dois séculos mais tarde não haveria em todo o Império um número suficiente de itálicos medianamente corajosos para ocuparem os lugares dos centuriões, tendo-se que utilizar para esse ofício os dálmatas, e a seguir os bárbaros do Danúbio e do Reno. Ao mesmo tempo as mulheres tornaram-se estéreis e a Itália se despovoou.

Vejamos agora um outro tipo de épocas que gozam de uma impressão vital exatamente oposta a esta. Trata-se de um fenômeno muito curioso, cuja descrição é de grande interesse. Quando, há uns trinta anos, os políticos discursavam ante as multidões, costumavam rechaçar esta ou aquela medida de governo, este ou aquele desmando, alegando que eram impróprios da plenitude dos tempos. É curioso lembrar que a mesma frase aparece empregada por Trajano em sua famosa carta a Plínio, ao recomendar que não perseguisse os cristãos em virtude de denúncias anônimas: *Nec nostri saeculi est.* Houve pois várias épocas na história que se sentiram como tendo chegado a uma altura plena, definitiva: tempos em que se acredita ter chegado ao fim de uma viagem, em que se alcança um anseio antigo e se concretiza uma esperança. É a "plenitude dos tempos", a completa maturidade da vida histórica. De fato, há trinta anos o europeu achava que a vida humana tinha chegado a ser o que devia ser, o que há muitas gerações se vinha desejando que fosse, o que sempre deveria ser. Os tempos de plenitude sentem-se sempre como resultado de muitas outras idades preparatórias, de outros tempos sem plenitude, inferiores ao próprio, sobre os quais esta hora notável está assentada. Vistos de sua altura, aqueles períodos preparatórios aparecem como se neles se tivesse vivido de puro anseio e ilusão frustrada; tempos apenas de desejo insatisfeito, de precursores fervorosos, de "ainda não", de penoso contraste entre uma aspiração clara e a realidade que não lhe é correspondente. É assim que o século XIX vê a Idade Média. Por fim chega um dia em que esse velho desejo, às vezes milenário, parece realizar-se; a realidade o acolhe e lhe obedece. Chegamos à altura vislumbrada, à meta antecipada, ao cume do tempo! O "por fim" substitui o "ainda não".

Essa era a sensação que nossos pais e todo o seu século tinham de sua própria vida. Que não se esqueça disto: nosso século é um tempo que vem depois de um tempo de plenitude. Eis por que é irremediável que quem prosseguir junto à outra margem, a esse próximo passado pleno, e vir tudo sob sua óptica, terá a impressão de que a idade presente é como uma queda da plenitude, como uma decadência.

Mas um velho aficionado da história, um empedernido tomador de pulso dos tempos, não pode se deixar levar por essa óptica das supostas plenitudes.

Conforme eu disse, o essencial para que exista "plenitude dos tempos" é que um desejo antigo, que vinha se arrastando ofegante e ansioso durante séculos, acabe por fim sendo satisfeito. E, de fato, esses tempos plenos são tempos satisfeitos consigo mesmos; às vezes, como o século XIX, mais que satisfeitos[1]. Mas agora percebemos que esses séculos tão satisfeitos, tão bem-sucedidos, estão mortos por dentro. *A autêntica plenitude vital não consiste na satisfação, na obtenção, na chegada.* Cervantes já dizia que "o caminho é sempre melhor que a pousada". Um tempo que satisfez seu desejo, seu ideal, é o que não deseja mais nada, é aquele em que a fonte do desejo secou. Isto é, a famosa plenitude é na verdade uma conclusão. Há séculos que, por não saberem renovar seus desejos, morrem de satisfação, como o zangão afortunado depois do voo nupcial[2].

Daí o fato surpreendente de que essas etapas de chamada plenitude tenham sempre sentido no fundo de si mesmas uma tristeza muito peculiar.

O desejo gerado tão lentamente, e que enfim parece realizar-se no século XIX, é o que, em resumo, se autodenominou "cultura moderna". O próprio nome já é inquietante: um século que chama a si mesmo de "moderno", isto é, último, definitivo, diante do qual todos os outros são simples pretéritos, modestas preparações e aspirações para ele! Setas sem valor que erram o alvo[3]!

---

1. Nas moedas mandadas cunhar por Adriano leem-se expressões como estas: *Italia felix, Saeculum aureum, Tellus stabilita, Temporum felicitas*. Além do grande repertório numismático de Cohen, cf. algumas moedas reproduzidas em Rostovtzeff, *The Social and Economic History of the Roman Empire*, 1926, folha LII e 588, nota 6.

2. Não podem deixar de ser lidas as maravilhosas páginas de Hegel sobre os tempos felizes em sua *Filosofia de la historia*, trad. esp. de José Gaos, *Revista de Occidente*, 1.ª ed., vol. 1, p. 41 s.

3. O sentido original de "moderno", "modernidade" com que os últimos tempos batizaram a si mesmos, transmite nitidamente essa sensação de "altura dos tempos" que analiso agora. Moderno é o que está conforme *o modo*: entenda-se o novo modo, modificação ou moda que surgiu em tal presente em contraposição aos modos velhos, tradicionais, que foram usados no passado. A palavra "moderno" expressa, pois, a consciência de

Já não se vê aqui a diferença essencial entre nosso tempo e esse que ele acaba de suceder, de ultrapassar? De fato nosso tempo já não se sente definitivo; ao contrário, há em sua própria raiz uma obscura intuição de que não há tempos definitivos, seguros, cristalizados para sempre, mas que essa pretensão de que um tempo de vida – a chamada "cultura moderna" – seja definitivo é uma inacreditável estreiteza e obcecação do campo visual. E ao sentir isso percebemos a deliciosa sensação de termos fugido de um local apertado e fechado, de termos escapado e saído de novo sob as estrelas para o mundo autêntico, profundo, terrível, imprevisível e inesgotável, onde tudo, absolutamente tudo, é possível: o melhor e o pior.

A fé na cultura moderna era triste: era saber que o amanhã, na sua essência, ia ser igual a hoje, que o progresso consistia só em avançar eternamente por um caminho idêntico ao que já estava sob nossos pés. Um caminho que mais se parece com uma prisão que, elástica, se estica sem nos libertar.

No começo do Império, quando alguém sagaz chegava a Roma vindo das províncias – Lucano ou Sêneca, por exemplo – e via as majestosas construções imperiais, símbolo de um poder definitivo, sentia o coração apertado. Nada mais de novo podia acontecer no mundo. Roma era eterna. E, se há uma melancolia das ruínas, que se levanta delas como o bafo das águas mortas, o provinciano sensível percebia uma melancolia não menos angustiante, embora no sentido inverso: a melancolia dos edifícios eternos.

Comparada a esse estado emotivo, não é evidente que a sensação de nossa época mais se parece com a alegria e o alvoroço de crianças que acabam de sair da escola? Agora já

---

uma vida nova, superior à antiga, e ao mesmo tempo o imperativo de estar à altura dos tempos. Para o "moderno", não sê-lo equivale a ficar abaixo do nível histórico.

não sabemos o que poderá acontecer no mundo amanhã, e isso nos regozija secretamente; porque ser imprevisível, ser um horizonte sempre aberto a qualquer possibilidade, é a vida autêntica, a verdadeira plenitude da vida.

Este diagnóstico, do qual falta naturalmente a outra metade, contrasta com as queixas de decadência que choramingam nas páginas de tantos contemporâneos. Trata-se de um erro de visão proveniente de causas múltiplas. Outro dia veremos algumas delas, mas hoje quero antecipar a mais óbvia: origina-se no fato de que, fiéis a uma ideologia, a meu ver duvidosa, só veem da história a política e a cultura, e não percebem que tudo isso é apenas a superfície da história; que a realidade histórica é, antes disso e mais profundamente que isso, uma pura ânsia de viver, uma potência parecida com as cósmicas; não a mesma, portanto, não *natural*, mas irmã da que inquieta o mar, fecunda a fera, faz florescer as árvores, faz cintilar a estrela.

Diante dos diagnósticos de decadência, recomendo o seguinte raciocínio:

A decadência é, está claro, um conceito comparativo. Decai-se de um estado superior para um estado inferior. Pois bem: essa comparação pode ser feita a partir dos pontos de vista mais diferentes e variados que se possa imaginar. Para o fabricante de piteiras de âmbar, o mundo está em decadência porque já não se fuma apenas com piteiras de âmbar. Outros pontos de vista serão mais respeitáveis que este, mas, a rigor, não deixam de ser parciais, arbitrários e externos à própria vida cujos quilates se querem avaliar. Não há mais que um ponto de vista justo e natural: instalar-se nessa vida, contemplá-la de dentro e ver se ela mesma se sente decaída, isto é, minguada, debilitada e insípida.

Mas ainda que vista por dentro de si mesma, como se sabe se uma vida se sente ou não em decadência? Para mim não há dúvida quanto ao sintoma decisivo: uma vida que não prefere nenhuma outra de antes, de nenhum antes, portanto, que prefere a si mesma, não pode ser chamada de decadente em nenhum sentido sério. Era neste ponto que eu queria chegar com a minha exposição sobre o problema da altitude dos tempos. Pois acontece que exatamente o nosso goza, neste ponto, de uma sensação estranhíssima; que eu saiba, única até agora na história conhecida.

Nos salões do último século chegava inevitavelmente um momento em que as damas e seus poetas amestrados faziam-se reciprocamente a pergunta: Em que época você gostaria de ter vivido? E aí cada um, pondo a imagem de sua própria vida nas costas, vagava imaginariamente pelos caminhos históricos à procura de um tempo onde encaixasse à vontade o perfil de sua existência. Acontece que, embora se sentindo, ou por se sentir, em plenitude, esse século XIX ficava, de fato, ligado ao passado, sobre cujos ombros acreditava estar; via-se, efetivamente, como a culminação do passado. Daí o fato de se acreditar em épocas relativamente clássicas – o século de Péricles, o Renascimento –, nas quais tinham sido preparados os valores vigentes. Isso seria o suficiente para nos fazer suspeitar dos tempos de plenitude; têm o rosto voltado para trás, olham o passado que se realiza neles.

Pois bem: o que diria sinceramente qualquer homem representativo do presente se lhe fosse feita a mesma pergunta? Não creio que haja dúvidas: qualquer passado, sem nenhuma exceção, lhe daria a impressão de um recinto apertado onde não podia respirar. Isso quer dizer que o homem do presente sente que a sua vida é mais vida que todas as antigas ou, dito de maneira inversa, que o passado inteiro se tornou pequeno para a humanidade atual. Essa intuição de nossa vida de hoje anula com sua clareza elementar qualquer elucubração sobre decadência que não seja muito cautelosa.

Nossa vida sente-se, de repente, de maior tamanho que todas as vidas. Como poderá sentir-se decadente? Muito pelo contrário: o que aconteceu é que, pelo fato de se sentir mais vida, perdeu todo o respeito, toda a atenção para com o passado. Eis a razão de nos encontrarmos pela primeira vez numa época que faz tábua rasa de todo o classicismo, que não reconhece em nada passado um possível modelo ou norma, época que, sobrevinda após tantos séculos sem descontinuidade de evolução, parece, no entanto, um começo, uma alvorada, um início, uma infância. Olhamos para trás e o famoso Renascimento nos parece um tempo estreitíssimo, provinciano, de gestos vãos – por que não dizê-lo? –, *cursi*.

Há algum tempo eu resumia essa situação da seguinte forma: "Essa grave dissociação entre o passado e o presente é o acontecimento comum de nossa época e nela está incluída a suspeita, um pouco confusa, que leva à conturbação peculiar da vida nestes anos. Os homens atuais sentem de repente que ficaram sozinhos sobre a terra; que os mortos morreram de fato; que já não podem ajudar-nos. O resto do espírito tradicional se evaporou. Os modelos, as normas, as linhas de conduta já não nos servem. Temos que resolver nossos problemas sem a colaboração ativa do passado, em pleno atualismo – sejam eles de arte, de ciência ou de política. O europeu está só, sem mortos vivos à sua volta; como Pedro Schlehmil, perdeu sua sombra. É o que acontece quando chega o meio-dia"[4].

Em resumo, qual é a altura do nosso tempo?

Não é plenitude dos tempos e, no entanto, sente-se superior a todos os tempos idos e acima de todas as plenitudes já conhecidas. A impressão que nossa época tem de si mes-

---

4. *La deshumanización del arte* (cf. p. 353, vol. III, de *Obras completas*).

ma não é fácil de se expressar: julga-se melhor que as outras, e ao mesmo tempo sente-se como um início, sem ter a certeza de não ser uma agonia.

Que forma escolheríamos? Talvez esta: superior aos outros tempos e inferior a si mesma. Fortíssima e ao mesmo tempo insegura de seu destino. Orgulhosa de suas forças e ao mesmo tempo temerosa delas.

CAPÍTULO IV
O CRESCIMENTO DA VIDA

O império das massas e a subida de nível, a altitude do tempo que ele anuncia, não são por sua vez mais que sintomas de um fato mais completo e geral. Esse fato é quase grotesco e incrível em sua própria e simples evidência. É simplesmente que o mundo cresceu de repente, e com ele e nele a vida. Subitamente esta se mundializou de fato; quero dizer com isso que o conteúdo da vida do homem médio de hoje é todo o planeta; que cada indivíduo vive habitualmente todo o mundo. Há pouco mais de um ano, os sevilhanos acompanhavam, hora a hora, através de seus jornais, o que estava acontecendo com alguns homens no Polo; isto é, sobre o fundo ardente da campina bética passavam blocos de gelo à deriva. Cada pedaço de terra já não está confinado a seu lugar geométrico, mas atua nos outros lugares do planeta para muitos efeitos vitais. Segundo o princípio de Física que diz que as coisas estão no lugar onde atuam, hoje temos que reconhecer a mais efetiva ubiquidade de qualquer ponto do globo. Essa proximidade do distante, essa presença do ausente, aumentou numa proporção verdadeiramente fabulosa o horizonte de cada vida.

E o mundo também cresceu temporalmente. A pré-história e a arqueologia descobriram âmbitos históricos de extensão quimérica. Civilizações inteiras e impérios dos quais, há pouco tempo, o homem nem suspeitava, foram anexados à nossa memória como novos continentes. O jornal ilustrado e o cinema trouxeram esses pedaços remotíssimos de mundo para a visão imediata do povo.

Mas este aumento espaçotemporal do mundo nada significa por si só. O espaço e o tempo físicos são o absolutamente estúpido do universo. Por isso, o culto da pura velocidade, praticado transitoriamente por nossos contemporâneos, tem mais fundamento do que habitualmente se crê. A velocidade feita de espaço e tempo não é menos estúpida que seus ingredientes, mas serve para anulá-los. Não se domina uma estupidez a não ser com outra. Para o homem era uma questão de honra vencer o espaço e o tempo cósmicos[1], que não têm o menor sentido, e não há por que se estranhar o prazer pueril que nos dá fazer funcionar a vazia velocidade, com a qual matamos espaço e estrangulamos tempo. Ao anulá-los, nós os vivificamos, tornando possível seu aproveitamento vital, podemos *estar* em mais lugares que antes, desfrutar mais idas e vindas, consumir em menos tempo vital mais tempo cósmico.

Mas, definitivamente, o crescimento substantivo do mundo não consiste em suas dimensões maiores, mas no fato de incluir mais coisas. Cada coisa – tomada a palavra em seu sentido mais amplo – é algo que se pode desejar, tentar, fazer, desfazer, encontrar, gozar ou repelir; palavras essas que significam atividades vitais.

Tome-se qualquer uma de nossas atividades: comprar, por exemplo. Imaginem-se dois homens, um do presente e

---

1. Justamente porque o tempo vital do homem é limitado, justamente porque é mortal, precisa vencer a distância e o tempo. Para um Deus cuja existência é imortal, o automóvel não teria sentido.

outro do século XVIII, que possuam a mesma fortuna, proporcional ao valor do dinheiro em ambas as épocas, e compare-se a quantidade de coisas à venda que se oferece a um e a outro. A diferença é quase fabulosa. A quantidade de possibilidades oferecidas ao comprador atual chega a ser praticamente ilimitada. Não é fácil imaginar, desejar, um objeto que não exista no mercado, e vice-versa: não é possível que um homem possa imaginar e desejar tudo que se acha à venda. Pode-se alegar que, com uma fortuna proporcionalmente igual, o homem de hoje não poderá comprar mais coisas que o do século XVIII. Isso é falso. Hoje se pode comprar muito mais, porque a indústria barateou quase todos os artigos. Mas, afinal, não me importaria que isso não fosse verdade; ao contrário, até ressaltaria mais o que estou tentando dizer.

A atividade de comprar consiste em se decidir por um objeto; mas, por isso mesmo, é antes de tudo uma escolha, e uma escolha começa quando tomamos conhecimento das possibilidades que o mercado oferece. Deduz-se, daí, que a vida, em seu modo "comprar", consiste primeiramente em viver as possibilidades de compra como tal. Quando se fala de nossa vida costuma-se esquecer isso, que me parece extremamente essencial: nossa vida é a todo instante, e antes de mais nada, a consciência do que nos é possível. Se a cada momento não tivéssemos diante de nós mais que uma única possibilidade, não haveria sentido em chamá-la assim. Seria, antes, pura necessidade. Mas aí está: esse fato estranhíssimo de nossa vida tem a condição radical de sempre encontrar diante de si várias saídas, que por serem várias adquirem o caráter de possibilidades entre as quais temos que decidir[2].

---

2. Na pior das hipóteses, e quando o mundo parecesse reduzido a uma única saída, ainda haveria duas: esta e deixar-se o mundo. Mas o deixar o mundo faz parte deste, como uma porta faz parte de uma casa.

Dizer que vivemos é a mesma coisa que dizer que nos encontramos num ambiente de possibilidades determinadas. A esse âmbito costuma-se chamar "as circunstâncias". Toda vida é achar-se dentro da "circunstância" ou do mundo[3]. Porque este é o sentido originário da ideia "mundo". Mundo é o conjunto de nossas possibilidades vitais. Não é, portanto, algo à parte e alheio à nossa vida, mas sua periferia autêntica. Representa o que podemos ser; portanto, nossa potencialidade vital. Esta tem que se concretizar para se realizar ou, dito de outra forma, só chegamos a ser uma parte mínima do que podemos ser. Esse é o motivo por que o mundo nos parece uma coisa tão grande e nós, dentro dele, uma coisa tão pequena. O mundo ou nossa vida possível é sempre maior que nosso destino ou nossa vida efetiva.

Mas no momento desejo apenas destacar como tem crescido a vida do homem na dimensão da potencialidade. Conta com um leque de possibilidades maior que nunca. No campo intelectual encontra mais caminhos de raciocínio possível, mais problemas, mais dados, mais ciências, mais pontos de vista. Enquanto os ofícios ou carreiras da vida primitiva podem ser quase contados com os dedos de uma só mão – pastor, caçador, guerreiro, feiticeiro –, o rol de profissões hoje possíveis é extremamente grande. Quanto aos prazeres, acontece algo parecido, se bem que – e esse fenômeno é mais grave do que se supõe – seu elenco não é tão exuberante como nos demais campos da vida. Não há dúvida de que, para o homem de classe média que mora nas cidades – e as

---

3. Conforme já consta do prefácio de meu primeiro livro *Meditaciones del Quijote*, 1961. Em *Las Atlántidas* aparece sob o nome de horizonte. Cf. o ensaio "El origen deportivo del Estado", 1926, no vol. VII de *El Espectador*. (*Las meditaciones* foram reeditadas nesta Coleção. Cf. os outros estudos nos vols. III e II de *Obras completas*, respectivamente.)

cidades são a representação da existência atual –, as possibilidades de desfrutar aumentaram, neste século, de maneira fantástica.

Mas o crescimento da potencialidade vital não se resume no que foi dito até aqui. Também aumentou num sentido mais imediato e misterioso. É fato constante e notório que no campo do esforço físico e desportivo atingem-se hoje *performances* que superam grandemente as do passado. Não basta que se admire cada uma delas e se reconheça o recorde que bateram, mas é preciso que se tome consciência da impressão que sua frequência nos deixa, convencendo-nos de que o organismo humano de nosso tempo possui capacidades superiores às conhecidas anteriormente. Porque na ciência também acontece coisa similar. Em não mais que dois lustros, esta ampliou inacreditavelmente seu horizonte cósmico. A Física de Einstein move-se em espaços tão vastos, que a antiga Física de Newton ocupa nela apenas uma água-furtada[4]. E esse crescimento extensivo deve-se a um crescimento intensivo na precisão científica. A Física de Einstein está voltada para as diferenças mínimas que antes eram desprezadas e não eram levadas em conta por parecerem sem importância. O átomo, enfim, limite de ontem do mundo, acaba se inchando a ponto de hoje se converter em todo um sistema planetário. E não me refiro, em tudo isso, ao que possa significar como perfeição da cultura – isso não é o que me interessa agora –, mas ao crescimento das potências subjetivas que tudo isso supõe. Não afirmo que a Física de Einstein é mais exata que a de Newton, mas que o homem Einstein é capaz de maior exati-

---

4. O mundo de Newton era infinito; mas essa infinidade não era um tamanho, e sim uma vaga generalização, uma utopia abstrata e inerme. O mundo de Einstein é finito, mas cheio e concreto em todas as suas partes; portanto, um mundo mais rico de coisas e, efetivamente, de tamanho maior.

dão e liberdade de espírito[5] que o homem Newton; da mesma forma que o campeão de boxe de hoje dá golpes mais potentes do que jamais foram dados.

Como o cinema e a ilustração põem os lugares mais remotos do planeta diante dos olhos do homem médio, os jornais e as conversas lhe trazem a notícia dessas *performances* intelectuais, que a aparelhagem técnica recém-inventada confirma a partir das vitrines. Tudo isso decanta em sua mente a sensação de fabulosa prepotência.

Não quero dizer com tudo isso que a vida humana seja melhor hoje que em outros tempos. Não estou falando da qualidade da vida presente, mas apenas de seu crescimento, de seu avanço quantitativo ou potencial. Creio poder com isso descrever rigorosamente a consciência do homem atual, seu tônus vital, que consiste em sentir-se com maior potencialidade que nunca, a ponto de todo o passado parecer-lhe atacado de ananismo.

Essa descrição era necessária para esclarecer as elucubrações sobre decadência, e, especialmente, sobre a decadência ocidental, que vêm pululando neste último decênio. Recorde-se da argumentação que fiz, e que me parece tão simples quanto evidente. Não se pode falar em decadência sem se precisar o que é que decai. Esse vocábulo pessimista refere-se à cultura? Há uma decadência da cultura europeia? Ou, melhor dizendo, apenas uma decadência das organizações nacionais europeias? Suponhamos que sim. Mas bastaria isso para se poder falar em decadência ocidental? De modo algum. Porque essas decadências são diminuições parciais, re-

---

5. A liberdade de espírito, isto é, a potência do intelecto, mede-se por sua capacidade de dissociar ideias tradicionalmente inseparáveis. Dissociar ideias é muito mais difícil que associá-las, conforme demonstrou Kohler em suas experiências sobre a inteligência dos chimpanzés. O entendimento humano nunca teve maior capacidade de dissociação do que agora.

lativas a elementos secundários da história – cultura e nações. Só há uma decadência absoluta: a que consiste numa vitalidade minguante; e esta só existe quando é sentida. Por esta razão me detive na consideração de um fenômeno que não costuma ser observado: a consciência ou a sensação que toda época tem de sua altitude vital.

Isto nos levou a falar da "plenitude" sentida por alguns séculos diante de outros que, inversamente, viam-se a si mesmos como decaídos de maiores altitudes, de antigas e brilhantes idades de ouro. E eu concluía destacando o fato muito evidente de que nosso tempo se caracteriza por uma estranha pretensão de ser mais que qualquer outro tempo passado; mais ainda: por se desligar de todo o passado, não reconhecer épocas clássicas e normativas, e ver-se a si mesmo como uma vida nova superior a todas as antigas e irredutível a elas.

Duvido de que se possa entender nosso tempo sem que se esteja bem consciente dessa advertência. Porque seu problema é exatamente este. Caso se julgasse decaído, veria outras épocas como superiores a ele, e isso seria a mesma coisa que as estimar e admirar, e venerar os princípios que as nortearam. Nosso tempo teria, então, ideais claros e firmes, ainda que fosse incapaz de realizá-los. Mas a verdade é exatamente o contrário: vivemos num tempo que se sente fabulosamente capaz de realizar, mas não sabe o que realizar. Domina todas as coisas, mas não é dono de si mesmo. Sente-se perdido em sua própria abundância. Mesmo tendo mais meios, mais saber, mais técnicas do que nunca, o mundo atual acaba indo como o mais infeliz que possa ter havido: simplesmente à deriva.

Eis a razão dessa estranha dualidade de prepotência e insegurança que se aninha na alma contemporânea. Acontece com ela o mesmo que se dizia do Regente durante a infância de Luís XV: que tinha todos os talentos, menos o talento para usá-los. Muitas coisas *já* pareciam impossíveis ao século XIX, firme em sua fé progressista. Hoje, de tanto que tudo nos parece possível, começamos a pressentir que o pior também é possível: o retrocesso, a barbárie, a decadência[6]. Isso não seria um mau sintoma por si só: significaria que voltamos a tomar contato com a insegurança essencial a todo viver, com a inquietude simultaneamente dolorosa e deliciosa que se encerra em cada minuto se o sabemos viver até seu âmago, até sua pequena víscera palpitante e cruenta. Geralmente nos esquivamos de sentir essa pulsação pavorosa que faz de cada instante verdadeiro um coração transeunte; esforçamo-nos para encontrar segurança e para nos insensibilizar com o drama radical de nosso destino, lançando sobre ele o costume, o uso, o subterfúgio – todos os anestésicos. Portanto é benéfico que pela primeira vez depois de quase três séculos nos surpreendamos com a consciência de não saber o que vai acontecer amanhã.

Todo aquele que se colocar diante da existência numa atitude séria e plenamente responsável sentirá um certo tipo de insegurança que o leva a permanecer atento. O gesto que o ordenança romano impunha à sentinela da legião era manter o indicador sobre os lábios para evitar a sonolência e manter-se atento. Não é mau esse gesto, que parece impor um maior silêncio ao silêncio noturno, para poder ouvir a germinação secreta do futuro. A segurança das épocas de plenitude – assim como no último século – é uma ilusão de óptica que conduz à despreocupação com o futuro, deixando sua direção aos cuidados da mecânica do universo. O próprio liberalismo progressista e o socialismo de Marx supõem que o desejado por eles como futuro ótimo se realizará, ine-

---

6. Esta é a origem radical dos diagnósticos de decadência. Não que sejamos decadentes, mas é que, dispostos a admitir qualquer possibilidade, não excluímos a da decadência.

xoravelmente, com uma precisão semelhante à da astronomia. Protegidos de sua própria consciência por essa ideia, soltaram o leme da história, deixaram de estar atentos, perderam a agilidade e a eficácia. Assim, a vida lhes escapou das mãos, tornou-se completamente insubmissa, e hoje anda solta, sem rumo conhecido. Sob sua máscara de generoso futurismo, o progressista não se preocupa com o futuro; convencido de que nele não há surpresas nem segredos, peripécias nem inovações essenciais; seguro de que o mundo seguirá em linha reta, sem desvios nem retrocessos, ele abandona sua preocupação com o futuro e se coloca definitivamente no presente. Não é de se admirar que hoje o mundo pareça vazio de projetos, metas e ideais. Ninguém se preocupou com eles. A deserção das minorias dirigentes foi de tal ordem que se encontra sempre na razão inversa da rebelião das massas.

Mas já é tempo de voltarmos a falar desta. Depois de termos analisado o lado favorável do triunfo das massas, é conveniente que desçamos por seu outro lado, mais perigoso.

CAPÍTULO V
UM DADO ESTATÍSTICO

Este ensaio se propõe lançar um pouco de luz sobre o diagnóstico do nosso tempo, da nossa vida atual. A enunciação de sua primeira parte pode ser resumida assim: nossa vida, como conjunto de possibilidades, é magnífica, exuberante, superior a todas as historicamente conhecidas. Mas, pelo próprio fato de seu formato ser maior, transbordou todos os leitos, princípios, normas e ideais legados pela tradição. É mais vida que todas as vidas, e por isso mesmo mais problemática. Não pode orientar-se no passado[1]. Tem que inventar seu próprio destino.

Completemos agora o diagnóstico. A vida, que é antes de tudo o que podemos ser, vida possível, também é, por esse mesmo fato, decidir entre as possibilidades o que de fato vamos ser. Circunstância e decisão são os dois elementos essenciais de que se compõe a vida. A circunstância – as possibilidades – é o que nos é dado e imposto em nossa vida.

---

1. Veremos, não obstante, como se deve ver no passado, senão uma orientação positiva, pelo menos certas lições negativas. O passado não nos dirá o que devemos fazer, mas sim o que devemos evitar.

Isso constitui o que chamamos o mundo. A vida não escolhe seu mundo, mas viver é encontrar-se, de início, num mundo determinado que não pode ser trocado: neste de agora. Nosso mundo é a dimensão de fatalidade que integra nossa vida. Mas essa fatalidade vital não é semelhante à mecânica. Não somos disparados sobre a existência como a bala de um fuzil, cuja trajetória já está absolutamente determinada. A fatalidade com que deparamos ao entrar neste mundo – o mundo é sempre *este*, este de agora – consiste no contrário. Em vez de nos ser imposta uma trajetória, nos são impostas várias, o que, consequentemente, nos força... a escolher. É surpreendente a condição de nossa vida! Viver é sentir-se *fatalmente* forçado a exercer a liberdade, a decidir o que vamos ser neste mundo. Não há um momento de descanso para nossa atividade de decisão. Inclusive quando, desesperados, nos abandonamos à sorte, decidimos não decidir.

Portanto é falso dizer que na vida são "as circunstâncias que decidem". Ao contrário: as circunstâncias são o dilema, sempre novo, ante o qual temos que nos decidir. Mas o que decide é nosso caráter.

Tudo isto também é válido para a vida coletiva. Também nela há, primeiro, um horizonte de possibilidades, e, a seguir, uma resolução que escolhe e decide o modo efetivo da existência coletiva. Essa resolução emana do caráter que a sociedade tenha ou, o que é a mesma coisa, do caráter do tipo de homem que nela é dominante. Em nosso tempo é o homem-massa que domina; é ele quem decide. Não se pode dizer que era isso que acontecia na época da democracia, do sufrágio universal. No sufrágio universal não são as massas que decidem; seu papel consiste em aderir à decisão de uma ou outra minoria. Estas apresentavam seus "programas" – vocábulo excelente. Os programas eram, efetivamente, programas de vida coletiva. Neles se convidava a massa a aceitar um projeto de decisão.

Hoje o que acontece é muito diferente. Se observarmos a vida pública dos países onde o triunfo das massas está mais avançado – são os países mediterrâneos –, ficaremos surpreendidos de ver como neles se vive politicamente o dia presente. O fenômeno é verdadeiramente estranho. O Poder público está nas mãos de um representante de massas. Estas são tão poderosas que aniquilaram toda oposição possível. São donas do Poder público de forma tão incontestável e superlativa, que seria difícil encontrar na história situações de governo tão prepotentes como estas. E, não obstante, o Poder público, o Governo, vive o dia presente; não se apresenta como um futuro transparente, não significa uma previsão clara do futuro, não aparece como começo de algo cujo desenvolvimento e evolução se possa imaginar. Em resumo: vive sem programa de vida, sem projeto. Não sabe onde vai porque, a rigor, não vai, não tem caminho prefixado, trajetória predeterminada. Quando esse Poder público tenta se justificar, não se apoia absolutamente no futuro, mas, ao contrário, restringe-se ao presente e diz candidamente: "Sou um modo anormal de governo que é imposto pelas circunstâncias". Isto é, pela urgência do presente, e não por cálculos em relação ao futuro. Por isso sua atuação resume-se em fugir do conflito do momento; não em resolvê-lo, mas em escapar dele momentaneamente, usando de qualquer meio, mesmo à custa de acumular maiores conflitos para depois. Quando exercido diretamente pelas massas, o Poder público sempre tem sido assim: onipotente e efêmero. O homem-massa é um homem cuja vida carece de projeto, segue à deriva. Por isso nada constrói, embora suas possibilidades, seus poderes sejam enormes.

E é esse o tipo de homem que decide em nosso tempo. Convém, pois, que se analise seu caráter.

A chave para essa análise encontra-se no começo deste ensaio, quando perguntamos: De onde vieram todas estas multidões que agora enchem e transbordam do cenário histórico?

Há alguns anos, o grande economista Werner Sombart destacava um dado muito simples, que é estranho não estar presente para todos que se preocupam com os assuntos contemporâneos. Esse dado tão simples é suficiente para esclarecer nossa visão da Europa atual ou, pelo menos, dar-nos a pista para toda sua compreensão. O dado é o seguinte: desde o início da história europeia no século VI até o ano de 1800 – portanto, no decorrer de doze séculos –, a Europa não conseguiu ultrapassar a cifra de 180 milhões de habitantes. Pois bem: de 1800 a 1914 – ou seja, em pouco mais de um século – a população europeia cresceu de 180 para 460 milhões! Creio que o contraste destas cifras não deixa nenhuma dúvida quanto aos dotes de proliferação do último século. Em três gerações, ele produziu, de maneira gigantesca, uma pasta humana que, lançada como uma torrente sobre a área histórica, a inundou. Repito que bastaria esse dado para se compreender o triunfo das massas e tudo quanto ele reflete e prenuncia. Por outro lado, também deve ser somada a isso a parcela mais concreta referente ao crescimento da vida já mencionado.

Mas, paralelamente, esse dado mostra-nos que a admiração com que destacamos o crescimento de países novos, como os Estados Unidos da América, é infundada. Ficamos maravilhados com seu crescimento populacional, que em um século chegou a cem milhões de homens, quando o maravilhoso é a proliferação da Europa. Eis aqui outra razão para se acabar com a ilusão de ter havido uma americanização da Europa. Nem sequer o traço que poderia parecer o mais evidente para caracterizar a América – a velocidade de crescimento de sua população – lhe é peculiar. A Europa cresceu no século passado muito mais que a América. A América foi feita com o que transbordou da Europa.

Mas, mesmo não sendo tão conhecido como deveria o dado calculado por Werner Sombart, era evidente demais o fato confuso de a população europeia ter aumentado consideravelmente para que se insistisse nele. Nos números acima transcritos, o que me interessa não é o aumento da população, mas sim a velocidade vertiginosa de crescimento que seu contraste revela. É isto que nos importa agora, porque essa velocidade significa que foram lançadas sobre a história, como um tropel, quantidades e mais quantidades de homens, num ritmo tão acelerado, que não era fácil provê-los com a cultura tradicional.

E, com efeito, o tipo médio do homem europeu atual possui uma alma mais sã e mais forte que as do século passado, porém muito mais simples. Por isso às vezes dá a impressão de ser um homem primitivo surgido inesperadamente no meio de uma antiga civilização. Nas escolas que foram motivo de orgulho para o século passado, não foi possível fazer mais do que ensinar às massas as técnicas da vida moderna, mas não se conseguiu educá-las. Foram dados a elas instrumentos para viverem intensamente, mas não a sensibilidade para os grandes deveres históricos; nelas se inocularam, atropeladamente, o orgulho e o poder dos meios modernos, mas não o espírito. Por isso não se interessam pelo espírito, e as novas gerações dispõem-se a tomar a direção do mundo como se o mundo fosse um paraíso sem pegadas antigas, sem problemas tradicionais e complexos.

Cabe ao século passado, portanto, a glória e a responsabilidade de ter soltado sobre a face da história as grandes multidões. Justamente por isso, esse fato constitui a perspectiva mais adequada para se julgar esse século com equidade. Devia haver algo de extraordinário e incomparável nesse século, quando em sua atmosfera foram produzidas tais colheitas de fruto humano. Qualquer preferência quanto aos princípios que inspiraram qualquer outra idade passada é frívola e ridícula se não demonstra que antes se ocupou deste fato magnífico e tentou digeri-lo. A história inteira aparece como um gigantesco laboratório onde foram feitas todas as experiências imagináveis para se obter uma fórmula de vida pública que favorecesse a planta "homem". E, ultrapassando toda possível sofisticação, encontramo-nos com a experiência de que a semente humana submetida ao tratamento destes dois princípios, democracia liberal e técnica, triplica, em um só século, a espécie europeia.

Esse fato tão exuberante, a menos que se queira tapar o sol com a peneira, nos força a tirar as seguintes conclusões: primeira, que a democracia liberal fundada na criação técnica é o tipo superior de vida pública até agora conhecido; segunda, que esse tipo de vida não será o melhor imaginável, mas o que imaginarmos como melhor terá que conservar o essencial daqueles princípios; terceira, que é suicida qualquer retorno a formas de vida inferiores à do século XIX.

Uma vez reconhecido isso com toda a clareza que o próprio fato requer, é preciso voltar-se para o século XIX. Se é evidente que nele havia algo de extraordinário e incomparável, não o é menos que deve ter tido certos vícios de base, certas insuficiências constitutivas quando engendrou uma casta de homens – os homens-massa rebeldes – que põem em perigo iminente os próprios princípios aos quais devem a vida. Se esse tipo humano continuar sendo dono da Europa e sendo definitivamente quem decide, bastarão trinta anos para que nosso continente retroceda à barbárie. As técnicas jurídicas e materiais se evaporam com a mesma facilidade com que já se perderam tantas vezes segredos de fabricação[2]. A vida toda se contrairá. A atual abundância de

---

2. Hermann Weyl, um dos maiores físicos atuais, companheiro e continuador de Einstein, costuma dizer em conversas privadas que, se morressem subitamente dez ou doze determinadas pessoas, seria quase certo que a maravilha da física atual se perderia para sempre na humanidade. Foi mister uma preparação de muitos séculos para que o órgão men-

possibilidades se converterá em efetiva míngua, escassez, impotência angustiante, em verdadeira decadência. Porque a rebelião das massas é a mesma coisa que Rathenau chamava de "a invasão vertical dos bárbaros".

Eis por que é tão importante se conhecer a fundo esse homem-massa, que é pura potência do maior bem e do maior mal.

---

tal se adaptasse à complicação abstrata da teoria física. Qualquer evento poderia aniquilar tão prodigiosa possibilidade humana, que é além de tudo a base da técnica futura.

CAPÍTULO VI
COMEÇA A DISSECÇÃO DO HOMEM-MASSA

Como é esse homem-massa que hoje domina a vida pública – a vida política e a não política? Por que é como é, isto é, como foi produzido?

Convém responder às duas perguntas conjuntamente, porque uma esclarece a outra. O homem que tenta se pôr agora à frente da existência europeia é muito diferente do que dirigiu o século XIX. Qualquer mente perspicaz de 1820, 1850, 1880, pôde, por um simples raciocínio *a priori*, prever a gravidade da situação histórica atual. E, de fato, nada de novo acontece que não tenha sido previsto há cem anos. "As massas avançam!", dizia Hegel, apocalíptico. "Sem um novo poder espiritual, nossa época, que é uma época revolucionária, produzirá uma catástrofe", advertia Augusto Comte. "Vejo subir a preamar do niilismo!", gritava o bigodudo Nietzsche, de um penhasco do Engadine. É falso dizer que a história não é previsível. Foi profetizada inúmeras vezes. Se o futuro não oferecesse um flanco à profecia, não poderia tampouco ser compreendido depois de se cumprir e de se tornar passado. A ideia de que o historiador é um profeta no sentido contrário resume toda a filosofia da história. Naturalmente só é possível se antecipar a estrutura geral do futuro; da mesma forma que, na verdade, essa é a única coisa que compreendemos do passado ou do presente. Por isso, quem quiser ver bem sua época deverá olhá-la de longe. A que distância? É muito simples: à distância exata que o impeça de ver o nariz de Cleópatra.

Que aspecto tem a vida desse homem multitudinário, que com progressiva abundância o século XIX vai engendrando? Inicialmente, um aspecto de ilimitada facilidade material. O homem médio nunca pôde resolver com tanta folga seu problema econômico. Enquanto as grandes fortunas minguavam proporcionalmente e a existência dos operários das fábricas se tornava mais dura, o homem médio de qualquer classe social encontrava seu horizonte econômico cada vez mais amplo. A cada dia agregava um novo luxo ao conjunto de seu *padrão* de vida. Cada dia sua posição era mais segura e mais independente do arbítrio alheio. O que antes teria sido considerado um benefício da sorte que inspirava humilde gratidão ao destino converteu-se num direito que não se agradece, mas que se exige.

Em 1900 o operário também começa a ampliar e a assegurar sua vida. No entanto, tem que lutar para consegui-lo. Não encontra, como o homem médio, um bem-estar que foi colocado solicitamente diante dele por uma sociedade e um Estado que são um portento de organização.

A essa facilidade e segurança econômica juntem-se as físicas: o *confort* e a ordem pública. A vida segue sobre cômodos trilhos, e não se acredita que aconteça nela nada de violento e perigoso.

Uma situação tão aberta e franca como essa teria forçosamente que sedimentar nas camadas mais profundas dessas almas médias uma impressão vital, que poderia se expressar com o dito tão engraçado e perspicaz de nosso velho povo: "ancha es Castilla". Isso significa que em todos esses aspectos elementares e decisivos a vida se apresentou *sem impe-*

dimentos ao novo homem. A compreensão e a importância desse fato surgem automaticamente quando se recorda que essa franquia vital faltou por completo aos homens comuns do passado. Ao contrário, para eles a vida foi um destino premente – no aspecto econômico e físico. Sentiram o viver, *a nativitate*, como uma enorme carga de impedimentos que eram obrigados a suportar, sem haver outra solução que não fosse se adaptar a eles, alojar-se nas brechas que deixavam.

Mas a contraposição de situações é ainda mais evidente quando, do campo material, passamos para o civil e o moral. Desde a segunda metade do século XIX, o homem médio não encontra mais nenhuma barreira social. Isto é, tampouco nas formas da vida pública ele encontra ao nascer travas e limitações. Nada o obriga a conter sua vida. Também aqui "ancha es Castilla". Não existem os "Estados" nem as "castas". Não há ninguém com privilégios civis. O homem médio aprende que todos os homens são legalmente iguais.

Jamais em toda a história o homem tinha sido colocado numa circunstância ou contorno vital que se parecesse, ainda que de longe, com o determinado por essas condições. Trata-se, de fato, de uma inovação radical no destino humano, que é implantada pelo século XIX. Cria-se um novo cenário para a existência do homem, novo no físico e no social. Três princípios tornaram possível esse novo mundo: a democracia liberal, as experiências científicas e o industrialismo. Os dois últimos podem ser resumidos num só: a técnica. Nenhum desses princípios foi inventado pelo século XIX, mas são procedentes dos séculos anteriores. A honra do século XIX não se estriba na sua invenção e sim na sua implantação. Ninguém desconhece isso. Mas não basta um reconhecimento abstrato; é preciso que se tome consciência de suas consequências inexoráveis.

O século XIX foi essencialmente revolucionário. Mas esse seu aspecto não deve ser configurado no espetáculo de suas barricadas, que por si só não constituem uma revolução, e sim no fato de ter colocado o homem médio – a grande massa social – em condições de vida radicalmente opostas às que sempre o haviam rodeado. A existência virou do avesso. A revolução não é a sublevação contra a ordem preexistente, mas a implantação de uma nova ordem que contraria a tradicional. Por isso não há exagero algum em se dizer que o homem engendrado pelo século XIX é, para todos os efeitos da vida pública, um homem à parte de todos os outros homens. O do século XVIII se diferencia, é claro, do dominante no XVII, e este do que caracteriza o do XVI, mas todos eles são parentes, similares e ainda idênticos quanto ao essencial se esse novo homem for confrontado com eles. Para o "vulgo" de todas as épocas, "vida" significava, antes de tudo, limitação, obrigação, dependência; em uma palavra: pressão. Ou, caso se prefira, opressão, desde que esta não seja entendida apenas como jurídica e social, esquecendo-se a cósmica. Porque esta última é a que nunca faltou até cem anos atrás, quando começa a expansão da técnica científica – física e administrativa –, praticamente ilimitada. Antes, mesmo para o rico e poderoso, o mundo era um âmbito de pobreza, dificuldade e perigo[1].

O mundo que rodeia o homem novo desde seu nascimento não faz com que ele se limite em nenhum sentido, não lhe apresenta nenhum veto nem contenção, mas, ao contrário, fustiga seus apetites que, em princípio, podem crescer

---

1. Por mais rico que um indivíduo fosse em relação aos demais, como a totalidade do mundo era pobre, a esfera de facilidades e comodidades que sua riqueza podia lhe proporcionar era muito reduzida. A vida do homem médio de hoje é mais fácil, cômoda e segura que a do mais poderoso homem de outros tempos. O que importa não ser mais rico que os outros se o mundo lhe proporciona magníficos caminhos, estradas de ferro, telégrafo, hotéis, segurança física e aspirina?

indefinidamente. Pois acontece – e isso é muito importante – que esse mundo do século XIX e começo do século XX não só tem as perfeições e amplitudes que efetivamente tem, como, além disso, sugere a seus habitantes uma segurança inabalável de que amanhã será ainda mais rico, mais perfeito e mais amplo, como se gozasse de um espontâneo e inesgotável crescimento. Ainda hoje, apesar de alguns sinais que indicam uma pequena brecha nessa fé absoluta, ainda hoje muito poucos homens duvidam de que os automóveis daqui a cinco anos serão mais confortáveis e mais baratos que os atuais. Acredita-se nisso como se acredita no próximo nascer do sol. A comparação é exata. Porque, de fato, o homem vulgar, ao se encontrar com este mundo técnica e socialmente tão perfeito, pensa que foi criado pela Natureza, e nunca se lembra dos esforços geniais de indivíduos excepcionais que a sua criação pressupõe. Menos ainda admitirá a ideia de que todas essas facilidades continuam se apoiando em certas virtudes raras dos homens, cuja menor falta ocasionaria o imediato desaparecimento dessa magnífica construção.

Isso nos leva a apontar no diagrama psicológico do homem-massa atual dois primeiros traços: a livre expansão de seus desejos vitais, portanto, de sua pessoa, e a radical ingratidão para com tudo que tornou possível a facilidade de sua existência. Essas duas características compõem a conhecida psicologia da criança mimada. E, de fato, quem a utilizasse como quadrícula para ver através dela a alma das massas atuais não erraria. Herdeiro de um passado longo e genial – genial de inspirações e de esforços –, o novo vulgo foi mimado pelo mundo à sua volta. Mimar é não limitar os desejos, dar a um ser a impressão de que tudo lhe é permitido, que não é obrigado a nada. A criatura submetida a esse regime não tem noção de seus próprios limites. Por se evitar qualquer pressão à sua volta, qualquer choque com outros seres, chega a acreditar efetivamente que só ele existe, e se acostuma a não considerar os demais, principalmente a não considerar ninguém como superior a ele. Essa sensação da superioridade alheia só lhe poderia ser proporcionada por quem, mais forte que ele, o obrigasse a renunciar a algum desejo, a se restringir, a se conter. Assim teria aprendido esta lição essencial: "Ali eu paro e começa outro que pode mais que eu. No mundo, pelo visto, há dois: eu e outro superior a mim". Ao homem médio de outras épocas essa sabedoria elementar era ensinada cotidianamente por seu mundo, porque era um mundo toscamente organizado, onde as catástrofes eram frequentes e não havia nada seguro, abundante nem estável. Mas as novas massas encontram uma paisagem cheia de possibilidades e, além de tudo, segura, e tudo isso rápido, à sua disposição, sem depender de seu esforço prévio, como o sol se encontra no alto sem que tenha sido preciso que o levantássemos nos ombros. Nenhum ser humano agradece a outro pelo ar que respira, porque o ar não foi fabricado por ninguém: pertence ao conjunto do que "está aí", do que dizemos "é natural", porque não falha. Essas massas mimadas são bem pouco inteligentes para acreditar que essa organização material e social, posta à sua disposição como o ar, é da mesma origem que este, já que, pelo visto, também não falha, e é quase tão perfeita como a natural.

Minha tese é, portanto, a seguinte: a própria perfeição com que o século XIX organizou certas esferas da vida é a origem do fato de que as massas beneficiárias não a considerem como organização, mas como natureza. Assim se explica e se define o absurdo estado de ânimo que essas massas revelam: não se preocupam com nada além de seu bem-estar e ao mesmo tempo não são solidárias com as causas desse bem-estar. Como não veem nas vantagens da civilização uma invenção e uma construção prodigiosas, que só podem ser mantidas com grandes esforços e cuidados, acham que seu papel se resume em exigi-las peremptoriamente, como se fossem direitos naturais. Nas agitações provocadas pela escassez as massas populares costumam procurar pão, e o meio que empregam costuma ser o de destruir as padarias. Isto pode servir como símbolo do comportamento que, em proporções mais vastas e sutis, têm as massas atuais para com a civilização que as alimenta[2].

---

2. Abandonada à sua própria inclinação, a massa, qualquer que seja, plebeia ou "aristocrática", tende sempre, no afã de viver, a destruir as causas de sua vida. Sempre me pareceu uma caricatura muito engraçada sobre tendência a *propter vitam, vivendi perdere causas*, o que aconteceu em Níjar, cidade perto de Almeria, quando em 1759 Carlos III foi proclamado rei. A proclamação foi feita na praça da cidade. "Depois mandaram trazer de beber a todo aquele grande ajuntamento, que consumiu setenta e sete arrobas de Vinho e quatro odres de Aguardente, cujos espíritos os aqueceu de tal forma, que com repetidos vivas se dirigiram ao depósito, de cujas janelas jogaram o trigo que havia nele e 900 reais de suas Arcas. Dali foram para o Estanco do Tabaco e mandaram tirar o dinheiro da Mesada, e o tabaco. Fizeram a mesma coisa nas barracas, mandando derramar, para confirmar sua autoridade, todos os gêneros líquidos e comestíveis que havia nelas. O Estado eclesiástico concorreu com igual eficácia, pois, aos gritos, induziu as Mulheres a jogarem fora tudo quanto havia em suas casas, o que executaram com a maior despreocupação, pois nelas não restou pão, trigo, farinha, cevada, pratos, caçarolas, almofarizes, pilões, nem cadeiras, ficando a dita cidade destruída." Segundo um documento da época em poder do senhor Sánchez de Toca, citado em *Reinado de Carlos III*, por dom Manuel Danvila, vol. II, p. 10, nota 2. Essa cidade, para viver sua alegria monárquica, aniquila-se a si mesma. Admirável Níjar! O futuro é teu!

CAPÍTULO VII
VIDA NOBRE E VIDA VULGAR, OU ESFORÇO E INÉRCIA

Em princípio somos aquilo que nosso mundo nos convida a ser, e as partes fundamentais de nossa alma são imprimidas nela de acordo com o perfil de seu contorno, como se fosse um molde. Naturalmente: viver não é mais do que lidar com o mundo. As características gerais que ele nos apresentar serão as características gerais de nossa vida. Por isso insisto tanto em ressaltar que o mundo onde as massas atuais nasceram mostrava uma fisionomia radicalmente nova na história. Enquanto no passado viver significava para o homem médio encontrar em seu redor dificuldades, perigos, escassez, limitações de destino e dependência, o mundo novo aparece como um âmbito de possibilidades praticamente ilimitadas, seguro, onde não se depende de ninguém. Em volta dessa impressão primária e permanente vai se formar cada alma contemporânea, como em torno da oposta se formaram as antigas. Porque essa impressão fundamental converte-se em voz interior que murmura sem cessar, como palavras, no mais profundo da pessoa, e insinua tenazmente uma definição de vida que é ao mesmo tempo um imperativo. E, se a impressão tradicional dizia: "Viver é sentir-se limitado e, por isso mesmo, ter que considerar o que nos limita", a voz novíssima grita: "Viver é não ter limite algum; portanto, é abandonar-se tranquilamente a si mesmo. Praticamente nada é impossível, nada é perigoso e, em princípio, ninguém é superior a ninguém".

Essa experiência básica modifica completamente a estrutura tradicional, perene do homem-massa. Porque este sempre se sentiu constitutivamente ligado a limitações materiais e a poderes sociais superiores. A seus olhos, isso era a vida. Se conseguia melhorar sua situação, se ascendia socialmente, atribuía tudo isso à sorte, que lhe era nominativamente favorável. E, quando não a isso, a um enorme esforço que ele sabia muito bem o quanto lhe tinha custado. Em qualquer dos casos tratava-se de uma exceção que, como tal, era devida a alguma causa muito especial.

Mas a nova massa encontra a plena franquia como estado natural e estabelecido, sem causa especial alguma. Nada de fora a leva a reconhecer limites e, portanto, a contar com outras instâncias a todo momento, especialmente com instâncias superiores. O camponês da China acreditava, até há bem pouco tempo, que o bem-estar de sua vida dependia das virtudes particulares que o imperador houvesse por bem possuir. Portanto, sua vida estava constantemente ligada a essa instância suprema de que dependia. *Mas o homem que estamos analisando está habituado a não apelar por si mesmo a nenhuma instância fora dele.* Está satisfeito do jeito que é. Ingenuamente, sem ser arrogante, como a coisa mais natural do mundo, tenderá a afirmar e a qualificar como bom tudo o que tem em si: opiniões, apetites, preferências ou gostos. Por que não, se, como já vimos, nada nem ninguém o força a tomar consciência de que é um homem de segunda classe, limitadíssimo, incapaz de criar ou conservar a própria organização que dá à sua vida essa amplitude e esse contentamento, nos quais se apoia tal afirmação de si próprio?

O homem-massa jamais teria apelado para qualquer coisa fora dele se a *circunstância* não o tivesse forçado violentamente a isso. Como as circunstâncias atuais não o obrigam, o eterno homem-massa, de acordo com sua índole, deixa de apelar e se sente senhor de sua vida. Já o homem especial ou excelente está constituído por uma íntima necessidade de apelar por si mesmo para uma norma além dele, superior a ele, a cujo serviço se coloca espontaneamente. Lembramos que, no começo, distinguíamos o homem excelente do homem vulgar dizendo que aquele é o que exige muito de si mesmo, e este é o que não exige nada, mas está satisfeito com o que é, está encantado consigo[1]. Ao contrário do que se costuma pensar, é a criatura de seleção, e não a massa, que vive em servidão essencial. Sua vida não tem sabor se não está a serviço de algo transcendente. Por isso não vê a necessidade de servir como uma opressão. Quando esta, por acaso, lhe falta, sente-se inquieto e inventa novas normas mais difíceis, mais exigentes, que o oprimam. Isso é a vida como disciplina – a vida nobre. A nobreza define-se pela exigência, pelas obrigações, não pelos direitos. *Noblesse oblige*. "Viver à vontade é de plebeu: o nobre aspira à ordem e à lei" (Goethe). Os privilégios da nobreza não são originariamente concessões ou favores mas, ao contrário, são conquistas. E, em princípio, sua manutenção supõe que o privilegiado seria capaz de reconquistá-las a qualquer instante, se fosse necessário e alguém o questionasse[2]. Os direitos privados ou *privi-legios* não são, portanto, a posse passiva e o

---

1. É intelectualmente massa aquele que, diante de qualquer problema, contenta-se em pensar no que já tem pacificamente em sua cabeça. É egrégio o que, ao contrário, desconsidera o que se encontra em sua mente sem esforço prévio, e só aceita como digno dele o que ainda está acima dele e exige uma nova caminhada para alcançá-lo.
2. Cf. *España invertebrada*, capítulo "Imperativo de selección".

simples gozo, mas representam o perfil de até onde vai o esforço da pessoa. Já os direitos comuns, como são os "do homem e do cidadão", são propriedade passiva, puro usufruto e benefício, dom generoso do destino que todo homem tem e que não corresponde a nenhum esforço que não seja respirar e evitar a demência. Portanto, eu diria que o direito impessoal se tem e o pessoal se mantém.

É irritante a degeneração sofrida por uma palavra tão inspiradora como "nobreza", no vocabulário usual. Porque o fato de significar para muitos "nobreza de sangue", hereditária, a transforma em algo parecido com os direitos comuns, em qualidade estática e passiva, que se recebe e transmite como uma coisa inerte. Mas o sentido próprio, o *etymo* do vocábulo "nobreza", é essencialmente dinâmico. Nobre significa o "conhecido", entenda-se o conhecido por todo mundo, o famoso, que se fez conhecer por sobressair da massa anônima. Implica um esforço insólito que motivou a fama. Nobre, portanto, equivale a corajoso ou excelente. A nobreza ou fama do filho já é simples benefício. O filho é conhecido porque seu pai conseguiu ser famoso. É conhecido por reflexo, e, de fato, a nobreza hereditária tem um caráter indireto, é luz refletida, é nobreza lunar como se fosse feita com mortos. Dela só resta de vivo, autêntico, dinâmico, a incitação que produz no descendente de manter o nível de esforço atingido pelo antepassado. Mesmo nesse sentido desvirtuado, *noblesse oblige* sempre. O nobre originário se obriga a si mesmo, e o nobre hereditário é obrigado pela herança. Há, de qualquer modo, uma certa contradição na transferência da nobreza, do nobre inicial para seus sucessores. Os chineses, mais lógicos, invertem a ordem da transmissão, e não é o pai quem enobrece o filho, mas é o filho que, ao conseguir a nobreza, a transmite para seus antepassados, fazendo sobressair sua estirpe humilde através de seu esforço. Por isso as classes de nobreza são graduadas pelo número de gerações passadas que ficam prestigiadas, e há quem só torne nobre seu pai e quem retroceda sua fama até o seu quinto ou décimo ascendente. Os antepassados vivem do homem atual, cuja nobreza é efetiva, atuante; em resumo: *é*; não *foi*[3].

A nobreza não aparece como termo formal até o Império romano, e exatamente para se contrapor à nobreza hereditária, já em decadência.

Nobreza, para mim, é sinônimo de vida dedicada, sempre disposta a superar a si mesma, a transcender do que já é para o que se propõe como dever e exigência. Dessa forma, a vida nobre se contrapõe à vida vulgar e inerte, que, estaticamente, se restringe a si mesma, condenada à imanência perpétua, a não ser que algum fator externo a obrigue a reagir. Por isso chamamos massa a esse modo de ser homem – não tanto por ser multitudinário, mas por ser inerte.

Conforme se avança pela vida, vai-se notando indubitavelmente que a maior parte dos homens – e das mulheres – é incapaz de qualquer outro esforço que não seja o estritamente imposto como reação a uma necessidade externa. Por isso mesmo ficam mais isolados, como monumentos em nossa existência, os pouquíssimos seres que conhecemos capazes de um esforço espontâneo e magnificante. São os homens especiais, os nobres, os únicos ativos e não apenas reativos, para os quais viver é uma tensão permanente, um treinamento constante. Treinamento = *áskesis*. São os ascetas[4].

Esta aparente digressão não deve surpreender. Para definir o homem-massa atual, que é tão massa como o de sem-

---

3. Como no anterior, trata-se apenas de reintegrar o sentido primordial ao vocábulo "nobreza", que exclui a herança. Não é oportuno, no momento, estudar-se o fato de ter aparecido tantas vezes na história uma "nobreza de sangue". Portanto essa questão fica de lado.

4. Cf. "El origen deportivo del Estado", em *El Espectador*, vol. VII (vol. II de *Obras completas*).

pre, mas quer suplantar os excelentes, é necessário contrapô-lo às duas formas puras que se mesclam nele: a massa normal e o autêntico nobre ou o esforçado.

Agora já podemos avançar mais depressa, porque já conhecemos o que, na minha opinião, é a chave ou equação psicológica do tipo humano hoje dominante. O que se segue é consequência ou corolário dessa estrutura radical que poderia ser resumida assim: o mundo organizado pelo século XIX, ao produzir automaticamente um homem novo, deu-lhe apetites formidáveis, meios poderosos de toda ordem para satisfazê-los – econômicos, corporais (higiene, saúde média superior à de todos os tempos), civis e técnicos (entenda-se por estes a enormidade de conhecimentos parciais e de eficiência prática que tem hoje o homem médio e de que sempre careceu no passado). Depois de lhe ter dado essas potências todas, o século XIX o abandonou a si próprio, e então, seguindo sua índole natural, o homem médio se fechou dentro de si. Desse modo nos encontramos com uma massa mais forte do que a de nenhuma outra época, mas diferente da tradicional, fechada em si mesma, que não atende a nada e a ninguém, acreditando que se basta a si própria – em suma: indócil[5]. Se as coisas continuarem como até agora, cada dia se notará mais em toda a Europa – e por sua influência em todo o mundo – que as massas são incapazes de se deixarem conduzir sob qualquer aspecto. Nas horas difíceis que estão chegando para o nosso continente, é possível que, subitamente angustiadas, tenham um momento de boa vontade e aceitem a direção de minorias superiores, em certos assuntos de especial premência.

Mas mesmo assim essa boa vontade fracassará. Porque a textura básica de sua alma é feita de hermetismo e indoci-

---

5. Sobre a indocilidade das massas, especialmente das massas espanholas, já falei em *España invertebrada* (1922), e faço remissão a isso.

lidade, porque lhes falta, por nascimento, a função de atender ao que está além delas, sejam fatos ou pessoas. Quererão seguir alguém, e não poderão. Quererão ouvir, e descobrirão que são surdas.

Por outro lado, é uma ilusão pensar que o homem médio vigente, por mais que tenha subido seu nível vital em comparação com o de outros tempos, irá poder dirigir, por si mesmo, o processo da civilização. Já não digo o progresso, mas o simples processo. O simples processo de manter a civilização atual é extremamente complexo e requer sutilezas incalculáveis. Mal pode governá-lo esse homem médio que aprendeu a usar muitos aparelhos da civilização, mas que se caracteriza por ignorar a origem dos próprios princípios da civilização.

Reitero ao leitor, que pacientemente leu até aqui, a conveniência de não atribuir, de início, um significado político a todos estes enunciados. A atividade política, que da vida pública é a mais eficiente e a mais visível, é, por outro lado, a última, resultante de outras mais íntimas e impalpáveis. Assim, a indocilidade política não seria grave se não se originasse de uma outra mais profunda e decisiva: a indocilidade intelectual e moral. Por isso, enquanto não analisarmos esta, ficará faltando o último esclarecimento para o teorema deste ensaio.

CAPÍTULO VIII
POR QUE AS MASSAS INTERVÊM EM TUDO E POR QUE SÓ INTERVÊM VIOLENTAMENTE

Dissemos que havia acontecido algo extremamente paradoxal, mas que na verdade era muito natural: pelo fato de o mundo e a vida se mostrarem abertos ao homem medíocre, sua alma se fechou. Pois bem: sustento que nessa obliteração das almas medíocres consiste a rebeldia das massas que, por sua vez, constitui-se no gigantesco problema de hoje para a humanidade.

Já sei que muitos dos que me leem não pensam o mesmo que eu. Isso também é muito natural e confirma o teorema. Pois, ainda que a minha opinião acabasse sendo definitivamente errônea, sempre restaria o fato de que muitos desses leitores discrepantes nunca pensaram nem cinco minutos sobre assunto tão complexo. Como poderão pensar da mesma forma que eu? Mas, ao se julgarem com direito de ter uma opinião sobre o assunto sem terem feito um esforço prévio para forjá-la, declaram-se um exemplo perfeito do absurdo modo de ser homem que chamei de "massa rebelde". Isso é precisamente ter a alma blindada, hermética. Neste caso se trataria de hermetismo intelectual. A pessoa tem um grupo de ideias dentro de si. Resolve contentar-se com elas e se considera intelectualmente completa. Por não sentir falta de nada que esteja fora dela, instala-se definitivamente naquele repertório. Eis o mecanismo da obliteração.

O homem-massa sente-se perfeito. Um homem excepcional, para sentir-se perfeito, precisa ser especialmente vaidoso, e a crença na sua perfeição não está consubstancialmente unida a ele, não é ingênua, mas nasce de sua vaidade, e mesmo para ele próprio tem um caráter fictício, imaginário e problemático. Por isso o vaidoso precisa dos outros, procura neles a confirmação da ideia que quer ter de si mesmo. De sorte que nem dessa forma patológica, nem "cego" pela vaidade, o homem nobre consegue se sentir verdadeiramente completo. Já o homem medíocre de nossos dias, o novo Adão, nem pensa em duvidar de sua própria plenitude. Sua confiança em si é como a de Adão, paradisíaca. O hermetismo nato de sua alma impede o que seria a condição prévia para descobrir sua insuficiência: comparar-se com os outros seres. Comparar-se seria sair um pouco de si mesmo e transferir-se para o próximo. Mas a alma medíocre é incapaz de transmigrações – de grande porte.

Assim, nos encontramos com a mesma diferença que existe eternamente entre o tolo e o perspicaz. Este sempre surpreende a si mesmo a um passo de ser tolo; por isso se esforça para escapar da iminente tolice, e nesse esforço consiste a inteligência. O tolo, em troca, não desconfia de si: acha-se muito plausível, e vem daí a invejável tranquilidade com que o néscio se planta em sua própria estupidez. Como esses insetos que não há como se tirar do buraco onde habitam, não há modo de se desalojar o tolo de sua tolice, levá-lo para passear um pouco mais além de sua cegueira e obrigá-lo a comparar sua pobre visão habitual com outros modos de ver mais sutis. O tolo é vitalício e sem poros. Por isso Anatole France dizia que um néscio é muito mais funesto que um malvado. Porque o malvado descansa de vez em quando; o néscio, jamais[1].

Não é que o homem-massa seja idiota. Ao contrário, o atual é mais rápido, tem mais capacidade intelectiva que o de qualquer outra época. Mas essa capacidade não lhe serve para nada; a rigor, a vaga sensação de possuí-la só serve para ele fechar-se ainda mais em si, e não para usá-la. Consagra definitivamente a coleção de tópicos, preconceitos, pedaços de ideias ou, simplesmente, palavras vazias que ao acaso foi amontoando em seu interior, e, com uma audácia que só se explica pela ignorância, quer impô-los em qualquer lugar. Era isso que no primeiro capítulo eu enunciava como característico de nossa época: não é que o vulgo pense que é excepcional e não vulgar, mas sim que o vulgar proclama e impõe o direito da vulgaridade, ou a vulgaridade como um direito.

O domínio que a vulgaridade intelectual exerce sobre a vida pública de hoje é, talvez, o mais novo componente da situação atual, o menos assimilável a qualquer coisa do passado. Pelo menos na história europeia até hoje, o vulgo nunca havia achado que tinha "ideias" sobre as coisas. Tinha crenças, tradições, experiências, provérbios, hábitos mentais, mas não se acreditava possuidor de opiniões teóricas sobre o que as coisas são ou devem ser – por exemplo, sobre política ou sobre literatura. Achava bom ou mau o que o político projetava e fazia; dava ou retirava sua adesão, mas sua atitude resumia-se a repercutir, positiva ou negativamente, a ação criadora dos outros. Nunca lhe ocorreu opor às "ideias" do político outras suas; nem sequer julgar as "ideias" do político através

---

1. Muitas vezes tenho me colocado a seguinte questão: é indubitável que para muitos homens sempre tem sido um dos tormentos mais angustiantes de sua vida o contato, o choque com a imbecilidade dos outros. Como é possível, então, que nunca se tenha tentado – parece-me – fazer um estudo sobre ela, um *ensaio sobre a imbecilidade*?

do tribunal de outras "ideias" que acreditava ter. A mesma coisa acontecia na arte e nos demais setores da vida pública. Uma consciência inata de sua limitação, de não estar qualificado para teorizar[2], impedia-o completamente. A consequência automática disso era que o vulgo não pensava, nem de longe, decidir em quase nenhuma das atividades públicas, que em sua maior parte são de índole teórica.

Hoje, ao contrário, o homem médio tem as "ideias" mais taxativas sobre tudo quanto acontece e deve acontecer no universo. Por isso perdeu a audição. Para que ouvir, se já tem tudo de que precisa dentro de si? Já não é tempo de escutar, mas, ao contrário, de julgar, de sentenciar, de decidir. Não há questão da vida pública onde não intervenha, cego e surdo como é, impondo suas "opiniões".

Mas não seria isso uma vantagem? Não representa um enorme progresso que as massas tenham "ideias", isto é, que sejam cultas? De modo algum. As "ideias" desse homem médio não são autenticamente ideias, nem sua posse é cultura. A ideia é um xeque à verdade. Quem quiser ter ideias precisa antes se dispor a querer a verdade e a aceitar as regras do jogo que ela imponha. Não se pode falar de ideias ou opiniões quando não se admite uma instância que as regule, uma série de normas que devem ser observadas na discussão. Essas normas são os princípios da cultura. Não importa quais sejam. O que digo é que não há cultura onde não há normas a que nossos próximos possam recorrer. Não há cultura onde não há princípios de legalidade civil a que apelar. Não há cultura onde não há respeito a certas posições intelectuais últimas a que se referir na disputa[3]. Não há cultura quando as relações econô-

---

2. A questão não deve ser distorcida: todo opinar é teorizar.
3. Se alguém em sua discussão conosco não tem interesse em se ajustar à verdade, se não tem a vontade de ser verídico, é intelectualmente um bárbaro. Essa é, de fato, a atitude do homem-massa quando fala, faz conferências ou escreve.

micas não são dirigidas por um regime comercial no qual se possa amparar. Não há cultura onde as polêmicas estéticas não reconheçam a necessidade de justificar a obra de arte.

Quando faltam todas essas coisas, não há cultura; há, no sentido mais estrito da palavra, barbárie. E isso é, queiramos ou não admitir, o que começa a acontecer na Europa sob a progressiva rebelião das massas. O viajante que chega a um país bárbaro sabe que naquele território não há princípios vigentes a que possa recorrer. Não há normas bárbaras propriamente. A barbárie é a ausência de normas e da possibilidade de apelação.

O grau de cultura é medido pela maior ou menor precisão das normas. Onde há pouca, estas regulam a vida só *grosso modo*; onde há muita, penetram até nos detalhes do exercício de todas as atividades. A escassez da cultura intelectual espanhola, isto é, do cultivo ou exercício disciplinado do intelecto, manifesta-se, não pelo fato de se saber mais ou menos, mas pela habitual falta de cautela e cuidados para se ajustar à verdade que costumam demonstrar os que falam ou escrevem. Não se manifesta, pois, no fato de se acertar ou não – visto que a verdade não está em nossas mãos –, mas na falta de escrúpulo em não se atender aos requisitos elementares para se acertar. Continuamos sendo o eterno cura de aldeia que rebate triunfante o maniqueu, sem antes ter se preocupado em averiguar o que ele pensa.

Qualquer um pode perceber que de alguns anos para cá começaram a acontecer "coisas raras" na Europa. Para dar algum exemplo dessas coisas raras mencionarei certos movimentos políticos, como o sindicalismo e o fascismo. Não se pense que parecem raros simplesmente porque são novos. O entusiasmo pela inovação é ingênito de tal modo no europeu, que o levou a produzir a história mais inquieta de quantas se conhecem. Portanto, não se deve atribuir o que esses fatos têm de raro ao que têm de novo, mas sim à estranha bitola dessas novidades. Entre as espécies de sindicalismo e fascismo aparece pela primeira vez na Europa um tipo de homem que *não quer dar razão nem quer ter razão*, mas que, simplesmente, mostra-se decidido a impor suas opiniões. Aqui está o novo: o direito a não ter razão, a razão da sem razão. Vejo nisso a manifestação mais inequívoca do novo modo de ser das massas, por ter se decidido a dirigir a sociedade sem ter capacidade para isso. Na sua conduta política, a estrutura da alma nova revela-se da maneira mais crua e contundente, mas a chave está no hermetismo intelectual. O homem médio tem "ideias" dentro de si, mas carece da função de idear. Nem sequer suspeita de qual é o elemento sutilíssimo em que vivem as ideias. Quer opinar, mas não quer aceitar as condições e pressupostos de todo ato de opinar. Esse é o motivo de suas "ideias" serem efetivamente apenas desejos com palavras, como os romances musicais.

Ter uma ideia é crer que se possui as razões dela e é, portanto, crer que existe uma razão, um mundo de verdades inteligíveis. Idear, opinar, é a mesma coisa que apelar para essa instância, submeter-se a ela, aceitar seu código e sua sentença, crer, portanto, que a forma superior de convivência é o diálogo em que se discutem as razões de nossas ideias. Mas o homem-massa sentir-se-ia perdido se aceitasse a discussão, e instintivamente rejeita a obrigação de acatar essa instância suprema que se acha fora dele. Por isso, o "novo" na Europa é "acabar com as discussões", e se detesta qualquer forma de convivência que por si mesma implique o acatamento de normas objetivas, desde a conversação até o Parlamento, passando pela ciência. Isso significa que se renuncia à convivência de cultura, que é uma convivência regida por normas, e se retrocede a uma convivência bárbara. Suprimem-se todos os trâmites normais e vai-se diretamente à imposição do que se quer. O hermetismo da alma, que, como já vimos, empurra a massa para que intervenha em toda a vida pública, também a leva, inexoravelmente, a um procedimento único: a ação direta.

Quando se reconstruir a gênese de nosso tempo, se observará que as primeiras notas de sua peculiar melodia soaram naqueles grupos sindicalistas e realistas franceses por volta de 1900, inventores da maneira e palavra "ação direta". O homem sempre recorreu à violência: algumas vezes esse recurso era simplesmente um crime, e não nos interessa. Outras vezes a violência era o meio a que se recorria depois de se terem esgotado todos os outros para defender a razão e a justiça que se acreditava ter. É extremamente lamentável que a condição humana leve algumas vezes a essa forma de violência, mas é inegável que ela significa a maior homenagem à razão e à justiça. Uma vez que tal violência não é outra coisa senão a razão exasperada. A força era, de fato, a *ultima ratio*. De forma pouco inteligente, esta expressão tem sido entendida com uma certa ironia, deformando-se seu sentido original que declara muito bem o prévio rendimento da força às normas racionais. A civilização não é outra coisa senão a tentativa de reduzir a força à *ultima ratio*. Agora começamos a enxergar isso com extrema clareza, porque a "ação direta" consiste em inverter a ordem e proclamar a violência como *prima ratio*; a rigor, como única razão. Ela é a norma que propõe a anulação de toda norma, que suprime todo interregno entre nosso propósito e sua imposição. É a *Charta Magna* da barbárie.

Convém recordar que, em todas as épocas, quando a massa, independentemente do motivo, atuou na vida pública, o fez na forma de "ação direta". Portanto, este sempre foi o modo de operar natural das massas. E corrobora enfaticamente a tese deste ensaio o fato patente de que agora, quando a intervenção direta das massas na vida pública passou de casual e ocasional a normal, apareça como norma oficialmente reconhecida a "ação direta".

Toda convivência humana vai entrando nesse novo regime em que são suprimidas as instâncias indiretas. No trato social elimina-se a "boa educação". A literatura, como "ação direta", se constitui no insulto. As relações sexuais reduzem seus trâmites preliminares.

Trâmites, normas, cortesias, usos intermediários, justiça, razão! Para que serve inventar tudo isso, criar tanta complicação? Tudo isso se resume na palavra "civilização", que, através da ideia de *civis*, cidadão, mostra sua própria origem. Com tudo isso procura-se tornar possível a cidade, a comunidade, a convivência. Por isso, se examinarmos por dentro todos esses instrumentos da civilização que acabamos de enumerar, acharemos o mesmo conteúdo. Todos eles supõem, de fato, o desejo radical e progressivo de cada pessoa poder, e dever, contar com as demais. Civilização é, antes de tudo, vontade de convivência. Somos incivis e bárbaros na medida em que não contamos com os demais. A barbárie é tendência à dissociação. E, assim, todas as épocas bárbaras foram tempos de desagregamento humano, onde pululara m os pequenos grupos separados e hostis.

A forma política que representa a maior vontade de convivência é a democracia liberal. Ela leva ao extremo a decisão de levar em conta o próximo e é o protótipo da "ação indireta". O liberalismo é o princípio de direito político segundo o qual o Poder público, mesmo sendo onipotente, se limita a si mesmo e procura, mesmo à eventual custa de sua existência, deixar lugar no Estado em que ele impera para que possam viver os que nem pensam nem sentem como ele, isto é, da mesma forma que os mais fortes e a maioria. O liberalismo – é conveniente que se recorde – é a suprema generosidade: é o direito que a maioria outorga à minoria e é, portanto, o grito mais nobre que já soou no planeta. Proclama a decisão de conviver com o inimigo; mais ainda, com o inimigo fraco. Era inverossímil que a espécie humana tivesse chegado a uma coisa tão bela, tão paradoxal, tão elegante, tão acrobática, tão antinatural. Por isso não é de surpreender que prontamente essa mesma espécie pareça resolvida a abandoná-la. É um exercício demasiadamente difícil e complicado para que se consolide na terra.

Conviver com o inimigo! Governar com a oposição! Já não começa a ser incompreensível semelhante ternura? Nada demonstra com maior clareza a fisionomia do presente como o fato de que já vão sendo poucos os países onde existe oposição. A massa – quem diria ao ver seu aspecto compacto e multitudinário? – não deseja a convivência com o que não é ela. Odeia mortalmente o que não é ela.

CAPÍTULO IX
PRIMITIVISMO E TÉCNICA

É muito importante relembrar que estamos mergulhados na análise de uma situação – a do presente – substancialmente equívoca. Por isso insinuei no princípio que todas as características atuais e, em especial, a rebelião das massas apresentam dois lados. Qualquer delas não só permite como exige uma dupla interpretação, favorável e desfavorável. E esse equívoco não reside em nosso juízo, mas na própria realidade. Não é que nos possa parecer boa de um lado e má de outro, mas a situação presente é por si própria uma potência bifrontal de triunfo ou de morte.

Não é o caso de se lastrear este ensaio com toda uma metafísica da história. Mas é claro que ele vai sendo construído sobre os alicerces de minhas convicções filosóficas, expostas ou aludidas em outras páginas. Não creio na absoluta determinação da história. Ao contrário, penso que toda vida, e portanto, a história, compõe-se de simples instantes, cada um dos quais está relativamente indeterminado em relação ao anterior, de modo que nele a realidade vacila, *piétine sur place*, e não sabe bem como se decidir entre as várias possibilidades. Esse titubeio metafísico proporciona a todo o vital essa inconfundível qualidade de vibração e estremecimento.

A rebelião das massas *pode*, de fato, ser o veículo de uma nova organização da humanidade, ímpar, mas também *pode* ser uma catástrofe no destino humano. Não há razão para se negar a realidade do progresso. Mas é congruente com os fatos pensar que não há nenhum progresso seguro, nenhuma evolução, sem a ameaça de involução e retrocesso. Tudo, absolutamente tudo é possível na história – tanto o progresso triunfal e infinito quanto a periódica regressão. Porque a vida, individual ou coletiva, pessoal ou histórica, é a única entidade do universo cuja substância é perigo. Compõe-se de peripécias. Rigorosamente falando, é drama[1].

Isso, que é verdade em geral, adquire maior intensidade nos "momentos críticos", como é o presente. E, assim, os sintomas da nova conduta que vão aparecendo, e que agrupamos sob o título de "ação direta", *podem* indicar também futuras perfeições. É claro que toda velha cultura arrasta no seu caminho tecidos desgastados e não um pequeno peso de matéria córnea, estorvo à vida e resíduo tóxico. Há instituições mortas, respeito a determinados valores já sem sentido, so-

---

1. Nem é preciso dizer que quase ninguém levará estas expressões a sério, e os de melhor intenção as tomarão por simples metáforas, talvez comovedoras. Só algum leitor suficientemente ingênuo para não pensar que já sabe definitivamente o que é a vida, ou pelo menos o que não é, se deixará enganar pelo sentido primário destas frases e será justamente ele que irá *entendê-las* – verdadeiras ou falsas. Entre os outros reinará a mais efusiva unanimidade, com uma única diferença: uns pensarão que, *falando sério*, vida é o processo existencial de uma alma, e os outros, que é uma sucessão de reações químicas. Ante leitores tão herméticos, não creio que possa melhorar minha situação resumindo toda uma forma de pensar dizendo que o sentido *primário* e *fundamental* da palavra "vida" aparece quando é empregada no sentido de biografia e não no de biologia. Pela razão essencial de que toda biologia é, definitivamente, apenas um capítulo de certas biografias, é o que em sua vida (biografável) fazem os biólogos. Qualquer outra coisa além é abstração, fantasia e mito.

luções indevidamente complicadas, normas que provaram sua ineficiência. Todos esses elementos da ação *indireta*, da civilização, demandam uma época de frenesi simplificador. A sobrecasaca e o plastrão românticos são substituídos pelo atual *robe de chambre* e pelo "em mangas de camisa". Neste caso a simplificação representa higiene e melhor gosto; portanto, uma solução mais perfeita, uma vez que com menos meios se consegue mais. A árvore do amor romântico também exigia uma poda para se retirarem as demasiadas magnólias falsas que estavam presas em seus ramos e o furor dos cipós, volutas, retorcimentos e intrincações que não a deixavam tomar sol.

A vida pública em geral, especialmente a política, requeria uma redução urgente ao autêntico, e a humanidade europeia não pode dar o salto elástico que o otimista reclama dela sem antes se despir, sem correr para sua pura essência, até coincidir consigo mesma. O entusiasmo que sinto por essa disciplina de desmistificação, de autenticidade, a consciência de que isso é imprescindível para abrir caminho a um futuro digno de apreço, me faz reivindicar plena liberdade de ideador diante de todo o passado. É o futuro que deve imperar sobre o passado, e é dele que recebemos a ordem para nossa conduta referente a tudo o que foi[2].

---

2. Esta liberdade de movimentos diante do passado não é, pois, uma petulante rebeldia, mas, ao contrário, uma nítida obrigação de toda "época crítica". O fato de eu defender o liberalismo do século XIX contra as massas que incivilmente o atacam não quer dizer que eu renuncie a uma plena liberdade diante desse mesmo liberalismo. E vice-versa: o primitivismo que neste ensaio apresenta seu pior aspecto é, por outro lado e em certo sentido, condição de todo grande avanço histórico. Cf. o que eu dizia sobre isso, há poucos anos, no ensaio "Biología y pedagogía", capítulo "La paradoja del salvajismo" ("O paradoxo da selvageria") em *El Espectador*, vol. III (vol. II de *Obras completas*).

Mas é preciso evitar o maior pecado dos que dirigiram o século XIX: a consciência defeituosa de sua responsabilidade, que fez com que não se mantivessem alertas e vigilantes. Deixar-se levar pelo lado favorável do curso dos acontecimentos, e não atentar para a dimensão de perigo e mau sinal que mesmo a hora mais agradável possui, é precisamente falhar na missão de responsável. Hoje é necessário suscitar uma hiperestesia de responsabilidade nos que são capazes de senti-la, e o que parece mais urgente é destacar o lado claramente funesto dos sintomas atuais.

É indubitável que, se fizermos um balanço para diagnosticar nossa vida pública, verificaremos que os fatores adversos superam em muito os favoráveis, fazendo-se o cálculo não tanto pensando no presente mas no que advertem e prometem.

Todo o crescimento de possibilidades concretas que a vida experimentou corre o risco de se autoaniquilar ao se encontrar com o problema mais pavoroso surgido no destino europeu, e que formulo mais uma vez: apoderou-se da direção social um tipo de homem ao qual não interessam os princípios da civilização. Não os desta ou os daquela, mas – pelo que se pode ver hoje – os de nenhuma. Naturalmente, interessam-lhe os anestésicos, os automóveis e algumas coisas mais. Mas isso confirma seu radical desinteresse pela civilização. Pois essas coisas são apenas produtos dela, e o fervor que lhes é dedicado ainda ressalta mais cruamente a insensibilidade para com os princípios de que nascem. Basta se atentar para este fato: desde que existem as *nuove scienze*, as ciências físicas – portanto, desde o Renascimento –, o interesse por elas crescera ininterruptamente ao longo do tempo. Mais concretamente: o número de pessoas que se dedicavam a essas investigações puras crescia a cada geração. O primeiro caso de retrocesso – repito, proporcional – aconteceu na geração que hoje está entre os vinte e trinta anos. Já começa a ser difícil atraírem-se discípulos para os laboratórios de ciência pura. E isso acontece quando a indústria atinge o seu maior desenvolvimento e quando as pessoas mostram o maior interesse pelo uso de aparelhos e medicamentos criados pela ciência.

Se não fosse prolixo, poder-se-ia demonstrar incongruência semelhante na política, na arte, na moral, na religião e nos campos cotidianos da vida.

O que significa uma situação tão paradoxal? Este ensaio pretende ter preparado a resposta para tal pergunta. Significa que o homem hoje dominante é um primitivo, um *Naturmensch* emergindo no meio de um mundo civilizado. O mundo é civilizado, mas seu habitante não o é: nem sequer vê a civilização nele, mas a utiliza como se fosse natureza. O novo homem deseja o automóvel e desfruta dele, mas crê que é o fruto espontâneo de uma árvore do Éden. No fundo de sua alma desconhece o caráter artificial, quase inverossímil, da civilização, e não estenderá seu entusiasmo pelos aparelhos até os princípios que os tornam possíveis. Quando, transcrevendo as palavras de Rathenau, eu dizia acima que estamos assistindo à "invasão vertical dos bárbaros", poderia julgar-se que era apenas uma "frase". Agora vê-se que essa expressão poderá enunciar uma verdade ou um erro, mas que é o contrário de uma "frase", ou seja: uma definição formal que resume toda uma complicada análise. O homem-massa atual é, de fato, um primitivo que entrou pelos bastidores no velho cenário da civilização.

Hoje em dia fala-se a toda hora dos fabulosos progressos da técnica; mas não vejo ninguém, nem os melhores, falar com consciência de seu futuro suficientemente dramático. O próprio Spengler, tão sutil e tão profundo – embora tão maníaco –, parece-me demasiadamente otimista neste ponto. Pois crê que a "cultura" vai ser sucedida por uma época de "civilização", na qual está subentendida especialmente a técnica. A ideia que Spengler tem da "cultura", e da história em geral, é tão distante da pressuposta por este ensaio, que não é fácil, nem mesmo para retificá-la, comentar suas conclusões aqui. Só brincando com distâncias e precisões, para se reduzirem ambos os pontos de vista a um denominador comum, seria possível colocar-se a divergência assim: Spengler acredita que a técnica poderá continuar vivendo depois que tiver morrido o interesse pelos princípios da cultura. Não posso acreditar nisso. A técnica é consubstancialmente ciência, e a ciência não existe se não interessa em sua pureza e por ela mesma, e não pode interessar se as pessoas não continuam entusiasmadas com os princípios gerais da cultura. Se esse fervor desaparecer – como parece acontecer –, a técnica só poderá sobreviver um pouco, enquanto durar a inércia do impulso cultural que a criou. Vive-se com a técnica, mas não *da* técnica. Esta não vive de si mesma, não é *causa sui*, mas sim um precipitado útil, prático, de preocupações supérfluas, inúteis[3].

Faço, portanto, a advertência de que o atual interesse pela técnica não garante nada, e menos ainda o próprio progresso ou a sobrevivência da técnica. Está certo considerar-se o tecnicismo como um dos traços característicos da "cultura moderna", isto é, de uma cultura que possui um gênero de ciência que se torna materialmente aproveitável. Por isso, ao resumir a nova fisionomia da vida implantada pelo século XIX, eu ficava apenas com estes dois traços: democracia li-

---

3. Eis por que, a meu ver, nada diz quem acredita ter dito algo definindo a América do Norte por sua "técnica". Uma das coisas que mais gravemente perturbam a consciência europeia é o conjunto de juízos pueris que mesmo as pessoas mais cultas ainda fazem sobre a América do Norte. É um caso particular da desproporção, apontada mais adiante, entre a complexidade dos problemas atuais e a capacidade das mentes.

beral e técnica[4]. Mas repito que me surpreende a facilidade com que se esquece, ao falar da técnica, que seu coração é a ciência pura, e que as condições de sua perpetuação englobam as que tornam possível o puro exercício científico. Já se pensou em todas as coisas que precisam continuar vigentes nas almas para que possam continuar existindo verdadeiramente "homens de ciência"? Será que se acredita de verdade que enquanto existirem *dollars* existirá ciência? Esta ideia com que muitos se tranquilizam não passa de mais uma prova de primitivismo.

Nesse caso, de nada vale a quantidade de ingredientes, os mais díspares entre si, que é preciso reunir e agitar para se obter o *cocktail* da ciência físico-química! Mesmo nos contentando com a abordagem mais superficial e sumária do tema, já salta aos olhos o fato muito claro de que, em toda a amplidão da terra e do tempo, a físico-química só conseguiu constituir-se, estabelecer-se plenamente no pequeno quadrilátero formado por Londres, Berlim, Viena e Paris. E, mesmo aí, só no século XIX. Isso demonstra que a ciência experimental é um dos produtos mais improváveis da história. Magos, sacerdotes, guerreiros e pastores sempre pululararam por todo lugar. Mas esta fauna de homens experimentais, pelo visto, requer um conjunto de condições ainda mais insólito do que aquele que engendra o unicórnio. Fato tão sóbrio e essencial deveria levar a um pouco mais de reflexão sobre o caráter supervolátil, evaporante, da inspiração científica[5].

---

4. A rigor, a democracia liberal e a técnica se implicam e intersupõem tão estreitamente, por sua vez, que não se pode conceber uma sem a outra e, portanto, seria desejável um terceiro nome, mais genérico, que incluísse ambas. Esse seria o verdadeiro nome, o substantivo do último século.

5. Não falemos de questões mais internas. A maior parte dos próprios investigadores não tem hoje a mais leve suspeita da gravíssima, perigosíssima crise íntima que sua ciência atravessa.

Quem acredita que se a Europa desaparecesse os norte-americanos poderiam dar *continuação* à ciência está perdido! Seria de grande importância tratar esse assunto a fundo e determinar minuciosamente quais são os pressupostos históricos vitais da ciência experimental e, consequentemente, da técnica. Mas não se espere que, mesmo esclarecida essa questão, o homem-massa se dê por convencido. O homem-massa não é sensível a razões e só aprende quebrando a própria cabeça.

Uma observação impede que eu me iluda quanto à eficácia de tais pregações, que além de racionais teriam que ser sutis. Não é absurdo demais que nas circunstâncias atuais o homem médio não sinta, espontaneamente e sem pregações, um fervor superlativo por aquelas ciências e suas congêneres, as biológicas? Pois repare-se qual é a situação atual: enquanto, de maneira evidente, todos os demais campos da cultura tornaram-se problemáticos – a política, a arte, as normas sociais, a própria moral –, há um que, a cada dia que passa, comprova, de forma indiscutível e adequada para impressionar o homem-massa, sua maravilhosa eficiência: a ciência empírica. Cada dia proporciona uma nova invenção que é utilizada por esse homem médio. Cada dia produz um novo analgésico ou uma nova vacina que beneficia esse homem médio. Todo mundo sabe que, não diminuindo a inspiração científica, se os laboratórios fossem triplicados ou decuplicados, as riquezas, as comodidades, a saúde, o bem-estar se multiplicariam automaticamente. Pode existir propaganda mais formidável e contundente a favor de um princípio vital? Como, então, não há o menor indício de que as massas se inclinem espontaneamente a um sacrifício material e intelectual para melhor dotar essa ciência? Ao contrário disso, o pós-guerra converteu o homem de ciência no novo pária social. E note-se que me refiro a físicos, químicos, biólogos – não aos filósofos. A filosofia não necessita proteção, atenção ou simpatia da massa. Está consciente de seu aspecto de perfeita inutilidade[6], e com isso liberta-se de qualquer sujeição ao homem médio. Sabe que é problemática por essência e abraça com alegria seu destino livre de pássaro de Deus, sem pedir a ninguém que lhe dê atenção, sem se promover ou se defender. Se alguém se beneficia dela espontaneamente, alegra-se por mera simpatia humana; mas não vive do proveito alheio, não o premedita nem o espera. Como pode pretender que alguém a leve a sério, se começa duvidando de sua própria existência, se não vive mais do que na medida em que combate a si mesma, em que se desvive a si mesma? Portanto, deixemos de lado a filosofia, que é outro tipo de aventura.

Mas as ciências experimentais, sim, essas necessitam da massa, como estas necessitam delas, sob pena de sucumbirem, já que num planeta sem físico-química não seria possível manter-se o número de homens hoje existentes.

Como se conseguir argumentos, se não os conseguiram o próprio automóvel onde vão e vêm esses homens, e a injeção de Pantopon que acaba, *milagrosamente*, com suas dores? A desproporção entre o constante e patente benefício que a ciência lhes proporciona e o interesse que demonstram por ela é tamanha, que não há como enganar-se com vãs esperanças e esperar mais que barbárie de quem se comporta assim. *Principalmente se, conforme veremos, esse desapego à ciência que se vê, talvez com maior ênfase que em qualquer outra parte, na massa dos próprios técnicos – de médicos, engenheiros etc.*, que costumam exercer sua profissão com o mesmo estado de espírito, em sua essência, de quem se contenta em usar o automóvel ou comprar uma caixa de aspirina –, sem a menor sensibilidade íntima para com o destino da ciência, da civilização.

---

6. Aristóteles, *Metafísica*, 893 a 10.

Há quem se sinta mais chocado com outros sintomas de barbárie emergente, que, sendo de caráter positivo, de ação e não de omissão, saltam mais aos olhos e se materializam em espetáculo. Para mim isso é o mais aterrador: a desproporção entre os benefícios que o homem médio recebe da ciência e a gratidão que lhe dedica – isto é, que não lhe dedica[7]. Só consigo encontrar uma explicação para essa ausência de reconhecimento adequado quando me lembro de que, no centro da África, os negros também andam de automóvel e tomam aspirina. Esta é a minha hipótese: o europeu que *começa* a predominar seria, *relativamente à civilização complexa em que nasceu*, um homem primitivo, um bárbaro emergindo pela escotilha, um "invasor vertical".

---

7. A gravidade do fato é centuplicada quando se nota que – como já mencionei – todos os demais princípios vitais – política, direito, arte, moral, religião – se acham efetivamente e *por si* mesmos em crise, ou pelo menos em falha transitória. Só a ciência não falha, mas cada dia cumpre com fabulosos avanços tudo quanto promete, e ainda mais. Portanto não tem concorrência; não há como se desculpar o desinteresse por ela achando-se que o homem médio possa ter sua atenção desviada por qualquer outro entusiasmo cultural.

CAPÍTULO X
PRIMITIVISMO E HISTÓRIA

A Natureza está sempre aí. Sustenta a si própria. Nela, na selva, podemos ser selvagens impunemente. Podemos inclusive decidir-nos a nunca deixar de sê-lo, sem outros riscos além do aparecimento de outros seres que não o sejam. Mas, em princípio, é possível a existência de povos perenemente primitivos. E existem. Breyssig chamou-os de "povos da perpétua aurora", os que têm permanecido numa alvorada infinita, cristalizada, que não avança para o meio-dia.

Isso acontece no mundo que é só Natureza. Mas não acontece no mundo que é civilização, como o nosso. A civilização não está aí, não sustenta a si mesma. É artifício e requer um artista ou artesão. O que quer aproveitar as vantagens da civilização, mas não se preocupa em sustentar a civilização..., se enfastiou. E, num piscar de olhos, fica sem civilização. Um pequeno descuido e, quando se abrem os olhos, tudo se evaporou! Como se tivessem retirado os tapetes que cobriam a pura Natureza, torna a aparecer, revigorada, a selva primitiva. A selva sempre é primitiva. E vice-versa. Todo primitivo é selva.

Estas cenas de violação em que o natural e infra-humano voltavam a oprimir a palidez humana da mulher sempre desgostaram os românticos de todos os tempos, que pintavam o cisne vibrante sobre Leda; o touro com Parsifal e Antíope sob o capro. Generalizando, acharam um espetáculo mais sutilmente indecente na paisagem com ruínas, onde a pedra civilizada, geométrica, afoga-se no abraço da vegetação silvestre. Quando um bom romântico divisa um edifício, a primeira coisa que seus olhos procuram, sobre a acrótera ou o telhado, é o "saramago amarelo". Ele anuncia que, definitivamente, tudo é terra; que, em qualquer lugar, a selva rebrota.

Seria leviano rir-se do romântico. O romântico *também* tem razão. Sob essas imagens inocentemente perversas pulsa um enorme e sempiterno problema: o das relações entre a civilização e o que ficou atrás dela – a Natureza –, entre o racional e o cósmico. Peço, portanto, a oportunidade para tratar desse assunto em outra ocasião e para ser romântico no momento oportuno.

Mas agora me encontro diante da tarefa oposta. Trata-se de conter a selva invasora. O "bom europeu" tem que se dedicar agora ao que constitui, como se sabe, a grave preocupação dos Estados australianos: impedir que as figueiras-da-índia ganhem terreno e joguem todos os homens no mar. Por volta do ano quarenta e poucos um emigrante meridional, saudoso de sua paisagem – Málaga, Sicília? –, levou um vaso para a Austrália com uma figueirinha de nada. Hoje os orçamentos da Oceania estão cheios de parcelas onerosas destinadas à guerra contra a figueira-da-índia, que invadiu o continente e a cada ano que passa ganha mais um quilômetro de extensão.

O homem-massa acha que a civilização em que nasceu e que usa é tão espontânea e primigênia como a Natureza, e *ipso facto* converte-se em primitivo. A civilização parece-lhe selva. Eu já o disse, mas agora é preciso acrescentarem-se mais alguns detalhes.

Os princípios em que se apoia o mundo civilizado – o que precisa ser sustentado – não existem para o homem médio atual. Os valores fundamentais da cultura não o interessam, não é sensível a eles, não está disposto a colocar-se a seu serviço. Como aconteceu isso? Por muitos motivos; mas agora vou destacar apenas um.

Quanto mais a civilização avança, mais se torna complexa e difícil. Os problemas que apresenta hoje são superintrincados. Cada vez é menor o número de pessoas cuja mente está à altura desses problemas. O pós-guerra oferece-nos um exemplo bem claro disso. A reconstrução da Europa – como estamos vendo – é um assunto demasiadamente algébrico e o europeu comum revela-se inferior a empresa tão sutil. O que falta não são os meios para a solução; são cabeças. Mais exatamente: há algumas cabeças, muito poucas; mas o corpo vulgar da Europa central não quer pô-las sobre os ombros.

Esse desequilíbrio entre a complicada sutileza dos problemas e a das mentes será cada vez maior se não se encontrar uma solução, e constitui a tragédia mais elementar da civilização. A simples fertilidade e precisão dos princípios que a sustentam determinaram o aumento de sua colheita, em quantidade e em perspicácia, a ponto de transbordar a receptividade do homem normal. Não creio que isso já tenha acontecido no passado. Todas as civilizações feneceram pela insuficiência de seus princípios. A europeia ameaça sucumbir pela razão contrária. Na Grécia e em Roma não foi o homem que fracassou, mas seus princípios. O Império romano é liquidado pela falta de técnica. Ao atingir um elevado grau de população cuja convivência exigia a solução de certas urgências materiais, que só podiam ser encontradas pela técnica, o mundo começou a involuir, a retroceder e a se consumir.

Mas agora é o homem que fracassa por não conseguir acompanhar o progresso de sua própria civilização. Dá até desgosto ouvir as pessoas relativamente mais cultas falarem sobre os assuntos mais elementares de hoje. Parecem simples camponeses que, com dedos calejados e desajeitados, tentam pegar uma agulha sobre a mesa. Os temas políticos e sociais, por exemplo, são tratados com conceitos já inoperantes que há duzentos anos serviram para encontrar soluções de fato duzentas vezes menos sutis.

Civilização avançada e problemas árduos são a mesma coisa. Portanto, quanto maior o progresso, mais a civilização está em perigo. A vida é cada vez melhor, mas, ao mesmo tempo, cada vez mais complicada. É claro que, conforme os problemas vão se complicando, também vão se aperfeiçoando os meios para resolvê-los. Mas é preciso que cada nova geração domine esses meios adiantados. Entre esses – para ser mais concreto – há um obviamente associado ao avanço de uma civilização, que é ter muito passado atrás de si, muita experiência; em suma: história. O saber histórico é uma técnica de primeira ordem para conservar e continuar uma civilização provecta. Não porque dê soluções positivas para o novo aspecto dos conflitos vitais – a vida sempre é diferente do que foi –, mas porque evita que se cometam os erros ingênuos de outros tempos. Mas, se alguém, além de ser velho, e, portanto, cuja vida começa a ser difícil, perde a memória do passado, não aproveita sua experiência, então tudo passa a ser desvantagem. Pois acho que essa é a situação da Europa. As pessoas mais "cultas" de hoje são de uma ignorância histórica incrível. Tenho certeza de que o dirigente europeu de hoje sabe muito menos história que o homem do século XVIII, e mesmo que o do XVII. Aquele saber histórico das minorias governantes – governantes *lato sensu* – tornou possível o prodigioso avanço do século XIX. Sua política está calculada – pela do XVIII – justamente para evitar os erros de todas as políticas antigas, está *projetada em vista* desses erros e resume em sua substância a mais vasta experiência. Mas o século XIX começou a perder "cultura histórica", apesar de que em seu transcurso os especialistas a fizeram avançar muito como ciência[1]. A este abandono devem-se, em boa parte, seus erros peculiares, que hoje pesam sobre nós. Em seu último terço iniciou-se – ainda que subliminarmente – a involução, o retrocesso à barbárie, isto é, à ingenuidade e primitivismo de quem não tem ou esquece seu passado.

Por isso o *bolchevismo* e o *fascismo*, as duas "novas" propostas políticas que estão surgindo na Europa e arredores, são dois claros exemplos de regressão substancial; não tanto pelo conteúdo positivo de suas doutrinas, que, isolado, tem naturalmente uma verdade parcial – mas quem no universo não tem uma partícula de razão? –, como pela maneira *anti*-histórica, anacrônica, com que tratam sua parte de razão. Movimentos típicos de homens-massa, dirigidos, como todos que o são, por homens medíocres, extemporâneos e sem grande memória, sem "consciência histórica", que se comportam como se já tivessem passado, como se acontecendo neste momento pertencessem à fauna de antanho.

O problema não está em ser ou não ser comunista e bolchevista. Não discuto o credo. O que é inconcebível e anacrônico é que um comunista de 1917 se lance numa revolução que é idêntica em sua forma a todas as que já aconteceram antes e na qual não há a menor correção dos defeitos e erros das antigas. Por isso não é historicamente interessante o que aconteceu na Rússia; por isso é exatamente o contrário de um começo de vida humana. É, ao contrário, uma monótona repetição da revolução de sempre, é o perfeito lugar-comum das revoluções; a ponto de não haver, dentre as muitas frases já feitas pela velha experiência humana sobre as revoluções, nenhuma que não seja uma deplorável confirmação quando aplicada a ela. "A revolução devora seus próprios filhos!" "A revolução começa por um partido moderado, em

---

[1]. Aqui já se nota a diferença entre o estado das ciências de uma época e o estado de sua cultura, de que trataremos a seguir.

seguida passa para os extremistas e logo começa a retroceder para uma restauração" etc. etc. A esses tópicos veneráveis poderiam ser agregadas algumas outras verdades menos notórias, mas não menos prováveis, como esta: uma revolução não dura mais que quinze anos, período que coincide com a vigência de uma geração[2].

Quem aspira verdadeiramente a criar uma nova realidade social ou política precisa, antes de tudo, preocupar-se em evitar que esses pobres lugares-comuns da experiência histórica continuem existindo na situação suscitada por ele. De minha parte, reservarei a qualificação de genial para o político que, começando a agir, faça com que os professores de História fiquem loucos ao verem que todas as "leis" de sua ciência caducaram, foram derrogadas e pulverizadas.

Invertendo-se o sinal que afeta o bolchevismo, poderíamos dizer coisas similares do fascismo. Nenhuma destas duas propostas está "à altura dos tempos"; elas não guardam gravado dentro de si todo o passado, condição imprescindível para superá-lo. Com o passado não se luta corpo a corpo. O futuro vence-o porque o engole. Se deixar qualquer coisa dele de fora estará perdido.

Ambos – bolchevismo e fascismo – são duas pseudo-alvoradas; não trazem a manhã do amanhã, mas a de um ar-

---

2. Uma geração atua cerca de trinta anos. Mas essa atuação divide-se em duas etapas e toma duas formas: durante – aproximadamente – a primeira metade desse período, a nova geração faz a propaganda de suas ideias, gostos e preferências que, por fim, acabam vigorando e dominando na segunda metade de seu curso. Mas a geração educada sob esse império já tem outras ideias, gostos e preferências, que começa a propalar publicamente. Quando as ideias, gostos e preferências da geração dominante são extremistas, e por isso revolucionárias, a nova geração é antiextremista e antirrevolucionária, isto é, de alma substancialmente restauradora. É claro que não se deve entender restauração como simples "volta ao antigo", coisa que nunca foram as restaurações.

caico dia, já usado uma ou muitas vezes; são primitivismo. E assim serão todos os movimentos que incorram na ingenuidade de entabular um pugilato com qualquer parte do passado, em vez de digeri-la.

Não há dúvida de que é preciso superar o liberalismo do século XIX. Mas isso é exatamente o que não pode ser feito por quem, como o fascismo, se declara antiliberal. Porque ser antiliberal – ou não liberal – era o que fazia o homem anterior em relação ao liberalismo. E como este já venceu aquele uma vez, repetirá sua vitória inúmeras vezes ou tudo se acabará – liberalismo e antiliberalismo – numa destruição da Europa. Há uma cronologia vital inexorável. Nela o liberalismo é posterior ao antiliberalismo ou, o que dá na mesma, é mais vida que este, como o canhão é mais arma que a lança.

À primeira vista, uma atitude *anti*algo parece posterior a esse algo, visto que significa uma reação contra ele e supõe sua prévia existência. Mas a inovação que o *anti* representa se desvanece num gesto de negação vazio e deixa como único conteúdo positivo uma "antiguidade". Quem se declara antiPedro, traduzindo-se sua atitude em linguagem positiva, nada mais faz que se declarar partidário de um mundo onde não exista Pedro. Mas isso era justamente o que acontecia no mundo quando Pedro ainda não tinha nascido. O antipedrista, em vez de se colocar depois de Pedro, coloca-se antes e retrocede toda a película à situação passada, no fim da qual se encontra inexoravelmente a reaparição de Pedro. Portanto, a todos esses *anti* acontece o mesmo que a Confúcio, que segundo a lenda nasceu, obviamente, depois de seu pai, mas, tenha paciência!, já nasceu com oitenta anos, enquanto seu progenitor não tinha mais que trinta. Todo *anti* não passa de um mero e vazio *não*.

Tudo seria muito fácil se com um *não* puro e simples aniquilássemos o passado. Mas o passado é *revenant* por essência. Se o jogamos fora ele volta, volta irremediavelmente. Por isso a única forma autêntica de superá-lo é não desprezá-lo. Contar-se com ele. Orientar-se por ele, para poder evitá-lo. Em resumo, viver "à altura dos tempos", com consciência hiperestésica da conjuntura histórica.

O passado tem uma razão, a sua. Se não lhe damos essa que tem, voltará para reclamá-la, e mais, para impor a que não tem. O liberalismo tinha uma razão, e essa tem que ser dada *per saecula saeculorum*. Mas não tinha toda a razão, e essa que não tinha é preciso que lhe seja tirada. A Europa precisa conservar seu liberalismo essencial. Esta é a condição para superá-lo.

Falei de fascismo e bolchevismo só de passagem, fixando-me apenas em seu aspecto anacrônico. Este é, a meu ver, inerente a tudo o que hoje parece ter sucesso. Porque hoje triunfa o homem-massa, e, portanto, só projetos feitos por ele, saturados de seu estilo primitivo, podem conseguir uma aparente vitória. Mas, deixando isso de lado, não vou discutir agora o conteúdo de nenhum deles, como também não pretendo dirimir o eterno dilema entre revolução e evolução. O máximo que este ensaio se atreve a desejar é que, revolução ou evolução, sejam históricas e não anacrônicas.

O tema de que trato nestas páginas é politicamente neutro, porque alenta uma camada muito mais profunda que a política e suas dimensões. O conservador não é nem mais nem menos massa que o radical, e essa diferença – que em toda época foi muito superficial – não impede nem de longe que ambos sejam um mesmo homem, vulgo rebelde.

A Europa não terá remissão se seu destino não for colocado nas mãos de pessoas verdadeiramente "contemporâneas" que sintam pulsar sob seus pés o subsolo histórico, que conheçam a altura presente da vida e repudiem todo gesto arcaico e selvagem. Necessitamos da história integral para ver se conseguimos escapar dela, não reincidir nela.

CAPÍTULO XI
A ÉPOCA DO "SENHORZINHO SATISFEITO"

Resumindo, o novo fato social aqui analisado é o seguinte: pela primeira vez a história europeia parece estar subordinada à decisão do homem vulgar como tal. Ou, dito em voz ativa: o homem vulgar, dirigido anteriormente, resolveu governar o mundo. Essa resolução de passar para o primeiro plano social produziu-se automaticamente nele, assim que amadureceu o novo tipo de homem que ele representa. Estudando-se a estrutura psicológica desse novo tipo de homem, a partir de seus efeitos na vida pública, encontra-se o seguinte: 1.º, uma impressão inata e radical de que a vida é fácil, superabundante, sem limitações trágicas; portanto, cada indivíduo médio tem em si uma sensação de domínio e triunfo que, 2.º, leva-o a se autoafirmar tal como é, a considerar seu haver moral e intelectual como bom e completo. Esse contentamento consigo o induz a se fechar para qualquer instância exterior, a não escutar, a não submeter suas opiniões a julgamento algum e a não contar com a existência dos outros. Sua íntima sensação de domínio faz com que exerça constantemente o predomínio. Portanto, agirá como se só ele e seus congêneres existissem no mundo; e, assim,

3.°, intervirá em tudo impondo sua opinião vulgar, sem considerações, contemplações, trâmites ou reservas – isto é, segundo um método de "ação direta".

Esse conjunto de facetas nos fez pensar em certos modos deficientes de ser homem, como a "criança mimada" e o primitivo rebelde, isto é, o bárbaro. (O primitivo normal, ao contrário, é o homem mais suscetível a instâncias superiores que jamais existiu – religião, tabus, tradição social, costumes.) Não é de se estranhar que eu dirija tantos insultos a essa figura de ser humano. O presente ensaio não é mais que um primeiro ensaio de ataque a esse homem triunfante, e a advertência de que alguns europeus irão voltar-se energicamente contra sua pretensão de tirania. Por ora trata-se apenas de um ensaio de ataque: o ataque verdadeiro virá depois, talvez muito em breve, de forma muito diferente da que reveste este ensaio. O ataque a fundo tem que ser feito de forma que o homem-massa não se possa precaver contra ele, que o veja diante de si e não suspeite de que aquele, precisamente aquele, é o ataque a fundo.

Este personagem, que agora anda por todas as partes e impõe sua barbárie íntima em todos os lugares, é, de fato, o menino mimado da história humana. O menino mimado é o herdeiro que se comporta exclusivamente como herdeiro. Agora a herança é a civilização – as comodidades, a segurança; em suma, as vantagens da civilização. Como já vimos, só dentro da folga vital que esta produziu no mundo pode surgir um homem constituído por aquele conjunto de facetas, inspirado por tal caráter. É uma das muitas deformações que o luxo produz na matéria humana. Ilusoriamente, tenderíamos a acreditar que uma vida nascida em um mundo com meios de sobra seria melhor, mais vida e de qualidade superior à daquela que, justamente, consiste em lutar contra a escassez. Mas não é isso que acontece – por razões muito rigorosas e ultrafundamentais que agora não é o caso de se enunciar. Agora, em vez dessas razões, basta que se recorde o fato tão conhecido que constitui a tragédia de toda aristocracia hereditária. O aristocrata herda, isto é, já encontra atribuídas a sua pessoa certas condições de vida que não foram criadas por ele, portanto, que não estão organicamente unidas à sua vida pessoal e própria. Ao nascer já se encontra imediatamente instalado, e sem saber como, no meio de suas riquezas e prerrogativas. Intimamente ele nada tem a ver com elas, porque não são originárias dele. São o arcabouço gigantesco de uma outra pessoa, de um outro ser vivo, seu antepassado. E tem que viver *como* herdeiro, isto é, tem que usar o arcabouço de outra vida. E aí, o que acontece? Que vida vai viver o "aristocrata" por herança, a sua ou a do prócer inicial? Nem uma nem outra. Está condenado a *representar* o outro, portanto, a *não ser* nem o outro nem ele mesmo. Sua vida perde a autenticidade, inexoravelmente, e converte-se em mera representação ou ficção de outra vida. O excesso de meios que é obrigado a manipular não o deixa viver seu destino próprio e pessoal, atrofia sua vida. *Toda vida é luta, é o esforço para ser ela mesma.* As dificuldades que encontro para realizar minha vida são, precisamente, o que desperta e mobiliza minhas atividades, minhas capacidades. Se meu corpo não me pesasse, eu não poderia andar. Se a atmosfera não me oprimisse, sentiria meu corpo como uma coisa vaga, fofa, fantasmagórica. Assim, no "aristocrata" herdeiro toda a sua pessoa vai se esmaecendo por falta de uso e esforço vital. O resultado é essa bobagem específica das velhas nobrezas, que não se parece com nada e que, a rigor, ninguém descreveu ainda em seu mecanismo interno e trágico – que conduz toda aristocracia hereditária a uma degeneração irremediável.

Isto tem apenas o intuito de contestar nossa ingênua tendência a acreditar que ter meios de sobra favorece a vida. É exatamente o contrário. Um mundo com possibilidades de sobra¹ produz, automaticamente, graves deformações e tipos viciados de existência humana – que podem ser reunidos na classificação geral de "homem-herdeiro", da qual o "aristocrata" não é senão um caso particular, e o menino mimado outro, e o homem-massa de nosso tempo um outro muito mais amplo e radical. (Por outro lado, deveríamos aproveitar mais detalhadamente a alusão anterior ao "aristocrata" para mostrar como muitas de suas atitudes, características em todos os povos e tempos, encontram-se, no homem-massa, em estado latente. Por exemplo: a propensão a ter como ocupação central de sua vida os jogos e os esportes; o culto do corpo – conservação da saúde e preocupação com a beleza dos trajes; falta de romantismo na relação com a mulher; participar de diversões com o intelectual mas, no fundo, não o estimar e mandar que os lacaios ou os policiais o agridam; preferir a vida sob a autoridade absoluta a um sistema de discussão² etc. etc.)

---

1. Não se deve confundir o aumento, e mesmo a abundância de meios, com o excesso. No século XIX, aumentam as facilidades de vida e isso produz o prodigioso crescimento – quantitativo e qualitativo – dela, que já assinalei atrás. Mas chegou um momento em que o mundo civilizado, relacionado com a capacidade do homem médio, adquiriu um aspecto *de sobra,* excessivamente rico, supérfluo. Só um exemplo disso: a segurança que o progresso parecia oferecer (= aumento sempre crescente de vantagens vitais) desmoralizou o homem médio, inspirando-lhe uma confiança que já é falsa, atrofiada, viciada.

2. Neste ponto, como em outros, a aristocracia inglesa é uma exceção. Mas, mesmo seu caso sendo admirável, bastaria que se traçassem as linhas gerais da história britânica para se demonstrar que essa exceção confirma a regra. Ao contrário do que se costuma dizer, a nobreza inglesa foi a menos abastada da Europa e viveu, mais que qualquer outra, em constante perigo. E porque sempre viveu em perigo soube e conseguiu sempre se fazer respeitar – o que supõe ter permanecido sempre em guarda. Não se pode esquecer do fato fundamental de que a Inglaterra foi, até uma boa parte do século XVIII, o país mais pobre do Ocidente. Por isso

Insisto, portanto, com sincero pesar, em fazer ver que esse homem cheio de tendências incivis, que esse novo bárbaro é um produto automático da civilização moderna, especialmente da forma que esta civilização adotou no século XIX. Não veio de fora do mundo civilizado como os "grandes bárbaros brancos" do século V; tampouco nasceu dentro dele por geração espontânea, como os girinos nos tanques de água – segundo Aristóteles –, mas é seu fruto natural. Cabe aqui enunciar esta lei que a Paleontologia e a Biogeografia confirmam: a vida humana só surgiu e progrediu quando houve um equilíbrio entre os meios disponíveis e os problemas a serem enfrentados. Isso é válido tanto para o campo físico como para o espiritual. Assim, para me referir a uma dimensão bem concreta da vida corporal, lembrarei que a espécie humana brotou em zonas do planeta onde a estação quente era compensada por uma estação de frio intenso. Nos trópicos, o animal-homem degenera, e vice-versa, as raças inferiores – os pigmeus, por exemplo – foram empurradas para os trópicos por raças nascidas depois delas e superiores na escala da evolução[3].

Pois bem, a civilização do século XIX é de tal índole que permite ao homem médio instalar-se num mundo de excesso, do qual só percebe a superabundância de meios, mas não as angústias. Encontra-se cercado de instrumentos prodigiosos, de remédios benéficos, de Estados previdentes, de direitos cômodos. Em troca, ignora a dificuldade para se inventarem esses remédios e instrumentos e assegurar sua pro-

---

mesmo sua nobreza se salvou. Como não tinha meios de sobra, teve que aceitar, desde o início, a função comercial e industrial – que não era nobre no continente –, isto é, decidiu-se muito cedo a viver economicamente de forma criadora e a não se ater aos privilégios.

3. Cf. Olbricht, *Klima und Entwicklung*, 1923.

dução para o futuro; não percebe que a organização do Estado é instável, e quase não sente obrigações dentro de si. Esse desequilíbrio deforma, vicia sua raiz de ser vivo fazendo com que perca o contato com a própria substância da vida, que é perigo absoluto, radicalmente problemática. A forma mais contraditória da vida humana que pode surgir na vida humana é o "senhorzinho satisfeito". Por isso, quando se torna figura predominante, é preciso fazer soar o alarme e avisar que a vida se acha ameaçada de degeneração, isto é, de morte relativa. Segundo isso, o nível vital que a Europa de hoje representa é superior a todo o passado humano; mas, quando se olha para o futuro, teme-se que não conserve sua altura nem produza outro nível mais elevado mas, ao contrário, que retroceda e desça a altitudes inferiores.

Acredito que isso mostre com suficiente clareza a superlativa anormalidade que representa o "senhorzinho satisfeito". Porque é um homem que nasceu para fazer o que lhe dá vontade. De fato, esta é a mesma forma com que o "filho de família" se ilude. E já sabemos por quê: no âmbito familiar, no final, tudo fica impune, até os maiores delitos. O âmbito familiar é relativamente artificial e tolera dentro dele muitos atos que na sociedade, nas ruas, trariam automaticamente consequências desastrosas e indubitáveis para seu autor. Mas o "senhorzinho" pensa que pode se comportar em qualquer lugar como em sua casa, pensa que nada é fatal, irremediável e irrevogável. Por isso acha que pode fazer tudo o que tem vontade[4]. Grande equívoco! *Vossa mercê irá aon-*

---

4. A casa está para a sociedade assim como, em maior escala, uma nação está para o conjunto das nações. Uma das manifestações, a um só tempo, maiores e mais claras do "senhorzinho" vigente é, como veremos, a decisão que algumas nações tomaram de "fazer o que bem entenderem" em relação à convivência internacional. A isso chamam ingenuamente de "nacionalismo". E eu, que rejeito a submissão pacífica à internacionalida-

de o levarem, como se diz para o papagaio na história do português. Não é que não se *deva* fazer o que se tem vontade; é que só se pode fazer o que cada um *tem* que fazer, *tem* que ser. A única coisa possível é negar-se a fazer o que é preciso fazer; mas essa atitude não nos deixa livres para fazer outra coisa que nos dê vontade. Neste ponto só possuímos uma liberdade de arbítrio negativa – a *nolição*. É perfeitamente possível desertar de nosso destino mais autêntico; mas é para ficarmos presos aos patamares inferiores de nosso destino. Não posso tornar isso evidente para cada leitor em seu destino individual, porque não os conheço; mas é possível fazê-lo quanto às partes ou facetas de seu destino que são idênticas às de outros. Por exemplo: todo europeu atual sabe, com uma certeza muito maior que a de todas as "ideias" e "opiniões" que expressa, que o homem europeu atual *tem* que ser liberal. Não vamos discutir se é essa ou aquela forma de liberdade a que tem que ser. Refiro-me ao fato de que o mais reacionário dos europeus sabe, no fundo de sua consciência, que o que foi tentado pela Europa no último século com o nome de liberalismo é, em última instância, algo ineludível, inexorável, que o homem ocidental de hoje *é*, queira ou não.

Mesmo que se demonstre, de forma verdadeira e incontestável, que são falsas e funestas todas as maneiras concretas até agora usadas para se tentar realizar esse imperativo irreversível de ser politicamente livre, inscrito no destino europeu, ainda permanece em pé a última evidência de que no século passado tinha *substancialmente* razão. Essa evidência *última* atua da mesma forma no comunista europeu e no fascista, por mais que tentem nos convencer e se convencer do contrário, assim como atua – queira-se ou não, *creia-se*

---

de, acho, por outro lado, grotesco esse "senhorzinho" transitório das nações menos importantes.

ou não – no católico que dá a mais sincera adesão ao *Syllabus*[5]. Todos "sabem" que, acima das justas críticas com que se combatem as manifestações do liberalismo, encontra-se sua verdade irrevogável, uma verdade que não é teórica, científica, intelectual, mas de ordem radicalmente diferente e mais decisiva que tudo isso – isto é, uma verdade de destino. As verdades teóricas não só são discutíveis como também todo seu sentido e força estão no fato de serem discutidas; nascem da discussão, vivem enquanto são discutidas e são feitas *exclusivamente* para a discussão. Mas o destino – o que vitalmente se tem que ser ou não se tem que ser – não se discute, apenas se aceita ou não. Se o aceitamos, somos autênticos; se não o aceitamos, somos a negação, a falsificação de nós mesmos[6]. O destino não consiste naquilo que

---

5. O que *crê* copernicamente que o sol não desce no horizonte continua *acreditando nisso*, embora *o veja descer*, porque o ver implica uma convicção primária. O que acontece é que sua *crença* científica detém, constantemente, a atuação de sua *crença* primária ou espontânea. Assim, esse católico nega, com sua crença dogmática, sua própria, *autêntica*, crença liberal. Essa alusão ao caso desse tipo de católico é feita apenas para exemplificar e esclarecer a ideia que exponho a seguir, mas não se refere a ele a censura radical que dirijo ao homem-massa de nosso tempo, ao "senhorzinho satisfeito". Só coincide com este num ponto. Do que acuso o "senhorzinho satisfeito" é da falta de autenticidade em quase todo o seu ser. O católico não é autêntico em alguns pontos de seu ser. Mas mesmo essa coincidência parcial é só aparente. O católico não é autêntico em uma parte de seu ser – tudo o que tem, queira ou não, de homem moderno – porque quer ser fiel à outra parte efetiva de seu ser, que é sua fé religiosa. Isso significa que o destino desse católico é trágico em si mesmo. E, ao aceitar essa porção de falta de autenticidade, cumpre seu dever. Já o "senhorzinho satisfeito" deserta de si mesmo por mera frivolidade e por completo – justamente para evitar qualquer tragédia.

6. Àquele que se negou a ser o que deve ser, só resta um modo de vida aviltado e sem honra. O seu ser autêntico não morre por isso, mas converte-se em sombra acusadora, em fantasma que o faz sentir constantemente a inferioridade da existência que leva em relação à que deveria levar. O envilecido é o suicida sobrevivente.

temos vontade de fazer; mas é reconhecido e mostra seu perfil claro e rigoroso na coincidência de se *ter* que fazer o que não se tem vontade.

Pois bem: o "senhorzinho satisfeito" caracteriza-se por "saber" que certas coisas não podem ser e, apesar disso, e por isso mesmo, fingir uma convicção contrária com seus atos e palavras. O fascista se mobilizará contra a liberdade política, justamente porque sabe que, no final e a sério, esta nunca faltará, mas existe, irremediavelmente, na própria substância da vida europeia, e que nela se recairá sempre que faltar a verdade, na hora da seriedade. Porque esta é a tônica da existência do homem-massa: a falta de seriedade, a "brincadeira". O que fazem não tem caráter irrevogável, como as travessuras do "filho de família". Todo esse afã em adotar atitudes aparentemente trágicas, últimas, taxativas, em todos os campos, é só aparência. Brincam com a tragédia porque acham que a tragédia efetiva não é verossímil no mundo civilizado.

Bom seria que fôssemos forçados a aceitar como autêntico ser de uma pessoa o que ela pretendesse nos mostrar como tal. Mas acontece que, se alguém se obstina em afirmar que dois mais dois é igual a cinco, e não há motivo para se supor que esse alguém seja demente, devemos ter certeza de que ele não crê no que diz, por mais que grite e mesmo que morra por sustentá-lo.

Uma ventania de farsa geral e completa assola o torrão europeu. Quase todas as posições tomadas e ostentadas são internamente falsas. Os únicos esforços que se fazem são para fugir do próprio destino, para ficar insensível à sua evidência e a seu profundo chamado, para evitar encarar *aquilo que tem que ser*. Vive-se humoristicamente e tanto mais quanto mais caricata seja a máscara adotada. Há humorismo onde quer que se viva de atitudes revogáveis em que a pessoa não se compromete inteiramente e sem reservas. O homem-massa não tem os pés plantados na firmeza irredutível de sua sina; em vez disso, vegeta ficticiamente suspenso no espaço. Eis por que, como nunca, essas vidas sem peso e sem raiz – *déracinées* de seu destino – deixam-se arrastar agora pela mais leve correnteza. Estamos numa época de "correntes" e de "se deixar levar". Quase ninguém apresenta resistência aos redemoinhos superficiais que se formam na arte ou nas ideias, na política ou nos usos sociais. Por isso, a retórica impera mais que nunca. O surrealista acha que superou toda a história literária quando escreveu (aqui vem uma palavra que não é preciso ser escrita) onde outros escreveram "jasmins, cisnes e faunesas". Mas é claro que com isso não fez mais que extrair outra retórica que até então jazia nas latrinas.

Compreende-se melhor a situação atual quando se atenta para a singularidade de sua fisionomia, para o aspecto que, não obstante, tem em comum com outras épocas do passado. Assim, no apogeu da civilização mediterrânea – por volta do século III antes de Cristo – surge o cínico. Diógenes passeia com suas sandálias cheias de barro sobre os tapetes de Arístipo. O cínico tornou-se um personagem pululante, que se achava em qualquer lugar e a qualquer hora. Pois bem, o cínico não fazia outra coisa senão sabotar a civilização, aquela civilização. Era o niilista do helenismo. Jamais criou ou fez qualquer coisa. Seu papel era desfazer – ou, melhor dito, tentar desfazer, porque também não conseguiu seu propósito. O cínico, parasita da civilização, vive de negá-la, por ter certeza de que ela não faltará. Que faria um cínico no meio de um povo selvagem onde todos, naturalmente e a sério, fazem o que ele considera, falsamente, como seu papel pessoal? O que faz um fascista se não fala mal da liberdade e um surrealista se não perjura a arte?

Não poderia comportar-se de outra maneira esse tipo de homem nascido num mundo demasiadamente bem organizado, do qual só percebe as vantagens e não os perigos. O ambiente o mima porque é "civilização" – isto é, uma casa –, e o "filho de família" não vê nada que o faça mudar seu temperamento caprichoso, que o incite a ouvir instâncias externas superiores a ele e, muito menos, que o obrigue a tomar contato com o fundo inexorável de seu próprio destino.

CAPÍTULO XII
A BARBÁRIE DA "ESPECIALIZAÇÃO"

A tese era que a civilização do século XIX produziu automaticamente o homem-massa. Não convém encerrar esta exposição sem analisar, em particular, a mecânica dessa produção. Desse modo, a tese ganhará em força persuasiva quando concluída.

Essa civilização do século XIX, como já disse, pode ser resumida em duas grandes dimensões: democracia liberal e técnica. Tomemos agora apenas a última. A técnica contemporânea nasce da cópula entre o capitalismo e a ciência experimental. Nem toda técnica é científica. Quem fabricou os machados de sílex, no período cheleano, carecia de ciência e, no entanto, criou uma técnica. A China atingiu um alto grau de tecnicismo sem ter a menor suspeita da existência da física. Só a técnica moderna da Europa tem uma origem científica, e dessa origem vem seu caráter específico, a possibilidade de um progresso ilimitado. As demais técnicas – mesopotâmica, egípcia, grega, romana, oriental – chegam a um ponto de desenvolvimento que não podem ultrapassar, e, mal o atingem, começam a retroceder numa involução lamentável.

Essa maravilhosa técnica ocidental tornou possível a maravilhosa proliferação da casta europeia. Recorde-se o dado de que partiu este ensaio e que, como já se disse, encerra de modo latente todas essas meditações. Do século V até 1800, a Europa não consegue ter uma população maior que 180 milhões. De 1800 a 1914, ascende a mais de 450 milhões. Esse salto é único na história humana. Não há como duvidar de que a técnica – junto com a democracia liberal – engendrou o homem-massa no sentido quantitativo da expressão. Mas estas páginas têm tentado mostrar que ele também é responsável pela existência do homem-massa no sentido qualitativo e pejorativo do termo.

Por "massa" – adverti no início – não se entende especialmente o operário; não se designa aqui uma classe social, mas uma classe ou modo de ser homem que acontece hoje em todas as classes sociais, que por isso representa o nosso tempo, no qual predomina e impera. Agora vamos tratar disso com toda a clareza.

Quem exerce o poder social hoje? Quem impõe a estrutura de seu espírito na época? Sem dúvida, a burguesia. Quem, dentro dessa burguesia, é considerado o grupo superior, a aristocracia do presente? Sem dúvida, o técnico: engenheiro, médico, economista, professor etc. etc. Quem, dentro do grupo técnico, representa-o com maior relevância e pureza? Sem dúvida, o homem de ciência. Se um personagem astral visitasse a Europa, e com a intenção de julgá-la lhe perguntasse por que tipo de homem, entre os que a habitam, preferiria ser julgada, não há dúvida de que a Europa indicaria, com satisfação e certa de uma sentença favorável, seus homens de ciência. Claro que o personagem astral não perguntaria por indivíduos excepcionais, mas procuraria a regra, o tipo genérico "homem de ciência", cume da humanidade europeia.

Pois bem: acontece que o homem de ciência atual é o protótipo do homem-massa. E não por casualidade, nem por defeito unilateral de cada homem de ciência, mas porque a própria ciência – raiz da civilização – converte-o automaticamente em homem-massa, isto é, faz dele um primitivo, um bárbaro moderno.

O fato é sobejamente conhecido: já foi consignado inúmeras vezes; mas só articulado no corpo deste ensaio adquire a plenitude de seu sentido e a evidência de sua gravidade.

A ciência experimental inicia-se no final do século XVI (Galileu), consegue se constituir no fim do século XVII (Newton) e começa a se desenvolver no meio do século XVIII. O desenvolvimento de alguma coisa é distinto de sua constituição e está submetido a condições diferentes. Assim, a constituição da física, nome coletivo da ciência experimental, obrigou a um esforço de unificação. Tal foi a obra de Newton e dos demais homens de seu tempo. Mas o desenvolvimento da física iniciou uma tarefa de caráter oposto ao da unificação. Para progredir, a ciência necessitava de que os homens de ciência se especializassem. Os homens de ciência, não ela própria. A ciência não é especialista. *Ipso facto* deixaria de ser verdadeira. Nem sequer a ciência empírica, tomada na sua integridade, é verdadeira quando separada da matemática, da lógica, da filosofia. Mas o trabalho dentro dela, sim, tem – obrigatoriamente – que ser especializado.

Seria de grande interesse, e de maior utilidade do que parece à primeira vista, escrever a história das ciências físicas e biológicas, mostrando-se o processo de crescente especialização no trabalho dos pesquisadores. Isso mostraria como, geração após geração, o homem de ciência foi se adstringindo, se recluindo num campo de atuação intelectual cada vez mais estreito. Mas isso não seria o mais importante que essa história nos mostraria, mas exatamente o inverso: como em cada geração o científico, por ter que reduzir sua órbita de trabalho, foi progressivamente perdendo o contato com as outras partes da ciência, com uma interpretação integral do universo, que é o único merecedor dos nomes de ciência, cultura, civilização europeia.

A especialização começa exatamente numa época que chama de civilizado o homem "enciclopédico". O século XIX inicia seus destinos sob a direção de criaturas que vivem enciclopedicamente, embora sua produção já tenha um caráter de especialização. Na geração seguinte, a equação deslocou-se e a especialidade começa a desalojar de dentro de cada homem de ciência a cultura integral. Quando, em 1890, uma terceira geração toma a direção intelectual da Europa, encontramo-nos com um tipo de científico sem exemplo na história. É um homem que, de tudo o que se deve saber para ser um personagem discreto, conhece apenas uma determinada ciência, e mesmo dessa ciência só conhece bem a pequena parte de que ele é um ativo pesquisador. Chega a proclamar como virtude o fato de não se inteirar de nada que esteja fora da estreita paisagem que cultiva especialmente, e chama de *diletantismo* a curiosidade pelo conjunto do saber.

O fato é que, restringido à escassez de seu campo visual, consegue realmente descobrir novos fatos e fazer avançar sua ciência, que ele quase não conhece, e com ela a enciclopédia do pensamento, que desconhece conscienciosamente. Como tem sido e continua sendo possível coisa semelhante? Porque convém insistir na extravagância deste fato inegável: a ciência experimental progrediu, em boa parte, devido ao trabalho de homens incrivelmente medíocres, e até menos que isso. Significa que a ciência moderna, raiz e símbolo da civilização atual, acolhe dentro de si o homem intelectualmente médio e lhe permite operar com êxito. A razão disso está naquilo que é, ao mesmo tempo, a maior vantagem e o máximo do perigo da ciência nova e de toda a civilização que esta dirige e representa: a mecanização. Boa parte das coisas que precisam ser feitas em física e em biologia é tarefa mecânica de pensamento que pode ser executada por qualquer um, ou quase. Para a realização de inúmeras pesquisas é possível dividir-se a ciência em pequenos segmentos, encerrar-se num deles e esquecer os demais. A firmeza e a exatidão dos métodos permitem essa transitória e prática desarticulação do saber. Trabalha-se com um desses métodos como com uma máquina, e nem sequer é forçoso, para se obterem resultados abundantes, possuir ideias rigorosas sobre o sentido e fundamento deles. Assim, a maior parte dos científicos impulsiona o progresso geral da ciência encerrados nas celas de seus laboratórios, assim como a abelha no seu opérculo ou como o cabo do espeto na sua caixa.

Mas isso cria uma casta de homens muito estranhos. O pesquisador que descobre um novo fato da Natureza tem, forçosamente, uma impressão de domínio e segurança em sua pessoa. Aparentemente com certa justiça, considera-se como "um homem que sabe". E, de fato, nele se encontra um pedaço de algo que, junto com outros pedaços não existentes nele, constitui verdadeiramente o saber. Esta é a situação íntima do especialista, que nos primeiros anos deste século chegou ao seu exagero mais frenético. O especialista "sabe" muito bem seu mínimo rincão de universo; mas ignora radicalmente todo o resto.

Temos aqui um precioso exemplar deste estranho homem novo que tentei definir por vários lados e facetas. Disse que era uma configuração humana sem par em toda a história. O especialista serve-nos para reduzir a espécie a sua essência e nos fazer ver todo o radicalismo de sua novidade. Porque antes os homens podiam se dividir, simplesmente, em sábios e ignorantes, em mais ou menos sábios e mais ou menos ignorantes. Mas o especialista não pode ser incluído em nenhuma dessas duas categorias. Não é um sábio, porque ignora formalmente tudo quanto não faz parte de sua especialidade; tampouco é um ignorante, porque é "um homem de ciência" e conhece muito bem sua porciúncula de universo. Temos que dizer que é um sábio-ignorante, coisa extremamente grave, pois significa que é um senhor que se comportará em todas as questões que ignora, não como um ignorante, mas com toda a arrogância de quem em seu campo especial é um sábio.

E, de fato, este é o comportamento do especialista. Em política, em arte, nos usos sociais, em outras ciências, tomará posições de primitivo, de ignorantíssimo; mas as tomará com energia e suficiência, sem admitir – e aí está o paradoxo – especialistas nessas coisas. Ao especializá-lo, a civilização tornou-o hermético e satisfeito dentro de sua limitação; mas essa mesma sensação íntima de domínio e valor o levará a querer predominar fora de sua especialidade. E o resultado disso é que, mesmo neste caso, que representa um máximo de homem qualificado – especializado – e, portanto, o mais oposto ao homem-massa, ele se comportará sem qualificação e como homem-massa em quase todas as esferas da vida.

Esta advertência não é vaga. Quem quiser poderá observar a estupidez com que pensam, julgam e atuam hoje na política, na arte, na religião e nos problemas gerais da vida e do mundo os "homens de ciência" e é claro que, além deles, médicos, engenheiros, economistas, professores etc. Essa condição de "não escutar", de não se submeter a instâncias superiores que tenho apresentado reiteradamente como características do homem-massa, chega ao máximo precisamente nesses homens parcialmente qualificados. Eles simbolizam, e constituem em grande parte, o atual império das massas, e sua barbárie é a causa mais imediata da desmoralização europeia.

Por outro lado, significam o exemplo mais claro e preciso de como a civilização do último século, *abandonada à sua própria inclinação*, produziu este rebento de primitivismo e barbárie.

O resultado mais imediato dessa especialização *não compensada* é que hoje, quando há maior número de "homens de ciência" que nunca, há muito menos homens "cultos" do que, por exemplo, por volta de 1750. E o pior é que, com esses cabos do espeto científico, nem sequer está assegurado o progresso íntimo da ciência, porque esta necessita, de tempos em tempos, como uma regulamentação orgânica de seu próprio crescimento, de um trabalho de reconstituição, e, como já foi dito, isso requer um esforço de unificação cada vez mais difícil, que cada vez envolve regiões mais vastas do saber total. Newton pôde criar seu sistema físico sem saber muita filosofia, mas Einstein precisou saturar-se de Kant e de Mach para poder chegar a sua aguda síntese. Kant e Mach – com esses dois nomes apenas simboliza-se a enorme massa de pensamentos filosóficos e psicológicos que influíram Einstein – serviram para *liberar* a mente deste e abrir-lhe o caminho para sua inovação. Mas Einstein não é suficiente. A física entra na crise mais profunda de sua história e só poderá salvá-la uma nova enciclopédia mais sistemática que a primeira.

Portanto, a especialização que tornou possível o progresso da ciência experimental durante um século aproxima-se de uma etapa em que não poderá avançar por si mesma se não se encarregar uma geração melhor de lhe construir um espeto mais poderoso.

Mas, se o especialista desconhece a fisiologia interna da ciência que cultiva, muito mais radicalmente ignora as condições históricas de sua longa duração, isto é, como devem estar organizados a sociedade e o coração do homem para que possam continuar existindo pesquisadores. A diminuição de vocação científica observada nestes anos – e a que já me referi – é um sintoma preocupante para todo aquele que tem uma ideia clara do que é civilização, a ideia que costuma faltar ao típico "homem de ciência", cume de nossa atual civilização. Também ele pensa que a civilização *está aí,* simplesmente, como a crosta terrestre e a selva primigênia.

CAPÍTULO XIII
O MAIOR PERIGO, O ESTADO

Numa boa organização das coisas públicas a massa não atua por si mesma. Essa é a sua missão. Veio ao mundo para ser dirigida, influída, representada, organizada – até para deixar de ser massa, ou, pelo menos, aspirar a isso. Mas não veio ao mundo para fazer tudo isso por si mesma. Precisa nortear sua vida pela instância superior, constituída pelas minorias excelentes. Pode-se discutir à vontade quais são os homens excelentes; mas que sem eles – sejam uns ou outros – a humanidade não existiria no que tem de mais essencial é um fato do qual não se deve duvidar, ainda que a Europa passe um século inteiro com a cabeça enfiada debaixo da asa, como o avestruz, para tentar não ver essa evidência tão radiante. Porque não se trata de uma opinião baseada em fatos mais ou menos frequentes e prováveis, mas de uma lei da "física" social, muito mais irredutível que as leis da física de Newton. O dia em que voltar a imperar na Europa uma filosofia autêntica[1] – única coisa que pode salvá-la –, se tor-

---

1. Para que a filosofia impere não é necessário que os filósofos imperem – como quis Platão no início –, nem que os imperadores filosofem

nará a compreender que o homem é, queira ele ou não, um ser constitutivamente forçado a procurar uma instância superior. Se consegue encontrá-la por si mesmo, é um homem excelente; se não, é um homem-massa e precisa recebê-la daquele.

A massa pretender atuar por si mesma é, portanto, rebelar-se contra seu próprio destino, e, como é isso que está acontecendo agora, eu falo de rebelião das massas. Porque, no fim, a única coisa que pode, substancial e verdadeiramente, ser chamada de rebelião é cada qual não aceitar seu destino, rebelar-se contra si mesmo. A rigor, a rebelião do arcanjo Lúcifer não teria sido menos grave se em vez de procurar ser Deus – o que não era seu destino – tivesse procurado ser o mais insignificante dos anjos, que tampouco era. (Se Lúcifer tivesse sido russo, como Tolstoi, teria por certo preferido este estilo de rebeldia, que não é nem mais nem menos contra Deus que o outro tão famoso.)

Quando a massa atua por si mesma, só o faz de um modo, porque não tem outro: lincha. Não é totalmente por acaso que a lei de Lynch é americana, já que os Estados Unidos são, de certo modo, o paraíso das massas. Nem muito menos se pode estranhar que agora, quando as massas triunfam, triunfe também a violência e se faça dela a única *ratio,* a única doutrina. Há muito tempo eu já venho falando desse progresso da violência como norma[2]. Hoje ela atinge seu ponto máximo de desenvolvimento, e isso é um bom sinal, porque significa que vai automaticamente iniciar sua desci-

---

– como o quis depois, mais modestamente. As duas coisas são, a rigor, fatais. Para que a filosofia impere, basta que exista; isto é, que os filósofos sejam filósofos. De quase um século para cá, os filósofos são tudo menos isso – são políticos, são pedagogos, são literatos ou são homens de ciência.

2. Cf. *España invertebrada.*

da. Hoje a violência já é a retórica do tempo; os retóricos, os inermes, apossaram-se dela. Quando uma realidade humana cumpriu sua história, naufragou e morreu, as ondas a cospem nas costas da retórica onde, cadáver, sobrevive longamente. A retórica é o cemitério das realidades humanas; quando muito, seu hospital de inválidos. Na realidade sobrevive seu nome que, mesmo sendo apenas palavra, é, no final das contas, nada menos que palavra, e conserva sempre algo de seu poder mágico.

Mas, mesmo não sendo impossível que o prestígio da violência como norma cinicamente estabelecida tenha começado a diminuir, ainda continuaremos sob seu regime, embora de uma outra forma.

Refiro-me ao maior perigo que hoje ameaça a civilização europeia. Como todos os demais perigos que ameaçam esta civilização, também este nasceu dela mesma. Mais ainda: constitui uma de suas glórias; é o Estado contemporâneo. Assim, encontramo-nos diante de uma réplica do que se falou sobre a ciência no capítulo anterior: a fecundidade de seus princípios proporciona-lhe um fabuloso progresso; mas este impõe inexoravelmente a especialização, e a especialização ameaça afogar a ciência.

O mesmo acontece com o Estado.

Rememore-se o que era o Estado no fim do século XVIII em todas as nações europeias. Bem pouca coisa! O primeiro capitalismo e seus organizadores industriais, onde pela primeira vez a técnica triunfa, a nova técnica, a racionalizada, tinham produzido um primeiro crescimento na sociedade. Uma nova classe social apareceu, mais poderosa em número e potência que as preexistentes: a burguesia. Essa indigna burguesia possuía, acima de tudo e sobretudo, uma coisa: talento, talento prático. Sabia organizar, disciplinar, dar continuidade e articulação ao esforço. No meio dela, como num oceano, navegava condenada a "nau do Estado". A nau do

Estado é uma metáfora reinventada pela burguesia, que se sentia oceânica, onipotente e cheia de tormentas. Aquela nau era coisa pouca, quase nada: mal tinha soldados, mal tinha burocratas, mal tinha dinheiro. Tinha sido fabricada na Idade Média por uma classe de homens muito diferentes dos burgueses: os nobres, gente admirável por sua coragem, por seu dom de mando, por seu senso de responsabilidade. Sem eles as nações da Europa não existiriam. Mas, com todas essas virtudes do coração, os nobres estavam, sempre têm estado, mal de cabeça. Pensavam com o outro órgão. De inteligência muito limitada, sentimentais, instintivos, intuitivos; em suma, "irracionais". Por isso não puderam desenvolver nenhuma técnica, coisa que exige uma racionalização. Não inventaram a pólvora. Enfastiaram-se. Incapazes de inventar novas armas, deixaram que os burgueses – trazendo-as do Oriente ou outro lugar – usassem a pólvora, e com isso, automaticamente, ganharam a batalha com o guerreiro nobre, o "cavaleiro", estupidamente coberto de ferro, que mal podia se mexer na batalha, e a quem não havia ocorrido que o eterno segredo da guerra não consiste tanto nos meios de defesa como nos de ataque (segredo que Napoleão iria redescobrir)[3].

---

3. Essa imagem singela da grande mudança histórica em que a supremacia dos nobres é substituída pelo predomínio dos burgueses deve-se a Ranke; mas é claro que sua verdade simbólica e esquemática requer não poucos aditamentos para ser completamente verdadeira. A pólvora era conhecida desde tempos imemoriais. A invenção da carga em um tubo deveu-se a alguém da Lombardia. Mesmo assim, não foi eficaz até se inventar a bala fundida. Os "nobres" usaram em pequenas doses a arma de fogo, mas era muito cara. Só os exércitos burgueses, mais bem organizados economicamente, puderam empregá-la em grande escala. Não obstante, é literalmente certo que os nobres, representados pelo exército de tipo medieval dos borguinhões, foram derrotados de modo definitivo pelo novo exército, não profissional, mas de burgueses, que os suíços formaram. Sua força básica constituiu-se na nova disciplina e na nova racionalização da tática.

Como o Estado é uma técnica – de ordem pública e de administração –, o "antigo regime" chega ao fim do século XVIII com um Estado fraquíssimo, açoitado por todos os lados por uma sociedade ampla e tumultuada. A desproporção entre o poder do Estado e o poder social nesse momento era tamanha que, comparada essa situação com a vigente nos tempos de Carlos Magno, o Estado do século XVIII parece uma degeneração. Naturalmente, o Estado carolíngio era muito menos poderoso que o de Luís XVI; mas a sociedade que o rodeava também não tinha força nenhuma[4]. O grande desnível entre a força social e a do Poder público tornou possível a revolução, as revoluções (até 1848).

Mas com a revolução a burguesia se apoderou do Poder público e aplicou ao Estado suas inegáveis virtudes, e em pouco mais de uma geração criou um Estado poderoso, que acabou com as revoluções. Desde 1848, isto é, desde que começa a segunda geração de governos burgueses, não há verdadeiras revoluções na Europa. E certamente não é por não ter havido motivos para isso, e sim por falta de meios. O Poder público foi nivelado ao poder social. *Adeus para sempre, revoluções!* Na Europa já não pode acontecer mais que o oposto: o golpe de Estado. E tudo o que tomou ares de revolução para a posteridade não foi mais que um golpe de Estado disfarçado.

---

4. Valeria a pena insistir nesse ponto e ressaltar que a época das monarquias absolutas europeias contou com Estados muito fracos. Como se explica isso? A sociedade já começava a crescer em volta. Por quê, se o Estado tudo podia – era "absoluto" –, não se tornava mais forte? Uma das causas apontadas é a incapacidade técnica, racionalizadora, burocrática, das aristocracias de sangue. Mas não basta isso. Além disso aconteceu no Estado absoluto que *aquelas aristocracias não quiseram fortalecer o Estado à custa da sociedade.* Ao contrário do que se pensa, o Estado absoluto respeita instintivamente a sociedade, muito mais que nosso Estado democrático, mais inteligente, mas com menos senso de responsabilidade histórica.

O Estado de nosso tempo é uma máquina formidável, que funciona prodigiosamente, de uma maravilhosa eficiência pela qualidade e precisão de seus meios. Colocada no meio da sociedade, basta tocar numa mola para que suas enormes alavancas se ponham em ação e operem fulminantemente sobre qualquer parte do corpo social.

O Estado contemporâneo é o produto mais visível e notório da civilização. E é muito interessante, é significativo, precaver-se contra a atitude do homem-massa diante dele. Ele o vê, admira, sabe que *está aí*, assegurando sua vida; mas não tem consciência de que é uma criação humana inventada por certos homens e sustentada por certas virtudes e qualidades que ontem existiram nos homens e que se podem evaporar amanhã. Por outro lado, o homem-massa vê no Estado um poder anônimo – vulgo –, crê que o Estado é coisa sua. Imaginemos que aconteça qualquer dificuldade, conflito ou problema na vida pública de um país: o homem-massa tenderá a exigir que o Estado o assuma imediatamente, que se encarregue diretamente de resolvê-lo com seus meios gigantescos e incomparáveis.

Este é o maior perigo que hoje ameaça a civilização: a estatização da vida, o intervencionismo do Estado, a absorção de toda espontaneidade social pelo Estado; isto é, a anulação da espontaneidade histórica, que definitivamente sustenta, nutre e impulsiona os destinos humanos. Quando a massa se sente insatisfeita, ou simplesmente tem algum forte desejo, é para ela uma grande tentação essa possibilidade permanente e segura de conseguir tudo – sem esforço, luta, dúvida ou risco –, sem precisar fazer nada além de apertar a mola e ligar a portentosa máquina. A massa diz para si mesma: "O Estado sou eu", o que é um erro completo. O Estado só é a massa no sentido em que se pode dizer que dois homens são idênticos porque nenhum deles se chama João. O Estado contemporâneo e a massa só coincidem em ser anônimos. Mas acontece que o homem-massa pensa, de fato, que ele é o Estado, e tenderá cada vez mais a fazê-lo funcionar a qualquer pretexto, a esmagar com ele qualquer minoria criadora que o perturbe – que o perturbe em qualquer campo: na política, nas ideias, na indústria.

O resultado dessa tendência será fatal. A espontaneidade social será frequentemente violentada pela intervenção do Estado; nenhuma semente nova poderá frutificar. A sociedade terá que viver *para* o Estado; o homem, *para* a máquina do governo. E, como afinal não passa de uma máquina cuja existência e manutenção dependem da vitalidade circundante para sustentá-la, o Estado, depois de sugar o tutano da sociedade, acabará magro, esquelético, morrendo dessa morte ferrugenta da máquina, muito mais cadavérica que a do organismo vivo.

Este foi o triste destino da civilização antiga. Não há dúvida de que o Estado imperial criado pelos Júlios e pelos Cláudios foi uma máquina admirável, incomparavelmente superior, como artefato, ao velho Estado republicano das famílias patrícias. Mas, curiosa coincidência, tão logo chega ao pico do seu desenvolvimento, começa a decair o corpo social. Já nos tempos dos Antoninos (século II), o Estado pesa com uma supremacia antivital sobre a sociedade. Esta começa a ser escravizada, a não poder viver senão *a serviço do Estado.* Toda a vida se burocratiza. E o que acontece? A burocratização da vida determina sua míngua absoluta – em todos os campos. A riqueza diminui e as mulheres parem pouco. Então o Estado, para prover suas próprias necessidades, força ainda mais a burocratização da existência humana. Essa burocratização elevada à segunda potência é a militarização da sociedade. A necessidade mais urgente do Estado é seu aparato bélico, seu exército. O Estado é, antes de mais nada, produtor de segurança (a segurança de que nasce o homem-massa, não esqueçamos). Por isso é, antes de tudo, exército. Os Severos, de origem africana, militarizaram o mundo. Trabalho inútil! A miséria aumenta, as matrizes são cada vez menos fecundas. Até soldados faltam. Depois dos Severos, o exército tem que ser recrutado entre os estrangeiros.

Nota-se qual é o processo paradoxal e trágico do estatismo? A sociedade, para viver melhor, cria, como um utensílio, o Estado. A seguir, o Estado se sobrepõe, e a sociedade tem que começar a viver para o Estado[5]. Mas, apesar de tudo, o Estado ainda se compõe dos homens daquela sociedade. Dentro de pouco tempo estes não bastam para suster o Estado e é preciso chamar os estrangeiros: primeiro, dálmatas; depois, germanos. Os estrangeiros são donos do Estado, e o resto da sociedade, do povo inicial, tem que viver como escravos deles, de gente com a qual nada tem a ver. O intervencionismo do Estado leva a isso: o povo converte-se em carne e pasta que alimenta o mero artefato e máquina que é o Estado. O esqueleto come a carne de seus ossos. O andaime torna-se proprietário e inquilino da casa.

Quando se sabe dessas coisas, fica-se um pouco irritado ao ver Mussolini apregoar com uma petulância incrível, como uma prodigiosa descoberta ocorrida agora na Itália, a fórmula: *Tudo pelo Estado; nada fora do Estado; nada contra o Estado*. Bastaria isso para se descobrir no fascismo um típico movimento de homens-massa. Mussolini encontrou um Estado admiravelmente bem construído – não por ele, mas justamente pelas forças e ideias que ele combate: pela democracia liberal. Limita-se a usá-lo incontinentemente; e, mesmo sem poder julgar agora os detalhes de sua obra, é indiscutível que os resultados obtidos até o presente não se podem comparar aos conseguidos, na função política e ad-

---

5. Recordem-se das últimas palavras de Septimio Severo a seus filhos: *Permanecei unidos, pagai aos soldados e desprezai o resto.*

ministrativa, pelo Estado liberal. Se algo foi conseguido, é tão pequeno, tão pouco visível e nada substancial, que dificilmente compensa a acumulação anormal de poderes que lhe permitem usar aquela máquina de forma extrema.

O estatismo é a forma superior em que se transformam a violência e a ação direta constituídas em norma. Através do Estado, máquina anônima, as massas atuam por si mesmas.

As nações europeias têm diante de si uma etapa de grandes dificuldades em sua vida interna, problemas econômicos, jurídicos e de ordem pública extremamente árduos. Como é possível não se temer que sob o império das massas se encarregue o Estado de esmagar a independência do indivíduo, do grupo, e estreitar assim definitivamente o futuro?

Um exemplo concreto desse mecanismo encontra-se num dos fenômenos mais alarmantes destes últimos trinta anos: um enorme aumento em todos os países do contingente policial. O crescimento social obrigou indubitavelmente a isso. Por mais habitual que seja, não deve perder seu terrível paroxismo ante nosso espírito o fato de que a população de uma grande cidade atual, para caminhar pacificamente e tratar de seus negócios, necessite, inevitavelmente, de uma polícia que controle a circulação. Mas é uma ingenuidade das pessoas "ordeiras" pensar que essas "forças de ordem pública", criadas para a ordem, irão se contentar sempre em impor a ordem que aquelas querem. É inevitável que elas acabem por definir e decidir por elas mesmas a ordem que irão impor – e que será, naturalmente, a que lhes convier.

Já que tocamos nesse assunto, vamos aproveitar para falar sobre a reação diferente que algumas sociedades têm diante de uma mesma necessidade pública. Quando, por volta de 1800, a nova indústria começa a criar um tipo de homem – o operário industrial – mais criminoso que os tradicionais, a França se apressa a criar uma polícia numerosa.

Por volta de 1810 surge na Inglaterra, pelas mesmas causas, um aumento da criminalidade, e então os ingleses percebem que não têm polícia. Os conservadores estão no governo. Que farão eles? Criarão uma polícia? Nada disso. É preferível aguentar o crime, até onde for possível. "O povo se resigna a deixar um espaço para a desordem, considerando-o como preço da liberdade." "Em Paris" – escreve John William Ward – "há uma polícia admirável, mas suas vantagens têm um preço muito alto. Prefiro que a cada três ou quatro anos degole-se meia dúzia de homens em Ratcliffe e Road a me ver submetido a visitas domiciliares, à espionagem e a todas as maquinações de Fouché.[6]" São duas ideias distintas do Estado. O inglês quer que o Estado tenha limites.

---

6. Cf. Elie Halévy, *Histoire du peuple anglais au XIXe siècle*, 1912, vol. I, p. 40.

SEGUNDA PARTE
QUEM MANDA NO MUNDO?

CAPÍTULO XIV
QUEM MANDA NO MUNDO?

A civilização europeia – já repeti várias vezes – produziu automaticamente a rebelião das massas. No seu anverso, o fato da rebelião apresenta um aspecto ótimo; já o dissemos: a rebelião das massas é a mesma coisa que o crescimento fabuloso que a vida humana experimentou em nosso tempo. Mas o reverso do mesmo fenômeno é tremendo; vista desse ângulo, a rebelião das massas é a mesma coisa que a desmoralização radical da humanidade. Vejamos esta agora, de novos pontos de vista.

1

A substância ou índole de uma nova época histórica é resultante de variações internas – do homem e seu espírito – ou externas – formais e como se fossem mecânicas. Entre estas últimas, a mais importante, quase sem dúvida, é o deslocamento do poder. Mas este traz consigo um deslocamento do espírito.

Por isso, ao nos aproximarmos de um tempo com a intenção de compreendê-lo, uma de nossas primeiras perguntas deve ser esta: "Quem manda no mundo nesse tempo?". Poderá ocorrer que nesse tempo a humanidade esteja dispersada em vários lugares, sem comunicação entre si, que formam mundos interiores e independentes. No tempo de Milcíades, o mundo mediterrâneo ignorava a existência do mundo do extremo oriente. Em tais casos, teríamos que dirigir nossa pergunta "Quem manda no mundo?" a cada grupo de convivência. Mas desde o século XVI toda a humanidade entrou num gigantesco processo de unificação, que em nossos dias chegou a seu ponto insuperável. Já não há pedaço da humanidade que viva à parte – não há ilhas de humanidade. Portanto, desde aquele século pode-se dizer que quem manda no mundo exerce, de fato, sua influência autoritária sobre ele todo. Foi esse o papel do grupo homogêneo formado pelos povos europeus durante três séculos. A Europa mandava, e sob sua unidade de mando o mundo vivia com um estilo unitário, ou pelo menos progressivamente unificado.

Esse estilo de vida costuma denominar-se "Idade Moderna", nome nebuloso e inexpressivo sob o qual se esconde esta realidade: época da hegemonia europeia.

Por "mando" não se entenda aqui primordialmente exercício de poder material, de coação física. Porque aqui se aspira a evitar enganos, pelo menos os mais grosseiros e patentes. Pois bem: essa relação estável e normal entre homens que se chama "mando" *nunca repousa na força*, mas é justamente o inverso, porque é o fato de um homem ou um grupo de homens exercer o mando que põe à sua disposição esse aparato ou máquina social que se chama "força". Os casos em que à primeira vista a força parece ser o fundamento do mando revelam-se, após uma melhor análise, os melhores exemplos para confirmar aquela tese. Napoleão agrediu a Espanha, manteve essa agressão durante algum tempo, mas não mandou propriamente na Espanha um único dia. E isso porque tinha a força e precisamente porque só tinha a força. Convém que se faça uma distinção entre um fato ou processo de agressão e uma situação de mando. O mando é exercício normal da autoridade, o qual se fundamenta sempre na opinião pública – sempre, hoje ou há dez mil anos, entre os ingleses ou entre os botocudos. Jamais alguém mandou na Terra baseando seu mando essencialmente em outra coisa que não na opinião pública.

Ou, por acaso, alguém acha que a soberania da opinião pública foi uma invenção do advogado Danton em 1789, ou de São Tomás de Aquino no século XIII? A noção dessa soberania poderá ter sido descoberta em qualquer lugar, em qualquer data; mas o fato de que a opinião pública é a força radical que nas sociedades humanas produz o fenômeno de mandar é coisa tão antiga e perene como o próprio homem. Assim, na física de Newton a gravitação é a força que produz o movimento. E a lei da opinião pública é a gravitação universal da história política. Sem ela, nem a ciência histórica seria possível. Por isso Hume insinua com muita perspicácia que o tema da história consiste em demonstrar como a soberania da opinião pública, longe de ser uma aspiração utópica, é o que pesou sempre e a toda hora nas sociedades humanas. Pois até quem governar com os janízaros dependerá da opinião destes e da que os demais habitantes tenham deles.

A verdade é que não se manda com os janízaros. Assim, diz Talleyrand a Napoleão: "Com as baionetas, *Sir*, pode-se fazer tudo menos uma coisa: sentar-se sobre elas". E mandar não é o gesto de arrebatar o poder, mas o seu exercício tranquilo. Em resumo, mandar é sentar-se. Trono, cadeira curul, banco azul, poltrona ministerial, sede. Ao contrário do que supõe uma óptica inocente e folhetinesca, o mandar não é tanto uma questão de punhos como de nádegas. O Estado é, em definitivo, o Estado da opinião: uma situação de equilíbrio, de estática.

Acontece que às vezes a opinião pública não existe. Uma sociedade dividida em grupos discrepantes, cuja força de opinião fica reciprocamente anulada, não possibilita a constituição de um mando. E, como a Natureza tem horror ao vazio, esse espaço vazio que é formado pela ausência da opinião pública é preenchido pela força bruta. Portanto, esta aparece, no máximo, como substituta daquela.

Por isso, em se querendo expressar com toda precisão a lei da opinião pública como lei da gravitação histórica, deve-se levar em conta esses casos de ausência, e então se chega a uma fórmula que é o conhecido, venerável e verídico lugar-comum: não se pode mandar contra a opinião pública.

Isso nos leva a compreender que mando significa prepotência de uma opinião; portanto, de um espírito; de que mando não é, afinal, mais que poder espiritual. Os fatos históricos confirmam isso escrupulosamente. Todo mando primitivo tem um caráter "sacro", porque se fundamenta no religioso, e o religioso é a forma primeira sob a qual sempre aparece o que logo vai ser espírito, ideia, opinião; em suma, o imaterial e ultrafísico. Na Idade Média esse fenômeno é produzido em maior escala. O Estado ou Poder público primeiro que se forma na Europa é a Igreja – com seu caráter específico e já nominativo de "poder espiritual". Da Igreja o Poder público aprende que ele também não é, originariamente, mais do que poder espiritual, vigência de certas ideias, e se cria o *Sacro* Império Romano. Deste modo lutam dois poderes igualmente espirituais que, não se podendo diferenciar quanto à substância – ambos são espírito –, chegam ao acordo de que cada um se instale num modo do tempo: o temporal e o eterno. Poder temporal e poder religioso são identicamente espirituais; mas um é espírito do tempo – opinião pública intramundana e cambiante –, enquanto o outro é espírito de eternidade – a opinião de Deus, a que Deus tem sobre o homem e seus destinos.

Portanto, é a mesma coisa dizer: em tal data manda tal homem, tal povo ou tal grupo homogêneo de povos, e dizer: em tal data predomina no mundo tal sistema de opiniões – ideias, preferências, aspirações, propósitos.

Como se deve entender esse predomínio? A maior parte dos homens não tem opinião, e é preciso que esta venha de fora sob pressão, como o lubrificante entra nas máquinas. Por isso é preciso que o espírito – seja qual for – tenha poder e o exerça, para que as pessoas que não opinam – e são a maioria – opinem. Sem opiniões, a convivência humana seria o caos; menos ainda: o nada histórico. Sem opiniões, a vida do homem careceria de arquitetura, de organicidade. Por isso, sem um poder espiritual, *sem alguém que mande*, e na medida em que isso faltar, reinará o caos na humanidade. E, igualmente, *todo deslocamento* de poder, toda mudança de imperantes, é ao mesmo tempo uma mudança de opiniões e, consequentemente, nada menos que uma mudança de gravitação histórica.

Voltemos agora ao começo. Durante vários séculos a Europa, um conglomerado de povos com espírito comum, mandou no mundo. Na Idade Média ninguém mandava no mundo temporal. Foi o que aconteceu em todas as idades médias da história. Por isso sempre representam um relativo caos e uma relativa barbárie, um déficit de opinião. São tempos em que se ama, se odeia, se anseia, se rejeita, e tudo isso em grande escala. Mas, em compensação, opina-se pouco. Em tempos assim não faltam delícias. Mas nos grandes tempos é da opinião que vive a humanidade e por isso há ordem. Do outro lado da Idade Média encontra-se novamente uma época em que, como na Moderna, alguém manda, se bem que numa parte demarcada do mundo: Roma, a grande mandona. Ela pôs ordem no Mediterrâneo e arredores.

Nestes dias de pós-guerra já se começa a dizer que a Europa não manda mais no mundo. Percebe-se toda a gravidade deste diagnóstico? Com ele se anuncia um deslocamento de poder. Até onde vai? Quem vai suceder a Europa no mando do mundo? Mas temos certeza de que alguém vai sucedê-la? E, se não fosse ninguém, o que aconteceria?

2

A verdade é que no mundo se passa a todo instante, e portanto agora, uma infinidade de coisas. Por isso, a pretensão de se dizer o que se passa agora no mundo deve ser entendida como ironia de si mesma. Mas, pelo mesmo motivo pelo qual é impossível conhecer diretamente a plenitude do real, não temos outro remédio senão construir arbitrariamente uma realidade, supor que as coisas são de uma certa maneira. Isso nos proporciona um esquema, isto é, um conceito ou enredo de conceitos. Com ele, como através de uma quadrícula, olhamos a seguir a realidade efetiva e então, só então, conseguimos uma visão aproximada dela. Nisso consiste o método científico. E ainda: nisso consiste todo o uso do intelecto. Quando, vendo nosso amigo na vereda do jardim, dizemos "Esse é Pedro", cometemos deliberadamente, ironicamente, um erro. Porque para nós Pedro significa um conjunto esquematizado de modos de comportamentos físicos e morais – o que chamamos de "caráter" –, e a verdade pura é que nosso amigo Pedro, às vezes, não se parece quase nada com a ideia "nosso amigo Pedro".

Todo conceito, tanto o mais vulgar como o mais técnico, está montado em sua própria ironia, nos dentes de um sorriso de martim-pescador, como o geométrico diamante está montado nas garras de ouro de seu engaste. Ele diz muito seriamente: "Esta coisa é A, e esta outra é B". Mas sua seriedade é a mesma de um *pince-sans-rire*. É a seriedade instável de quem engoliu uma carcaça e tem que apertar bem os lábios para não vomitar. Ele sabe muito bem que nem esta coisa é A, assim, de maneira absoluta, nem a outra é B, assim, sem reservas. O que o conceito pensa a rigor é uma coisa um pouco diferente do que diz, e é nessa duplicidade que consiste a ironia. O que pensa verdadeiramente é isto: eu sei que, falando com todo rigor, esta coisa não é A nem aquela é B; mas, admitindo que são A e B, eu me entendo comigo mesmo para os fins de meu comportamento vital diante de uma coisa e da outra.

Esta teoria do conhecimento da razão teria irritado um grego. Porque o grego acreditou ter descoberto na razão, no conceito, a própria realidade. Nós, de outra forma, acreditamos que a razão, o conceito, é um instrumento doméstico do homem, que ele necessita e usa para esclarecer sua situação no meio da infinita e ultraproblemática realidade que é a sua vida. Vida é luta com as coisas para se sustentar no meio delas. Os conceitos são o plano estratégico que fazemos para responder a seu ataque. Por isso, se bem examinado, no fundo de suas entranhas, o conceito não nos diz nada da coisa mesma, mas resume o que um homem pode fazer com essa coisa ou padecer com ela. Esta opinião taxativa, segundo a qual o conteúdo de todo conceito é sempre vital, é sempre ação possível, ou padecimento possível de um homem, não foi até agora, que eu saiba, sustentada por ninguém; mas é, na minha opinião, o término indefectível do processo filosófico que se inicia com Kant. Por isso, se revisarmos à sua luz todo o passado da filosofia até Kant, parecerá que *no fundo* todos os filósofos disseram a mesma coisa. Pois bem, qualquer descoberta filosófica não é mais que uma descoberta e um trazer à superfície o que estava no fundo.

Mas semelhante introito é desmesurado para o que vou dizer, tão alheio a problemas filosóficos. Eu ia simplesmente dizer que o que está acontecendo agora no mundo – entenda-se, o histórico – é exclusivamente isto: durante três séculos a Europa mandou no mundo e agora a Europa não está segura de mandar nem de continuar mandando. Reduzir a uma fórmula tão simples a infinidade de coisas que integram a realidade histórica atual é, sem dúvida e na melhor das hipóteses, um exagero, e por isso eu precisava lembrar que pensar é, queira-se ou não, exagerar. Quem prefere não exagerar tem que se calar; mais ainda: tem que paralisar seu intelecto e encontrar um modo de se imbecilizar.

Creio, de fato, que é isso o que está acontecendo verdadeiramente no mundo, e que todo o resto é consequência, condição, sintoma ou anedota disso.

Eu não disse que a Europa deixou de mandar mas, estritamente, que nestes anos a Europa tem grandes dúvidas sobre se manda ou não, sobre se mandará amanhã. Isso se reflete nos demais povos da Terra em um estado de espírito congruente: duvidam se agora são mandados por alguém. Tampouco estão seguros disso.

Nestes anos tem-se falado muito da decadência da Europa. Suplico fervorosamente que não se continue cometendo a ingenuidade de se pensar em Spengler simplesmente porque se fala da decadência da Europa e do Ocidente. Antes de seu livro ser lançado, todo mundo já falava disso, e o êxito de seu livro deveu-se, naturalmente, ao fato de que tal suspeita ou preocupação já existia em todas as cabeças, com os sentidos e pelas razões mais heterogêneas.

Falou-se tanto da decadência europeia, que muitos chegaram a considerá-la um fato consumado. Não porque acreditem seriamente ou por acharem que é um fato evidente, mas porque se habituaram a dá-lo por certo, embora não se lembrem sinceramente de se terem convencido decididamente disso em nenhuma data determinada. O livro mais recente de Waldo Frank, *Redescubrimiento de América*, apoia-se inteiramente na suposição de que a Europa agoniza. No entanto, Frank não analisa, nem discute, nem toma conhecimento do fato tão importante que vai lhe servir de formidável premissa. Sem qualquer averiguação, parte dele como se fosse algo indiscutível. E essa ingenuidade de partida já é suficiente para que eu pense que Frank não está convencido da decadência da Europa; longe disso, nem sequer se questionou sobre o assunto. Ele o tomou como se toma um bonde. Os lugares-comuns são os bondes do transporte intelectual.

E, como ele, também o fazem muitas pessoas. E principalmente os povos, os povos inteiros.

É uma paisagem de puerilidade exemplar a que o mundo apresenta agora. Na escola, quando alguém fala que o professor foi embora, a turba infantil se agita e perde a disciplina. Cada um sente o prazer de se livrar da pressão que a presença do professor impunha, de se furtar ao jugo das normas, de virar tudo de pernas para o ar, de se sentir dono do próprio destino. Mas, como eliminada a norma que fixava as ocupações e as tarefas a turba infantil não tem uma tarefa própria, uma ocupação formal, uma tarefa com sentido, continuidade e trajetória, acontece que não pode executar mais que uma coisa: cambalhotas.

É deplorável e frívolo o espetáculo que os povos menores oferecem. Uma vez que, segundo se diz, a Europa decaiu e, portanto, deixou de mandar, cada nação e cada naçãozinha brinca, gesticula, põe-se de cabeça para baixo ou se endireita e se empertiga, tomando ares de pessoa adulta que rege seu próprio destino. Esse é o panorama vibriônico de "nacionalismos" que se nos oferece por toda parte.

Nos capítulos anteriores tentei adotar um novo tipo de homem que hoje predomina no mundo: chamei-o de homem-massa, e ressaltei que sua principal característica consiste em que, sentindo-se vulgar, proclama o direito à vulgaridade e nega-se a reconhecer instâncias superiores a ele. É natural que, se esse modo de ser predomina dentro de cada povo, o fenômeno também se produza quando olhamos o conjunto das nações.

Também há, relativamente, povos-massa decididos a rebelar-se contra os grandes povos criadores, minoria de estirpes humanas que organizaram a história. É verdadeiramente cômico ver como essa ou aquela republiquetazinha, de seu rincão perdido no mundo, fica na ponta dos pés, repreende a Europa e anuncia sua exoneração da história universal.

O que está acontecendo? A Europa tinha criado um sistema de normas cuja eficácia e fertilidade foram comprovadas pelos séculos. Essas normas não são, de maneira alguma, as melhores possíveis. Mas são, sem dúvida, definitivas enquanto não existam ou se vislumbrem outras. Para superá-las é indispensável parir outras. Agora, os povos-massa resolveram que aquele sistema de normas que é a civilização europeia caducou, mas, como são incapazes de criar outro, não sabem o que fazer, e para preencher o tempo ficam dando cambalhotas.

Esta é a primeira consequência que sobrevém quando alguém deixa de mandar no mundo: os demais, ao se rebelarem, ficam sem ter o que fazer, sem programa de vida.

3

Um cigano foi se confessar, mas o padre, por precaução, começou por perguntar se ele sabia os dez mandamentos da lei de Deus. E o cigano respondeu: *"Bem, padre: eu ia aprender, mas ouvi um zum-zum-zum de que eles iam cair"*.

A situação presente do mundo não é esta mesmo? Há um rumor de que os mandamentos europeus já não valem mais e, em vista disso, as pessoas – homens e povos – aproveitam a ocasião para viver sem imperativos. Porque só existiam os europeus. Não é que – como já aconteceu outras vezes – uma germinação de novas normas destrone as antigas e um fervor novo absorva em seu fogo jovem os velhos entusiasmos de temperatura minguante. Isto seria o normal.

Mais que isso: o velho fica velho não pela própria senectude, mas porque já existe um princípio novo, que só por ser novo tem uma vantagem imediata sobre o preexistente. Se não tivéssemos filhos, não seríamos velhos ou demoraríamos muito mais para sê-lo. O mesmo se passa com os artefatos. Um automóvel de dez anos atrás parece mais velho que uma locomotiva de vinte, simplesmente porque as invenções da técnica automobilística se sucederam com maior rapidez. Esta decadência que tem origem no aparecimento de novas gerações é um sintoma de saúde.

Mas o que acontece agora na Europa é algo insalubre e estranho. Os mandamentos europeus perderam sua vigência sem que se vislumbrem outros no horizonte. A Europa – diz-se – deixa de mandar, e não se sabe quem possa substituí-la. Por Europa entende-se, em primeiro lugar e propriamente, a trindade França, Inglaterra, Alemanha. Na região do globo que elas ocupam amadureceu o módulo de existência humana segundo o qual foi organizado o mundo. Se, como agora se diz, esses três povos de decadência e seu programa de vida perderam a validade, não é de se estranhar que o mundo se desmoralize.

E essa é a pura verdade. Todo o mundo – nações, indivíduos – está desmoralizado. Durante algum tempo essa desmoralização diverte e até cria algumas vagas ilusões. Os inferiores pensam que lhes tiraram um peso de cima. Os decálogos conservam seu caráter de peso do tempo em que eram inscritos na pedra ou no bronze. A etimologia de mandar é carregar, pôr algo nas mãos de alguém. O que manda é, sem escapatória, o pesado. Os inferiores de todo o mundo já estão fartos de estar carregados e encarregados, e aproveitam com ar festivo esse tempo afastado de gravames imperativos. Mas a festa dura pouco. Sem mandamentos que nos obriguem a viver de certo modo, nossa vida transforma-se em pura disponibilidade. É a situação horrível em que já se encontram as melhores juventudes do mundo. De tanto se sentirem livres, isentas de travas, acabam por sentir-se vazias. Uma vida em disponibilidade é maior negação de si mesma que a morte. Porque viver é ter que fazer alguma coisa determinada – é cumprir um encargo –, e na medida em que nos esquivamos de pôr nossa vida a serviço de alguma coisa esvaziamos nossa existência. Dentro de pouco tempo se ouvirá um grito formidável que se elevará do planeta, como uivos de inumeráveis cães, até as estrelas, pedindo alguém e algo que mande, que imponha uma tarefa ou obrigação.

Que isto sirva de advertência para aqueles que, com uma inconsciência infantil, propalam que a Europa já não manda. Mandar é dar tarefas às pessoas, pô-las na rota de seu destino, nos eixos; impedir sua extravagância, que costuma ser vacância, vida vazia, desolação.

Não teria importância que a Europa deixasse de mandar, se houvesse alguém capaz de substituí-la. Mas não há nem sombra disso. Nova York e Moscou não são nada de novo em relação à Europa. Tanto uma como outra são duas parcelas do mandamento europeu que, ao se dissociarem do resto, perderam o sentido. A rigor, dá uma certa preocupação falar-se de Nova York e de Moscou. Porque não se sabe exatamente o que são: só se sabe que ainda não foram ditas palavras decisivas sobre nenhuma delas. Mas, mesmo sem saber plenamente o que são, já se vê o suficiente para se perceber seu caráter geral. De fato, ambas são exemplos perfeitos do que já tenho chamado algumas vezes de "fenômenos de *camuflagem* histórica". A *camuflagem* é por essência uma realidade que não é o que parece. Seu aspecto, em vez de declarar sua substância, a oculta. Mas isso engana a maior parte das pessoas. Só pode se livrar do equívoco produzido pela *camuflagem* quem saiba de antemão, e em geral, que a *camuflagem* existe. O mesmo acontece com a miragem. O conceito corrige os olhos.

Em qualquer fato de *camuflagem* histórica há duas realidades que se sobrepõem: uma, profunda, efetiva, substancial; outra, aparente, acidental e de superfície. Assim, em Moscou há uma película de ideias europeias – o marxismo – pensadas na Europa em vista de realidades e problemas europeus. Debaixo dela há um povo, não só distinto como matéria étnica do europeu, mas – o que é muito mais importante – de uma idade diferente da nossa. Um povo ainda em crescimento; isto é, juvenil. O marxismo ter triunfado na Rússia – onde não há indústria – seria a maior contradição que poderia acontecer com ele. Mas não há tal contradição, porque não há tal triunfo. A Rússia é marxista mais ou menos da mesma forma como os tudescos do Sacro Império *Romano* eram romanos. Os povos novos não têm ideias. Quando crescem num âmbito onde existe ou acaba de existir uma velha cultura, incorporam-se à ideia que esta lhes oferece. Aqui está a *camuflagem* e sua razão. Como já salientei outras vezes, há dois grandes tipos de evolução para um povo. Há o povo que nasce num "mundo" vazio de qualquer civilização. Exemplo: o egípcio e o chinês. Num povo assim, tudo é autóctone, e seus gestos têm um sentido claro e direto. Mas há outros povos que germinam e se desenvolvem num âmbito já ocupado por uma cultura de antiga história. É o caso de Roma, que cresce em pleno Mediterrâneo, cujas águas estavam impregnadas de civilização greco-oriental. Este é o motivo pelo qual metade dos gestos romanos não eram seus, mas aprendidos. E o gesto aprendido, recebido, é sempre duplo, e seu verdadeiro significado não é direto, mas oblíquo. Aquele que executa um gesto aprendido – por exemplo, uma palavra do outro idioma – faz por debaixo dele seu gesto autêntico; por exemplo, traduz para seu próprio idioma a palavra estrangeira. Daí, para se entenderem as *camuflagens* também é necessário um olhar oblíquo: o de quem traduz um texto com o dicionário do lado. Espero que ainda apareça um livro no qual o marxismo de Stalin seja traduzido para a história da Rússia. Porque este, o que tem de russo, é o que tem de forte, e não o que tem de comunista. Sabe-se lá o que será! A única coisa de que se pode ter certeza é que a Rússia ainda precisa de alguns séculos para *optar pelo mundo*. Porque ainda carece de mandamentos, precisou fingir uma adesão ao princípio europeu de Marx. Como ainda é muito jovem, satisfaz-se com essa ficção. O jovem não precisa de razões para viver; só necessita de pretextos.

Coisa muito semelhante acontece com Nova York. Também é um erro se atribuir sua força atual aos mandamentos que a norteiam. Em última análise, reduzem-se a este: a técnica. Que coincidência! Outra invenção europeia na América. A técnica é inventada pela Europa nos séculos XVIII e XIX. Que coincidência! Os séculos em que nascem os Estados Unidos. E querem dizer-nos que a essência dos Estados Unidos é sua concepção pragmática e técnica da vida; e falam sério! Os Estados Unidos são, como sempre são as colônias, uma reapresentação ou rejuvenescimento de raças antigas, sobretudo da Europa. Por razões distintas da Rússia, os Estados Unidos também significam um caso dessa específica realidade histórica que chamamos de "povo novo". Pensa-se que isso é apenas uma frase, quando é uma coisa tão efetiva como a juventude de um homem. Os Estados Unidos são fortes por sua juventude, que se colocou a serviço do mandamento contemporâneo "Técnica", como poderia ter se colocado a serviço do budismo se este fosse a ordem do dia. Mas, com isso, os Estados Unidos não fazem mais que começar sua história. Agora começaram suas angústias, suas dissensões, seus conflitos. Ainda têm que ser muitas coisas; entre elas, algumas das mais opostas à técnica e ao pragmatismo. Os Estados Unidos têm menos anos que a Rússia. Eu, com medo de exagerar, sempre sustentei que era um povo primitivo *camuflado* pelos últimos inventos[1]. Agora Waldo Frank, em seu *Redescubrimiento de América*, o declara abertamente. A América ainda não sofreu; é ilusório pensar-se que possa possuir as virtudes do mando.

Quem acredita na consequência pessimista de que ninguém vai mandar e que, portanto, o mundo histórico voltará ao caos, deve voltar ao ponto de partida e se perguntar seriamente: É tão certo como se diz que a Europa esteja em decadência e renuncie ao mando, abdique? Não será esta aparente decadência a crise benfazeja que permitirá à Europa ser literalmente Europa? A evidente decadência das *nações* europeias não seria necessária *a priori* para que um dia pudesse ser possível a existência dos Estados Unidos da Europa, a pluralidade europeia substituída pela sua unidade formal?

4

A função de mandar e obedecer é a decisiva em toda sociedade. Sempre que a questão de quem manda e quem obedece não estiver bem definida, tudo o mais funcionará de maneira deficiente e lenta. Até a mais profunda intimidade de cada indivíduo, salvo geniais exceções, ficará perturbada e falsificada. Se o homem fosse um ser solitário e estivesse convivendo com os outros apenas por acidente, talvez permanecesse imune a tais repercussões, originárias dos deslocamentos e crises do imperar, do Poder. Mas, como é social na sua textura mais elementar, fica transtornado em sua índole privada pelas mudanças que, a rigor, só afetam imedia-

---

1. Cf. o ensaio "Hegel y América", em *El Espectador*, vol. VII, 1930 (vol. II de *Obras completas*).

tamente a coletividade. Portanto, caso se tome um indivíduo isolado para ser analisado, é necessário que, de início, se reúnam os dados necessários para se saber como anda em seu país a consciência de mando e de obediência.

Seria interessante, e até mesmo útil, submeter a este exame o caráter individual do espanhol médio. No entanto, essa operação seria penosa e, ainda que útil, deprimente; por isso a descarto. Mas mostraria a grande dose de desmoralização íntima, de aviltamento, que produz no homem médio de nosso país o fato de a Espanha ser uma nação que vive, há séculos, com a consciência pesada no que se refere à questão de mando e obediência. O envilecimento outra coisa não é senão a aceitação de uma irregularidade, como estado habitual e constituído, de algo que, embora se aceite, continua parecendo indevido. Como não é possível converter em normalidade sadia o que é criminoso e anormal em sua essência, o indivíduo opta por se adaptar, tornando-se completamente incorporado ao crime ou à ilegalidade que arrasta. É um mecanismo parecido com o adágio popular que diz: "Uma mentira gera outras". Todas as nações atravessaram períodos em que aspirou a mandar nelas alguém que não devia mandar; mas um forte instinto fez com que concentrassem suas energias no ponto necessário para eliminar aquela pretensão irregular de mando. Rechaçaram a irregularidade transitória e assim reconstituíram sua moral pública. Mas os espanhóis fizeram o contrário: em vez de se oporem a serem mandados por quem era rechaçado por sua íntima consciência, preferiram falsificar todo o resto de seu ser para acomodá-lo àquela fraude inicial. Enquanto isso persistir em nosso país, é inútil esperar qualquer coisa dos homens da nossa raça. Uma sociedade cujo Estado, cujo império ou mando, é constitutivamente fraudulento não pode ter vigor elástico para a difícil tarefa de se sustentar na história com o desejável decoro.

Portanto, não é estranho que tenha bastado uma ligeira dúvida, uma simples vacilação sobre quem manda no mundo, para que todo o mundo – na sua vida pública e na sua vida privada – tenha começado a se desmoralizar.

A vida humana, por sua própria natureza, tem que estar dedicada a algo, a uma empresa gloriosa ou humilde, a um destino ilustre ou trivial. Trata-se de uma condição estranha, mas inexorável, inscrita em nossa existência. Por um lado, viver é algo que cada qual faz por si e para si. Por outro lado, se essa minha vida, que só importa a mim, não é dedicada a algo por mim, caminhará desvencilhada, sem tensão e sem "forma". Nestes anos assistimos ao gigantesco espetáculo de inumeráveis vidas humanas que seguem perdidas no labirinto de si mesmas por não terem a que se dedicar. Todos os imperativos, todas as ordens ficaram em suspenso. Parece que essa situação deveria ser a ideal, pois cada vida fica em absoluta liberdade para fazer o que lhe dê vontade, para dispor de si mesma. O mesmo acontece com cada povo. A Europa afrouxou sua pressão sobre o mundo. Mas o resultado foi o contrário do que se podia esperar. Entregue a si mesma, cada vida fica sem si mesma, vazia, sem ter o que fazer. Como tem que ser preenchida com alguma coisa, dedica-se a ocupações falsas, que não impõem nada de íntimo, de sincero. Hoje é uma coisa; amanhã é outra, oposta à primeira. Fica perdida ao se encontrar só consigo mesma. O egoísmo é labiríntico. Compreende-se. Viver é ir disparado em direção a algo, é caminhar em direção a uma meta. A meta não é meu caminhar, não é minha vida; é algo em que coloco esta última e que, portanto, está fora dela, mais além. Se me resolvo a andar só por dentro da minha vida, egoisticamente, não avanço, não vou a nenhum lugar; dou voltas e mais voltas no mesmo lugar. Isto é o labirinto, um caminho que não leva a nada, que se perde em si mesmo, pelo fato de não fazer nada além de caminhar dentro de si mesmo.

Depois da guerra, o europeu fechou-se em seu interior, ficou sem objetivo para si e para os demais. Por isso, historicamente, estamos como há dez anos.

Não se manda gratuitamente. O mando consiste numa pressão que se exerce sobre os demais. Mas não consiste só nisso. Se fosse só isso, seria violência. Não se deve esquecer de que mandar tem duplo efeito. Manda-se em alguém, mas manda-se que faça algo. E o que se manda que faça é, no final, que participe de uma empresa, de um grande destino histórico. Por isso não há império sem programa de vida, precisamente sem um plano de vida imperial. Como diz o verso de Schiller: *Quando os reis constroem, têm que fazer as estradas.*

Não se deve, portanto, abraçar a opinião trivial que acredita ver na atuação dos grandes povos – como na dos homens – uma inspiração puramente egoísta. Não é tão fácil como se acredita ser puro egoísta, e ninguém que o tenha sido jamais conseguiu triunfar. O egoísmo aparente dos grandes povos e dos grandes homens é a dureza inevitável com que tem que se comportar quem colocou sua vida numa empresa. Quando vamos fazer alguma coisa de verdade e nos entregamos a um projeto, não se pode esperar que estejamos disponíveis para atender aos transeuntes e que nos dediquemos a pequenos altruísmos fortuitos. Uma das coisas que mais encantam os viajantes quando chegam à Espanha é que, quando perguntam a alguém na rua onde fica uma praça ou um edifício, frequentemente esse alguém se desvia do caminho por onde ia e generosamente se sacrifica pelo estranho, conduzindo-o até o lugar que lhe interessa. Não nego que possa haver nessa índole do bom celtibero algum aspecto de generosidade, e agrada-me que o estrangeiro interprete assim sua conduta. Mas, ao ouvi-lo ou ao lê-lo, nunca pude reprimir este receio: será que o compatriota indagado ia de verdade para algum lugar? Pois poderia muito bem acontecer, em muitos casos, que o espanhol não fosse a lugar algum, não tivesse projeto nem missão, mas simplesmente saísse para a vida para ver se a dos outros preenchia um pouco a sua. Segundo me consta, em muitos casos meus compatriotas saem às ruas para ver se encontram algum forasteiro para acompanhar.

É muito grave que essa dúvida sobre o mando do mundo, exercido até agora pela Europa, tenha desmoralizado o resto dos povos, salvo aqueles que por sua juventude ainda estão em sua pré-história. Mas é muito mais grave que este *piétinement sur place* chegue a desmoralizar completamente o próprio europeu. Não penso assim porque eu seja europeu ou coisa parecida. Não é que eu ache que se não for o europeu a mandar no futuro próximo não me interessa a vida do mundo. Não me importaria nada que o mando europeu cessasse, se existisse hoje outro grupo de povos capaz de substituí-lo no Poder e na direção do planeta. Mas nem sequer isso eu pediria. Aceitaria que ninguém mandasse, se isso não acarretasse a evaporação de todas as virtudes e dotes do homem europeu.

Pois bem: essa última condição é impossível. Se o europeu se habituar a não mandar, bastará uma geração e meia para que o velho continente, e atrás dele todo o mundo, caia na inércia moral, na esterilidade intelectual e na barbárie total. Só a ilusão do império e a disciplina de responsabilidade que ela inspira podem manter em tensão as almas do Ocidente. A ciência, a arte, a técnica e todo o resto vivem da atmosfera tonificante que a consciência de mando cria. Se esta faltar, o europeu irá se envilecendo. As mentes já não terão em si mesmas essa fé radical que as lança enérgicas, audazes e tenazes na captura de grandes ideias, novas em todos os aspectos. O europeu se tornará definitivamente cotidiano. Incapaz de esforço criador e exuberante, recairá sempre no ontem, no hábito, na rotina. Tornar-se-á uma criatura grosseira, formulista, vazia, como os gregos da decadência e como os de toda a história bizantina.

A vida criadora exige um regime de alto nível de higiene, de grande decoro, de constantes estímulos, que excitam a consciência da dignidade. A vida criadora é vida enérgica, e esta só é possível numa destas duas situações: ou quando se é o que manda ou quando se está num mundo onde aquele que manda é reconhecido por nós como tendo pleno direito para o exercício de tal função; ou mando ou obedeço. Mas obedecer não é aguentar – aguentar é se envilecer –, mas, ao contrário, é estimar o que manda e segui-lo, solidarizando-se com ele, colocando-se com fervor sob o tremular de sua bandeira.

5

É interessante retrocedermos, agora, ao ponto de partida destes artigos: ao fato tão curioso de, nestes anos, todo mundo falar tanto sobre a decadência da Europa. Já surpreende o detalhe de que essa decadência não tenha sido notada em primeiro lugar pelos estrangeiros, mas que sua descoberta se deva aos próprios europeus. Quando ninguém pensava nisso fora do Velho Continente, ocorreu a alguns homens da Alemanha, da Inglaterra, da França, esta ideia sugestiva: Será que estamos começando a decair? A ideia teve boa acolhida do público, e hoje todo mundo fala da decadência europeia como de uma realidade concluída.

Mas detenha com um aceno quem enuncia essa ideia e pergunte-lhe em que fenômenos concretos e evidentes se fundamenta seu diagnóstico. Verá, então, que ele fará gestos imprecisos e executará aqueles movimentos de braços agitados dirigidos à totalidade do universo, característicos de todos os náufragos. Não saberá, de fato, a que se agarrar. A única coisa que aparece, sem grande exatidão, quando se quer definir a atual decadência europeia, é o conjunto de dificuldades econômicas que cada nação europeia enfrenta hoje. Mas, quando se procura tornar um pouco mais claro o caráter dessas dificuldades, nota-se que nenhuma delas afeta seriamente o poder de criação de riqueza, e que o Velho Continente já passou por crises deste tipo muito mais graves.

Será que, por acaso, os alemães e os ingleses hoje não se sentem capazes de produzir mais e melhor que nunca? De modo algum, e é muito importante analisar-se o estado de espírito do alemão e do inglês de hoje quanto a esse aspecto econômico. Pois o curioso é justamente que a indiscutível depressão de seu ânimo não se deve ao fato de se sentirem pouco capazes mas, ao contrário, ao fato de se sentirem com mais potencialidade do que nunca e de esbarrarem em certas barreiras fatais que os impedem de realizar o que muito bem poderiam. Essas fronteiras fatais da atual economia alemã, inglesa, francesa, são as fronteiras políticas de seus respectivos Estados. Portanto, a dificuldade autêntica não se origina neste ou naquele problema econômico existente, mas na forma de vida pública onde essas capacidades econômicas se desenvolvem, que é incompatível com o tamanho destas. A meu ver, essa sensação de depreciação, de impotência que nestes anos afeta inegavelmente a vitalidade europeia, nasce dessa desproporção entre o tamanho da atual potencialidade europeia e o formato da organização política em que tem que atuar. A capacidade e a disposição para se resolverem os grandes problemas urgentes são tão vigorosas como sempre foram; mas tropeçam nas reduzidas jaulas em que se encontram, nas pequenas nações em que a Europa viveu organizada até agora. O pessimismo, o desânimo que pesa hoje sobre a alma continental é muito parecido com o da ave de grandes asas que, ao tentar batê-las, fere-se nas grades de sua gaiola.

A prova disso é que a combinação se repete em todos os outros campos, cujos fatores são aparentemente tão diferentes daqueles da esfera econômica. Por exemplo, na vida intelectual. Todo bom intelectual da Alemanha, da Inglaterra ou da França hoje se sente sufocado nos limites de sua nação, sente sua nacionalidade como uma limitação absoluta. O professor alemão já percebe claramente que é absurdo o estilo de produção a que é obrigado por seu público imediato de professores alemães, e sente falta da maior liberdade de expressão de que gozam o escritor francês ou o ensaísta britânico. E vice-versa, o homem de letras parisiense começa a compreender que a tradição de mandarinismo literário, de formalismo verbal a que está condenado por sua origem francesa já se esgotou, e preferiria, conservando as melhores qualidades dessa tradição, integrá-la com algumas virtudes do professor alemão.

Na esfera da política interior acontece o mesmo. Ainda não se analisou a fundo a estranha questão de por que a vida política de todas as grandes nações se encontra tão em agonia. Diz-se que as instituições democráticas perderam o prestígio. Mas isso é justamente o que conviria ser explicado. Porque é um desprestígio estranho. Em todas as partes se fala mal do Parlamento, mas não se vê em nenhum lugar uma tentativa para substituí-lo, nem sequer existem perfis utópicos de outras formas de Estado que, mesmo idealmente, pareçam preferíveis. Assim, não se deve acreditar muito na autenticidade desse aparente desprestígio. Não são as instituições, como instrumentos de vida pública, que andam mal na Europa, mas as tarefas em que estão sendo empregadas. Faltam programas de tamanho compatível com as efetivas dimensões que a vida atingiu dentro de cada indivíduo europeu.

Aqui existe um erro de óptica que convém ser corrigido de uma vez, porque dá até desgosto ouvirem-se as inépcias que são ditas a toda hora, por exemplo, sobre o Parlamento. Há toda uma série de objeções válidas quanto ao modo de se conduzir os Parlamentos tradicionais; mas, se examinadas uma a uma, nenhuma delas permite que se chegue à conclusão de que se deva suprimir o Parlamento, mas, ao contrário, todas indicam de modo direto e evidente a necessidade de reformá-lo. Pois bem: o melhor que humanamente pode ser dito de alguma coisa é que precisa ser reformada, porque isso indica que ela é imprescindível e que é capaz de uma nova vida. O automóvel atual surgiu das objeções que foram feitas ao automóvel de 1910. Mas a desestima vulgar em que o Parlamento caiu não é proveniente dessas objeções. Diz-se, por exemplo, que não é eficaz. Então, devemos perguntar: Não é eficaz para quê? Porque a eficácia é a qualidade de um instrumento para produzir uma finalidade. Neste caso a finalidade seria a solução dos problemas públicos de cada nação. Por isso exigimos, de quem proclama a ineficácia dos Parlamentos, que possua uma ideia clara de qual é a solução dos problemas públicos atuais. Porque, se ele não a possui, se em nenhum país hoje está claro, nem mesmo teoricamente, em que consiste o que deve ser feito, não tem sentido acusarem-se os instrumentos institucionais de ineficácia. Seria mais válido recordar-se que jamais na história instituição alguma criou Estados mais formidáveis, mais eficientes que os Estados parlamentares do século XIX. O fato é tão indiscutível, que ignorá-lo é uma demonstração de imbecilidade. Não se confunda, pois, a possibilidade e a urgência de se reformarem profundamente as Assembleias Legislativas para torná-las "ainda mais" eficazes, com a declaração de sua inutilidade.

O desprestígio dos Parlamentos não tem nada a ver com seus defeitos notórios. Procede de outra causa, completamente alheia a eles como instrumentos políticos. Procede do fato de que o europeu não sabe em que empregá-los, de que não aprecia as finalidades da vida pública tradicional; em suma, de que não sente simpatia pelos Estados nacionais em que está inscrito como prisioneiro. Olhando-se com um pouco de cuidado esse famoso desprestígio, o que se vê é que o cidadão, na maior parte dos países, não tem respeito por seu Estado. Seria inútil substituir-se o detalhe de suas instituições, porque não são elas que são respeitadas, mas o próprio Estado, que se tornou pequeno.

Pela primeira vez o europeu, ao ver seus projetos econômicos, políticos, intelectuais tropeçarem com os limites de sua nação, sente que aqueles – isto é, suas possibilidades de vida, seu estilo vital – são incompatíveis com o tamanho do corpo coletivo em que estão encerrados. E descobre então que ser inglês, alemão ou francês é ser provinciano. Defronta-se, pois, com o que é "menos" que antes, porque antes o inglês, o francês e o alemão acreditavam, cada qual por si, que eram o universo. Esta é, na minha opinião, a origem autêntica dessa impressão de decadência que acomete o europeu. Portanto, uma origem puramente íntima e paradoxal, já que a suposição de ter diminuído nasce precisamente do fato de sua capacidade, por ter crescido, tropeçar numa organização antiga, dentro da qual já não cabe.

Para darmos ao que foi dito uma estrutura que o esclareça, tomemos qualquer atividade concreta; a fabricação de automóveis, por exemplo. O automóvel é uma invenção puramente europeia. Não obstante, a fabricação norte-americana atual desse artefato é superior. Consequência: o automóvel europeu está em decadência. E, no entanto, o fabricante europeu – industrial e técnico – de automóveis sabe muito bem que a superioridade do produto americano não se deve a nenhuma virtude específica do homem de além-mar, mas simplesmente ao fato de a fábrica americana poder oferecer seu produto, sem nenhum entrave, a cento e vinte milhões de homens. Imagine-se que uma fábrica europeia pudesse contar com o mercado formado por todos os Estados europeus, suas colônias e protetorados. Ninguém duvidaria de que esse automóvel previsto para quinhentos ou seiscentos milhões de homens seria muito melhor e mais barato que o "Ford". Todas as virtudes peculiares à técnica americana são, quase com certeza, efeitos e não causas da amplitude e homogeneidade de seu mercado. A "racionalização" da indústria é consequência do seu tamanho.

A situação autêntica da Europa, portanto, seria esta: seu passado longo e magnífico faz com que chegue a uma nova etapa de vida onde tudo cresceu; mas, ao mesmo tempo, as estruturas sobreviventes desse passado são anãs e impedem sua atual expansão. A Europa foi feita na forma de pequenas nações. De certa forma, a ideia e o sentimento nacionais foram sua invenção mais característica. E agora se vê obrigada a superar a si própria. Este é o esquema do enorme drama que vai se desenrolar nos anos vindouros. Saberá se libertar de sobrevivências, ou ficará prisioneira delas para sempre? Porque já aconteceu uma vez na história uma grande civilização ter morrido por não poder substituir sua ideia tradicional de Estado...

6

Já contei em outro lugar a paixão e morte do mundo greco-romano e, quanto a certos detalhes, faço referência ao que foi dito então[2]. Mas agora podemos considerar esse assunto sobre outro aspecto.

Gregos e latinos aparecem na história alojados, como abelhas em sua colmeia, dentro de urbes, de *polis*. Este é um

---

2. Cf. o ensaio "Sobre la muerte de Roma", em *El Espectador*, vol. VI, 1927 (vol. II de *Obras completas*).

fato que precisamos tomar como absoluto e de gênese misteriosa nestas páginas; um fato do qual temos que partir sem discussão como o zoólogo parte do dado bruto e inexplicado de que o *sphex* vive solitário, nômade, peregrino, e a ruiva abelha, por outro lado, só existe no enxame construtor de favos de mel[3]. Acontece que as escavações e a Arqueologia permitem-nos ver alguma coisa do que existia no solo de Atenas e no de Roma antes da existência de ambas. Mas o trajeto dessa pré-história, puramente rural e sem caráter específico, até o surgimento da cidade, fruta de nova espécie que o solo de ambas as penínsulas dá, continua um mistério; ainda não está clara sequer a relação étnica entre aqueles povos proto-históricos e essas estranhas comunidades que acrescentam uma grande inovação ao repertório humano: a construção de uma praça pública e, em sua volta, uma cidade fechada. Porque, de fato, a definição mais certa do que é a urbe e a *polis* é muito parecida com a definição humorística do canhão: é um buraco com um arame enrolado bem apertado em toda a sua volta. Da mesma forma, a urbe ou *polis* começa por ser um espaço vazio: o foro, a ágora; e todo o resto é pretexto para guardar esse vazio, para delimitar seu contorno. A *polis* não é primordialmente um conjunto de casas habitáveis, mas um lugar de agrupamento civil, um espaço destinado a funções públicas. A urbe não é feita, como a cabana ou o *domus*, para se proteger da intempérie e procriar, que são tarefas privadas e familiares, mas para se discutir sobre a coisa pública. Note-se que isso significa nada menos

---

3. Isso é o que faz a razão física e biológica, a "razão naturalista", demonstrando com isso que é menos razoável que a "razão histórica". Porque esta, quando trata das coisas a fundo e não de passagem como nestas páginas, nega-se a reconhecer qualquer fato como absoluto. Para ela, argumentar consiste em esmiuçar todo fato descobrindo sua gênese. Cf., do autor, o ensaio "Historia como sistema" (vol. VI de *Obras completas*).

que a invenção de uma nova classe de espaço, muito mais nova que o espaço de Einstein. Até então só existia um espaço: o campo, e nele se vivia com todas as consequências que isso acarreta para o ser humano. O homem camponês ainda é um vegetal. Sua existência, o que pensa, sente e quer conservam a modorra inconsciente da vida da planta. As grandes civilizações asiáticas e africanas foram, nesse sentido, grandes vegetações antropomorfas. Mas o greco-romano decide separar-se do campo, da "natureza", do cosmos geobotânico. Como é possível isso? Como o homem pode afastar-se do campo? Aonde irá, se o campo é toda a terra, se é o ilimitado? Muito simples: limitando um pedaço de campo com muros que o ponham ao espaço amorfo e sem fim o espaço incluso e finito. Eis aqui a praça. Não é, como a casa, um "interior" fechado por cima, como as cavernas que existem no campo, mas é pura e simplesmente a negação do campo. A praça, graças aos muros que a cercam, é um pedaço de campo que se vira de costas para o resto, que prescinde do resto e se opõe a ele. Esse campo menor e rebelde, que pratica a secessão do campo infinito e reserva a si mesmo diante dele, é campo abolido e, portanto, um espaço *sui generis*, novíssimo, em que o homem liberta-se de toda comunidade com o vegetal e o animal, deixa-os de fora e cria um âmbito à parte exclusivamente humano. É o espaço civil. Por isso Sócrates, o grande urbano, extrato triplo da seiva destilada pela *polis*, dirá: "Não tenho nada a ver com as árvores do campo; só tenho a ver com os homens da cidade". O que poderá ter sabido sobre isso o hindu, o persa, o chinês ou o egípcio?

Até Alexandre e César as histórias da Grécia e de Roma, respectivamente, consistem na luta incessante entre esses dois espaços: entre a cidade racional e o campo vegetal, entre o jurista e o camponês, entre o *ius* e o *rus*.

Não se pense que essa origem da urbe é pura invenção minha e que é apenas uma verdade simbólica. Com uma rara insistência, os habitantes da cidade greco-latina conservam na camada mais primária e profunda de sua memória a recordação de um *synoikismos*. Portanto, não é necessário consultarem-se os textos; basta traduzi-los. *Synoikismos* é o acordo de se passar a viver juntos; portanto, ajuntamento, estritamente no duplo sentido físico e jurídico, desse vocábulo. À dispersão vegetativa pela campina sucede a concentração civil na cidade. A urbe é a supercasa, a superação da casa ou ninho infra-humano, a criação de uma entidade mais abstrata e mais alta que o *oikos* familiar. É a *república*, a *politeia*, que não se compõe de homens e mulheres, mas de cidadãos. Uma dimensão nova, irredutível às primigênias e mais próximas ao animal, é oferecida à existência humana, e, nela, aqueles que antes eram apenas homens vão aplicar suas melhores energias. Desta maneira nasce a urbe, como Estado desde o início.

De um certo modo toda a costa mediterrânea sempre mostrou uma tendência espontânea para esse tipo de Estado. Com maior ou menor pureza, o Norte da África (Cartago = a cidade) repete o mesmo fenômeno. A Itália, até o século XIX, não saiu do Estado-cidade e o nosso Levante cai em tudo e por tudo no cantonalismo, que é um ranço daquela inspiração milenar[4].

O Estado-cidade, pela quantidade relativamente pequena de seus ingredientes, deixa ver claramente o específico do princípio estatal. Por um lado, a palavra "estado" indica que as forças históricas conseguem uma combinação de equilí-

---

4. Seria interessante mostrar como na Catalunha colaboram duas inspirações antagônicas: o nacionalismo europeu e o *bairrismo* de Barcelona, no qual continua perdurando a tendência do velho homem mediterrâneo. Já disse outras vezes que o levantino é o resto do *homo antiquus* que vive na península.

brio, de estabilidade. Neste sentido significa o contrário de movimento histórico: o Estado é convivência estabilizada, constituída, estática. Mas esse caráter de imobilidade, de forma pacífica e definida, oculta, como todo equilíbrio, o dinamismo que produziu e sustenta o Estado. Em resumo, faz esquecer que o Estado constituído é só o resultado de um movimento anterior de luta, de esforços, que se voltavam para ele. Ao Estado constituído precede o Estado constituinte, e este é um princípio de movimento.

Quero dizer com isso que o Estado não é uma forma de sociedade que é dada de presente ao homem, mas que precisa ser forjada penosamente. Não é como a horda ou a tribo e outras sociedades baseadas na consanguinidade que a Natureza se encarrega de fazer sem necessitar da colaboração do esforço do homem. Ao contrário, o Estado começa quando o homem procura se evadir da sociedade nativa na qual foi inscrito pelo sangue. E, como o sangue, qualquer outro princípio natural; por exemplo, o idioma. Originariamente, o Estado consiste na mistura de sangues e línguas. É a superação de toda sociedade natural. É mestiço e plurilíngue.

Assim, a cidade nasce da reunião de diversos povos. Constrói sobre essa heterogeneidade zoológica uma homogeneidade abstrata de jurisprudência[5]. É claro que a unidade jurídica não é a aspiração que dá impulso ao movimento criador do Estado. O impulso é mais substantivo que todo direito, é o propósito de tarefas vitais maiores do que as que eram possíveis nas minúsculas sociedades consanguíneas. Na gênese de todo Estado sempre vemos ou entrevemos o perfil de um grande empresário.

Se observarmos a situação histórica imediatamente precedente ao nascimento de um Estado, encontraremos sempre

---

5. Homogeneidade jurídica que não implica forçosamente centralismo.

o seguinte esquema: várias coletividades pequenas cuja estrutura social foi feita para que cada qual viva dentro de si mesma. A forma social de cada uma só serve para uma convivência interna. Isso indica que no passado viveram efetivamente isoladas, cada uma por si e para si, sem mais do que contatos excepcionais com as limítrofes. Mas este isolamento efetivo foi sucedido de fato por uma convivência externa, sobretudo econômica. O indivíduo de cada coletividade já não vive só dela, mas parte de sua vida está relacionada com indivíduos de outras coletividades nas esferas comercial, mercantil e intelectual. Sobrevém, assim, um desequilíbrio entre duas convivências: a interna e a externa. A forma social estabelecida – direitos, "costumes" e religião – favorece a interna e dificulta a externa, mais ampla e mais nova. Nessa situação, o princípio estatal é o movimento que leva a aniquilar as formas sociais de convivência interna, substituindo-as por uma forma social adequada à nova convivência externa. Se aplicarmos isto ao momento atual europeu, estas expressões abstratas adquirirão forma e cor.

Não pode haver criação estatal se a mente de certos povos não foi capaz de abandonar a estrutura tradicional de uma forma de convivência e, além disso, imaginar uma outra completamente nova. Por isso é criação autêntica. O Estado começa por ser uma obra de imaginação absoluta. A imaginação é o poder liberador que o homem tem. Um povo é capaz de constituir um Estado na medida em que saiba imaginar. Este é o motivo por que todos os povos tiveram um limite em sua evolução estatal, exatamente o limite imposto pela Natureza à sua fantasia.

O grego e o romano, capazes de imaginar a cidade que triunfa sobre a dispersão no campo, detiveram-se nos muros urbanos. Houve quem quisesse levar as mentes greco-romanas mais além, quem tentasse libertá-las da cidade; mas foi uma tentativa inútil. A limitação imaginativa do romano, representada por Brutus, incumbiu-se de assassinar César – a maior fantasia da antiguidade. É muito importante que os europeus de hoje lembrem-se dessa história, porque a nossa chegou ao mesmo capítulo.

7

Mentes lúcidas, o que se chama de mentes lúcidas, em todo o mundo antigo, provavelmente, não houve mais que duas: Temístocles e César; dois políticos. Esse fato é surpreendente porque, geralmente, o político, inclusive o famoso, é político justamente *porque* é lento de raciocínio[6]. Tanto na Grécia como em Roma houve, sem dúvida, outros homens que tiveram ideias claras sobre muitas coisas – filósofos, matemáticos, naturalistas. Mas sua clareza foi de ordem científica; isto é, uma clareza sobre coisas abstratas. Todas as coisas de que trata a ciência, quaisquer que sejam, são abstratas, e as coisas abstratas são sempre claras. De modo que a clareza da ciência não está tanto na mente dos que a fazem como nas coisas de que falam. O essencialmente confuso, intrincado, é a realidade vital concreta, que é sempre única. O que for capaz de se orientar dentro dela com precisão; o que vislumbrar, sob o caos que toda situação vital apresenta, a anatomia secreta do instante; em suma, o que não se perder na vida, esse tem verdadeiramente uma mente clara. Se observarmos os que nos rodeiam, veremos como avançam pela vida desorientados; vão como sonâmbulos, como sua sorte boa ou má, sem entenderem nada do que lhes está acontecendo. Falam de forma taxativa sobre si mesmos e seu ambiente, o

---

6. O sentido desta asseveração abrupta que supõe uma ideia clara sobre o que é a política, toda política – a "boa" e a má –, encontra-se no tratado sociológico do autor intitulado *El hombre y la gente*.

que indica que possuem ideias sobre tudo isso. Mas a análise mais sumária dessas ideias mostrará que não refletem nem um pouco a realidade a que parecem referir-se, e se essa análise for um pouco mais aprofundada verificaremos que nem sequer pretendem ajustar-se a essa realidade. Exatamente ao contrário: o indivíduo tenta interceptar com elas sua própria visão do real, de sua própria vida. Porque a vida é de fato um caos onde se está perdido. O homem suspeita disso, mas a perspectiva de se encontrar cara a cara com essa terrível realidade o aterra e, então, procura ocultá-la com uma tela fantasmagórica onde tudo está muito claro. Não lhe importa que suas ideias não sejam verdadeiras; ele as emprega como trincheiras para defender-se de sua vida, como espantalhos para afugentar a realidade.

O homem de mente clara é o que se liberta dessas "ideias" fantasmagóricas e olha de frente para a vida, e se conscientiza de que tudo nela é problemático, e sente-se perdido. Como isso é a verdade pura – ou seja, que viver é sentir-se perdido –, aquele que o aceita já começou a se encontrar, já começou a descobrir sua realidade autêntica, já está em terra firme. Instintivamente, como o náufrago, buscará algo a que se agarrar, e esse olhar trágico, peremptório, absolutamente verdadeiro porque se trata da salvação, o fará ordenar o caos de sua vida. Estas são as únicas ideias verdadeiras: as ideias dos náufragos. O resto é retórica, postura, farsa íntima. Quem não se sente verdadeiramente perdido perde-se inexoravelmente; isto é, não se encontra jamais, não se encontra nunca com a própria realidade.

Isso é válido em todos os campos de ação, mesmo na ciência, não obstante ser inerente à ciência uma fuga da vida (a maior parte dos homens de ciência dedicou-se a ela pelo terror de se defrontarem com sua vida. Não são mentes claras; esta é a origem de seu conhecido torpor diante de qualquer situação concreta). Nossas ideias científicas são válidas na medida em que nos sentimos perdidos ante um problema, em que vemos bem seu caráter problemático e compreendemos que não nos podemos apoiar em ideias recebidas, em receitas, em lemas ou palavras. Aquele que descobre uma nova verdade científica teve que triturar antes quase tudo que tinha aprendido e chega a essa nova verdade com as mãos ensanguentadas por ter estrangulado incontáveis lugares-comuns.

A política é muito mais real que a ciência, porque se compõe de situações únicas em que o homem se encontra mergulhado de imediato, querendo ou não. Por isso é o tema que nos permite distinguir melhor quais são as mentes lúcidas e quais são as rotineiras.

César é o exemplo máximo de dom, que conhecemos, para distinguir o perfil da realidade substantiva num momento de confusão pavorosa, numa das horas mais caóticas vividas pela humanidade. E, como se o destino estivesse empenhado em salientar essa exemplaridade, pôs perto dele uma magnífica cabeça de intelectual, a de Cícero, dedicada a confundir as coisas durante toda a sua existência.

O excesso de boa sorte tinha desarticulado o corpo político romano. A cidade tiberina, dona da Itália, da Espanha, da África Menor, do Oriente clássico e helenístico, estava a ponto de estourar. Suas instituições públicas tinham uma essência municipal e eram inseparáveis da urbe, como as estacas estão presas à árvore que tutelam, sob pena de desaparecerem.

A saúde das democracias, independentemente de seu tipo e grau, depende de um pequeno detalhe técnico: o procedimento eleitoral. Tudo o mais é secundário. Se o sistema de comícios é o certo, se está ajustado à realidade, tudo vai bem; caso contrário, mesmo que o resto funcione maravilhosamente, tudo vai mal. Ao começar o século I antes de Cristo, Roma é onipotente, rica, não tem inimigos que a enfrentem. No entanto, está a ponto de fenecer porque se obstina em conservar um sistema eleitoral ineficiente. Um sistema eleitoral é ineficiente quando é falso. Tinha-se que votar na cidade. Já os cidadãos do campo não podiam assistir aos comícios. E muito menos os que viviam espalhados por todo o mundo romano. Como as eleições eram impossíveis, foi preciso falsificá-las, e os candidatos organizavam partidas de porrete – com veteranos do exército, com atletas do circo –, que se encarregavam de arrebentar as urnas.

Sem o apoio do sufrágio autêntico, as instituições democráticas ficam no ar. E no ar ficam as palavras. "A República não era mais que uma palavra." Essa expressão é de César. Nenhum magistrado tinha autoridade. Os generais da esquerda e da direita – Mário e Sila – rebelavam-se em vagas ditaduras que não levavam a nada.

César nunca explicou sua política, mas empenhou-se em executá-la. Acontece que era precisamente César e não o manual de cesarismo que costuma agir logo depois. Se quisermos entender aquela política, não teremos outro meio senão pegarmos seus atos e lhes dar seu nome. O segredo está em sua façanha capital: a conquista das Gálias. Para empreendê-la teve que se rebelar contra o Poder constituído. Por quê?

Os republicanos estavam no Poder, isto é, os conservadores, os fiéis ao Estado-cidade. Sua política pode ser resumida em duas cláusulas: primeira, os transtornos da vida pública romana originam-se de sua excessiva expansão. A cidade não pode governar tantas nações. Toda nova conquista é um crime de lesa-república. Segunda, para evitar a dissolução das instituições é preciso um *príncipe*.

Para nós, a palavra "príncipe" tem um sentido quase oposto ao que tinha para um romano. Este entendia como tal, simplesmente, um cidadão como os demais, mas que era investido de poderes superiores, a fim de regulamentar o funcionamento das instituições republicanas. Cícero, em seus livros *Sobre a República*, e Salústio, em seus memoriais dirigidos a César, resumem o pensamento de todos os publicistas pedindo um *princeps civilitatis*, um *rerum publicarum*, um *moderator*.

A solução de César é totalmente oposta à conservadora. Compreende que, para sanar as consequências das conquistas romanas anteriores, não havia outro caminho senão continuar aceitando até o fim esse destino tão vigoroso. Urgia, sobretudo, conquistar os povos novos, mais perigosos que as nações corruptas do Oriente, num futuro não muito distante. César sustentará a necessidade de romanizar a fundo os povos bárbaros do Ocidente.

Falou-se (Spengler) que os greco-romanos eram incapazes de sentir o tempo, de ver sua vida como uma dilatação na temporalidade. Existiam num presente pontual. Desconfio de que esse diagnóstico é errôneo, ou, pelo menos, confunde as coisas. O greco-romano sofre de uma surpreendente cegueira em relação ao futuro. Não o vê, como o daltônico não vê a cor vermelha. Mas, em compensação, vive preso ao passado. Antes de fazer qualquer coisa dá um passo atrás, como *Lagarto* ao dar o bote para matar; procura no passado um modelo para a situação presente e, informado por aquele, mergulha na atualidade, protegido e deformado pelo escafandro ilustre. Assim, todo o seu viver é de certo modo reviver. Isso é retrógrado, e o antigo foi quase sempre assim. Mas isso não é ser insensível ao tempo. Significa simplesmente um cronismo incompleto, sem a asa do futuro e com uma hipertrofia de antanho. Nós, os europeus, temos tendido sempre para o futuro e sentimos que esta é a dimensão mais substancial do tempo que, para nós, começa pelo "depois" e pelo "antes". Compreende-se, portanto, que ao olhar a vida greco-romana esta nos pareça anacrônica.

Esta quase mania de considerar todo o presente a partir de um modelo passado transferiu-se do homem antigo para o filólogo moderno. O filólogo também é cego para o futuro. Também retrocede, em toda atualidade procura um precedente, que denomina, com um lindo vocábulo de écloga, sua "fonte". Digo isso porque já os antigos biógrafos de César fecham-se à compreensão dessa enorme figura, supondo que tentava imitar Alexandre. A equação se impunha: se Alexandre não podia dormir pensando nas glórias de Milcíades, César tinha, forçosamente, que sofrer de insônia por causa das de Alexandre. E assim sucessivamente. Sempre o passo atrás e o pé de hoje na pegada de antanho. O filólogo contemporâneo é a repercussão do biógrafo clássico.

Acreditar que César queria fazer algo semelhante ao que fez Alexandre – e foi nisso que acreditaram quase todos os historiadores – é renunciar radicalmente a entendê-lo. César é aproximadamente o oposto de Alexandre. A ideia de um reino universal é a única coisa em que podem se assemelhar. Mas essa ideia não é de Alexandre, ela vem da Pérsia. A imagem de Alexandre teria levado César a voltar-se para o Oriente, para o prestigioso passado. Sua preferência radical pelo Ocidente revela antes a vontade de contradizer o macedônio. Mas, além disso, não é um reino universal, incompreensível, o que César propõe. Seu propósito é mais profundo. Quer um império romano que não viva de Roma, mas da periferia, das províncias, e isso implica a superação absoluta do Estado-cidade. Um Estado onde os povos mais diversos colaborem, ao qual todos se sintam solidários. Não um centro que manda e uma periferia que obedece, mas um gigantesco corpo social, onde cada elemento seja ao mesmo tempo sujeito passivo e ativo do Estado. Assim é o Estado moderno, foi essa a fabulosa antecipação de seu gênio futurista. Mas isso supunha a existência de um poder extrarromano, antiaristocrático, infinitamente mais elevado que a oligarquia republicana, mais que seu *príncipe*, que era apenas um *primus inter pares*. Esse poder executivo e representante da democracia universal só podia ser a Monarquia com a sua sede fora de Roma.

República, monarquia! Duas palavras que na história mudam constantemente de sentido autêntico, e que por isso é preciso esmiuçar a todo instante para se ter certeza de seu eventual alcance.

Seus homens de confiança, seus instrumentos mais imediatos, não eram arcaicas ilustrações da urbe, mas gente nova, das províncias, personagens enérgicos e eficientes. Seu verdadeiro ministro foi Cornélio Balbo, um homem de negócios gaditano, um atlântico, um "colonial".

Mas a antecipação do novo Estado era excessiva: as cabeças lentas do Lácio não podiam dar origem a uma obra tão grande. A imagem da cidade, como seu materialismo tangível, impediu que os romanos "vissem" aquela organização inédita do corpo público. Como podiam formar um Estado homens que não viviam na mesma cidade? Que tipo de unidade era essa, tão refinada e meio mística?

Repito: a realidade que chamamos de Estado não é a convivência espontânea de homens unidos pela consanguinidade. O Estado começa quando grupos nativamente separados são obrigados a conviver. Essa obrigação não é uma violência gratuita, mas pressupõe um plano indutivo, uma tarefa comum que é proposta aos grupos dispersos. Antes de tudo, o Estado é um projeto de trabalho e um programa de colaboração. Conclamam-se as pessoas a que façam algo juntas. O Estado não é consanguinidade, unidade linguística, unidade territorial, ou contiguidade de habitação. Não é nada material, inerte, definido e limitado. É um simples dinamismo – a vontade de fazer algo em comum –, e devido a isso a ideia estatal não está limitada por nenhum marco físico[7].

Muito perspicaz a conhecida obra política de Saavedra Fajardo: uma seta, e embaixo: "Ou sobe ou desce". Isso é o

---

7. Cf., do autor, "El origen deportivo del Estado", em *El Espectador*, vol. VII, 1930 (vol. II de *Obras completas*).

Estado. Não uma coisa, mas um movimento. O Estado é a todo momento algo que *vem de* e *vai para*. Como todo movimento tem um *terminus a quo* e um *terminus ad quem*. Corte-se a qualquer tempo a vida de um Estado que o seja verdadeiramente, e se achará uma unidade de convivência que *parece* estar baseada em um ou outro fator material: sangue, idioma, "fronteiras naturais". A interpretação estática nos levará a dizer: isso é o Estado. Mas logo notamos que esse agrupamento humano está fazendo algo comum: conquistando outros povos, fundando colônias, federando-se com outros Estados; isto é, que a toda hora está superando o que parecia ser o princípio material da sua unidade. É o *terminus ad quem*, é o verdadeiro Estado, cuja unidade consiste precisamente em superar qualquer outra unidade conhecida. Quando esse impulso em direção ao mais além cessa, o Estado sucumbe automaticamente, e a unidade que já existia e parecia fisicamente sedimentada – raça, idioma, fronteira natural – não serve para mais nada: o Estado se desagrega, se dispersa, se atomiza.

Só essa duplicidade de momentos no Estado – a unidade que já é e aquela maior que pretende ser – permite compreender a essência do Estado nacional. É fato conhecido que ainda não se conseguiu dizer no que consiste uma nação, tomado esse vocábulo em sua acepção moderna. O Estado-cidade era uma ideia muito clara, que saltava aos olhos. Mas o novo tipo de unidade pública que germinava nos gauleses e germanos, a inspiração política do Ocidente, é uma coisa muito mais vaga e fugidia. O filólogo, o historiador atual, que é retrógrado por si mesmo, diante desse fato formidável encontra-se tão perplexo como César e Tácito quando, com sua terminologia romana, queriam explicar o que eram aqueles Estados incipientes, transalpinos e ultraterrenos, ou seja, os espanhóis. Chamam-nos de *civitas*, *gens*, *natio*, sentindo que nenhuma dessas palavras está de acordo com o fenômeno[8]. Não são *civitas*, pela simples razão de não serem cidades[9]. Mas nem sequer é possível se recorrer a um termo mais vago para se referir a um território delimitado. Os povos novos mudam de território com muita facilidade ou, pelo menos, aumentam ou reduzem o que ocupam. Tampouco são unidades étnicas – povos, nações. Por mais longe que se recue, os novos Estados já aparecem formados por grupos de origens independentes. São combinações de sangues diferentes. O que é, então, uma nação, já que não é nem comunidade de sangue, nem filiação territorial, nem qualquer outra coisa dessa ordem?

Como sempre acontece, também neste caso uma simples submissão aos fatos nos dá a resposta. O que salta aos olhos quando repassamos a evolução de qualquer "nação moderna" – França, Espanha, Alemanha? Simplesmente isto: o que em determinada data parecia constituir a nacionalidade aparece negado numa data posterior. Primeiro, a nação parece a tribo, e a tribo do lado, a não nação. Depois a nação compõe-se de duas tribos, mais tarde é uma comarca e pouco depois já é um condado, um ducado, ou um "reino". A nação é Leão, mas não Castela; depois é Leão e Castela, mas não Aragão. É evidente a presença de dois princípios: um, variável e sempre superado – tribo, comarca, ducado, "reino", com seu idioma ou dialeto; outro, permanente, que salta livremente sobre todos esses limites e postula como unidade exatamente o que aquele considerava contraposição radical.

Os filólogos – chamo assim aos que hoje pretendem se denominar "historiadores" – proporcionam um verdadeiro

---

8. Cf. Dopsch, *Fundamentos económicos y sociales de la civilización europea*, 2.ª ed., 1942, vol. II, p. 34.

9. Os romanos não resolveram chamar de cidades os povoados dos bárbaros, por mais denso que fosse o casario. Chamavam-nos, "faute de mieux", de *sedes aratorum*.

festival de banalidades quando, partindo do que são agora, nesta data fugaz, nestes dois ou três séculos, as nações do Ocidente supõem que Vercingetorix ou que El Cid Campeador já queriam uma França de Saint-Malo a Estrasburgo – precisamente – ou uma *Spania* de Finisterra a Gibraltar. Esses filólogos – como o ingênuo dramaturgo – quase sempre fazem com que seus heróis partam para a guerra dos Trinta Anos. Para explicarem como a França e a Espanha se formaram, dizem que a França e a Espanha preexistiram como unidades no fundo das almas francesas e espanholas. Como se existissem franceses e espanhóis originariamente antes que a França e a Espanha existissem! Como se o francês e o espanhol não fossem coisas que simplesmente tiveram que ser forjadas em dois mil anos de faina!

A verdade pura é que as nações atuais são apenas a manifestação atual daquele princípio variável, condenado à perpétua superação. Agora, esse princípio não é mais o sangue nem o idioma, visto que a comunidade de sangue e de idioma na França ou na Espanha foi efeito e não causa da unificação estatal; esse princípio agora é a "fronteira natural".

Que um diplomata, em seu astuto esgrimir, empregue esse conceito de fronteiras naturais como *ultima ratio* de suas argumentações é aceitável. Mas um historiador não pode escudar-se nisso como se fosse um reduto definitivo. Não é definitivo, nem sequer suficientemente específico.

Não se esqueça de qual é a questão, rigorosamente colocada. Trata-se de se averiguar o que é o Estado nacional – o que hoje costumamos chamar de nação –, em contraposição a outros tipos de Estado, como o Estado-cidade ou, indo-se para o outro extremo, como o Império que Augusto fundou[10].

---

10. É fato conhecido que o império de Augusto é *o contrário* do que seu pai adotivo, César, aspirou a instaurar. Augusto atua na linha de Pom-

Caso se queira formular a questão de modo ainda mais claro e preciso, diga-se assim: Qual foi a força real que produziu essa convivência de milhões de homens sob uma soberania do Poder público que se chama França, Inglaterra, Espanha, Itália ou Alemanha? Não foi a comunidade de sangue prévia, porque cada um desses corpos coletivos é irrigado por torrentes cruentas muito heterogêneas. Tampouco foi a unidade linguística, porque os povos hoje reunidos num só Estado falavam ou ainda falam idiomas diferentes. A relativa homogeneidade de raça e de língua de que gozam hoje – supondo-se que isso seja um gozo – é resultado de uma prévia unificação política. Portanto, nem o sangue nem o idioma tornam o Estado nacional; ao contrário, é o Estado nacional que nivela as diferenças originárias dos glóbulos vermelhos e da articulação do som. E sempre tem sido assim. Poucas vezes, para não se dizer nunca, *o Estado coincidiu com uma identidade prévia de sangue ou de idioma*. Nem a Espanha é hoje um Estado nacional *porque* em toda ela se fala espanhol[11], nem Aragão ou Catalunha foram Estados nacionais *porque* um belo dia, arbitrariamente escolhido, os limites territoriais de sua soberania coincidiram com os da língua aragonesa ou catalã. Estaríamos mais perto da verdade se, respeitando a casuística que toda realidade apresenta, nos inclinássemos a esta suposição: toda unidade linguística existente num território de certa extensão é quase sempre o resultado de uma unificação política precedente[12]. O Estado foi sempre o grande intérprete.

---

peu, dos inimigos de César. Até hoje, o melhor livro sobre o assunto é o de Eduardo Meyer, *La monarquía de César y el principado de Pompeyo*, 1918.

11. Nem sequer, como simples fato, é verdade que todos os espanhóis falam espanhol, nem todos os ingleses, inglês, nem todos os alemães, alto-alemão.

12. Ficam excluídos, naturalmente, os casos do *koinón* e *língua franca*, que não são linguagens nacionais, mas especificamente internacionais.

Há muito tempo isso é um fato pacífico; não obstante, persiste-se na estranha obstinação de considerar o sangue e o idioma como fundamentos da nacionalidade. Nisso eu vejo tanto ingratidão como incongruência. Porque tanto o francês como o espanhol devem respectivamente sua França e Espanha atuais a um princípio X, cujo impulso consistiu precisamente em superar a exígua comunidade de sangue e de idioma. De modo que a França e a Espanha se constituiriam hoje no contrário do que as tornou possíveis.

Tergiversação semelhante é cometida ao se querer fundamentar a ideia de nação na grande figura territorial, atribuindo-se o princípio de unidade, que o sangue e o idioma não proporcionam, ao misticismo geográfico das "fronteiras naturais". Incidimos aqui no mesmo erro de óptica. O acaso atual mostra-nos as chamadas nações instaladas em vastos territórios do continente ou nas ilhas adjacentes. Desses limites atuais querem fazer algo definitivo e espiritual. São, dizem, "fronteiras naturais", e nessa sua "naturalidade" querem encontrar uma espécie de predeterminação mágica da história pela forma telúrica. Mas esse mito desaparece imediatamente, assim que o submetemos à mesma argumentação que invalidou a comunidade de sangue e de idioma como fontes da nação. Se retrocedermos alguns séculos, também aqui surpreenderemos a França e a Espanha dissociadas em nações menores, com suas inevitáveis "fronteiras naturais". A montanha da fronteira seria menos imponente que os Pireneus ou os Alpes, e a barreira líquida, menos caudalosa que o Reno, o passo de Calais ou o estreito de Gibraltar. Mas isso apenas demonstra que a "naturalidade" das fronteiras é meramente relativa. Depende dos meios econômicos e bélicos da época.

A realidade histórica da famosa "fronteira natural" consiste simplesmente em ser um obstáculo à expansão do povo A sobre o povo B. Por ser um obstáculo – para a convivência ou para a guerra – para A, é uma defesa para B. A ideia de "fronteira natural", portanto, implica, ingenuamente e de forma ainda mais natural que a própria fronteira, a possibilidade da expansão e fusão ilimitada entre os povos. Pelo visto, só um obstáculo material pode detê-las. As fronteiras de ontem ou de anteontem não nos parecem, hoje, fundamentos da nação francesa ou espanhola, mas o oposto: empecilhos que a ideia nacional encontrou em seu processo de unificação. Apesar disso, queremos atribuir um caráter definitivo e fundamental às fronteiras de hoje, a despeito da sua eficácia como obstáculo ter sido eliminada pelos novos meios de locomoção e de guerra.

Qual foi então o papel das fronteiras na formação da nacionalidade, já que não foram o fundamento positivo dela? A resposta é clara e de suma importância para se compreender a autêntica inspiração do Estado nacional diante do Estado-cidade. As fronteiras serviram para consolidar em cada momento a unificação política já conseguida. Portanto, não foram *princípio* da nação e sim o contrário: no *princípio* foram um obstáculo e, a seguir, uma vez ultrapassados, foram um meio material para assegurar a unidade.

Pois bem: exatamente o mesmo papel corresponde à raça e à língua. Não foi a comunidade do local de nascimento de uma ou de outra o que *constituiu* a nação, e sim o inverso: no seu afã de unificação, o Estado nacional sempre deparou com as muitas raças e as muitas línguas, como com outros tantos estorvos. Dominados estes energicamente, produziu-se uma relativa unificação de sangues e de idiomas, que serviu para consolidar a unidade.

Portanto, o único remédio é acabar com a tergiversação tradicional sobre a ideia de Estado nacional e habituar-se a considerar como estorvos primários para a nacionalidade justamente as três coisas em que se achava que ela consistia. É claro que desfazendo uma tergiversação parecerá que sou eu quem está tergiversando.

É preciso que se decida procurar o segredo do Estado nacional na sua peculiar inspiração como tal Estado, em sua própria política, e não em princípios estranhos de caráter biológico ou geográfico.

Por que se julgou necessário, definitivamente, recorrer à raça, língua e território nativos para compreender o maravilhoso fato das nações modernas? Pura e simplesmente porque nelas encontramos uma intimidade e uma solidariedade radicais dos indivíduos com o Poder público, desconhecidos no Estado antigo. Em Atenas e em Roma só uns poucos homens eram o Estado; os outros – escravos, aliados, provinciais, colonos – eram apenas súditos. Na Inglaterra, na França, na Espanha, ninguém jamais foi apenas súdito do Estado, mas sempre participou dele e com ele. A forma, principalmente a jurídica, dessa união com e no Estado foi diferente conforme a época. Houve grandes diferenças de caráter e estatuto pessoal, classes relativamente privilegiadas e classes relativamente postergadas; mas, ao se interpretar a realidade efetiva da situação política de cada época e ao se reviver seu espírito, nota-se a evidência de que todo indivíduo sentia-se sujeito ativo do Estado, partícipe e colaborador. Nação – no sentido que este vocábulo tem no Ocidente há mais de um século – significa a "união hipoestática" do Poder público com a coletividade regida por ele.

O Estado, qualquer que seja sua forma – primitiva, antiga, medieval ou moderna –, é sempre a conclamação que um grupo de homens faz a outros grupos humanos para executarem uma empresa juntos. Essa empresa, quaisquer que sejam seus trâmites intermediários, consiste no final em organizar um certo tipo de vida comum. Estado e projeto de vida, programa de trabalho ou de conduta humanos, são termos inseparáveis. As diferentes classes de Estado nascem das maneiras segundo as quais o grupo de empresário estabelece a colaboração com os *outros*. Assim, o Estado antigo nunca chega a se fundir com os *outros*. Roma comanda e educa os italiotas e as províncias, mas não os eleva a uma união consigo. Na mesma urbe não se conseguiu a fusão política dos cidadãos. Não podemos esquecer que, durante a República, Roma foi, a rigor, duas Romas: o Senado e o povo. A unificação estatal nunca passou de mera articulação entre os grupos que sempre permaneceram externos e estranhos uns aos outros. Por isso o Império, quando ameaçado, não pôde contar com o patriotismo dos *outros*, e teve que se defender exclusivamente com seus meios burocráticos de administração e de guerra.

Essa incapacidade de todo o grupo grego e romano para se fundir com os outros provém de causas profundas, cujo exame não é oportuno agora, e que se resumem definitivamente em uma: o homem antigo interpretou a colaboração em que, queira-se ou não, o Estado consiste de uma maneira muito simples, elementar e tosca, isto é: como uma dualidade de dominantes e dominados[13]. A Roma cabia mandar e não obedecer; aos demais, obedecer e não mandar. Desse modo, o Estado se materializa no *pomoerium*, no corpo urbano delimitado fisicamente por alguns muros.

Mas os povos novos apresentam uma interpretação do Estado menos material. Se ele é um projeto de empresa comum, sua realidade é puramente dinâmica: um *trabalho*, a comunidade em atuação. Segundo isso, é parte ativa do Estado, é sujeito político, todo aquele que dá sua adesão à em-

---

13. Isso é confirmado pelo que à primeira vista parece contrariá-lo: a concessão da cidadania a todos os habitantes do império. Pois acontece que essa concessão foi feita precisamente na medida em que ia perdendo seu caráter de estatuto político, para se converter ou em simples prestação de serviço para o Estado ou em mero título de direito civil. De uma civilização na qual a escravidão tinha valor de princípio não se podia esperar outra coisa. Para nossas "nações", por outro lado, a escravidão foi só um fato residual.

presa – raça, sangue, filiação geográfica, classe social, ficam em segundo plano. Não é a comunidade anterior, pretérita, tradicional e imemorial – em suma, fatal e irreversível – que torna viável a convivência política, mas a comunidade futura e o efetivo trabalho comum. Não o que fomos ontem, mas o que vamos fazer juntos amanhã é o que nos reúne no Estado. Daí a facilidade com que a unidade política salta no Ocidente sobre todos os obstáculos que aprisionaram o Estado antigo. E é assim que, em relação ao *homo antiquus*, o europeu se comporta como um homem aberto para o futuro, que vive conscientemente instalado nele e que a partir dele decide sua conduta do presente.

Essa tendência política avançará inexoravelmente para unificações cada vez mais amplas, sendo que, em princípio, nada pode detê-la. A capacidade de fusão é ilimitada. Não só de um povo com outro, mas, o que é ainda mais característico do Estado nacional: a fusão de todas as classes sociais dentro de cada corpo político. Conforme a nação cresce territorial e etnicamente, a colaboração interna vai se tornando mais coesa. O Estado nacional é democrático de nascimento, num sentido muito mais decisivo que todas as diferenças nas formas de governo.

É curioso de se notar que, ao se definir a nação fundamentando-a numa comunidade de pretérito, acaba-se sempre por aceitar a fórmula de Renan como a melhor, simplesmente porque nela se junta ao sangue, ao idioma e às tradições comuns um atributo novo, e diz-se que é um "plebiscito cotidiano". Mas será que o significado desta expressão é bem compreendido? Não lhe podemos atribuir agora um conteúdo de sentido oposto ao que Renan lhe atribuía e que é, sem dúvida, muito mais verdadeiro?

8

"Ter glórias comuns no passado, uma vontade comum no presente; ter feito grandes coisas juntos, querer fazer mais outras; eis aqui as condições essenciais para ser um povo... No passado, uma herança de glórias e remorsos; no porvir, um mesmo programa a realizar... A existência de uma nação é um plebiscito cotidiano."

Essa é a conhecidíssima sentença de Renan. Como se explica sua excepcional fortuna? Sem dúvida pela beleza de seu rabicho. Essa ideia de que a nação consiste num plebiscito cotidiano atua sobre nós como uma liberação. Sangue, língua e passado comuns são princípios estáticos, fatais, rígidos, inertes; são prisioneiros. Se a nação consistisse nisso e em nada mais, ela seria uma coisa situada atrás de nós, com a qual não teríamos nada que fazer. A nação seria algo que se é, mas não algo que se faz. Nem sequer teria sentido defendê-la quando alguém a atacasse.

Queira-se ou não, a vida humana é constante ocupação com algo futuro. Neste instante já estamos ocupados com o instante seguinte. Por isso viver é sempre, sempre, sem pausa nem descanso, fazer. Por que não se reparou que *fazer*, todo *fazer*, significa realizar um futuro? Inclusive quando estamos recordando. *Fazemos* memória neste segundo para conseguir algo no segundo imediato, mesmo que não seja mais que o prazer de reviver o passado. Esse modesto prazer solitário apresentou-se a nós há um momento como um futuro desejável; por isso o *fazemos*. Registre-se, pois: nada tem sentido para o homem, senão em função do futuro[14].

---

14. Segundo isso, o ser humano tem irremediavelmente uma constituição futurista, isto é, vive primordialmente no futuro e do futuro. Não obstante, contrapus o homem antigo ao europeu, dizendo que aquele está relati-

Se a nação consistisse apenas em passado e presente, ninguém se preocuparia em defendê-la contra um ataque. Os que afirmam o contrário são hipócritas ou mentecaptos. Mas acontece que o passado nacional projeta incentivos – reais ou imaginários – no futuro. Achamos desejável um futuro no qual nossa nação continue existindo. Por isso nos mobilizamos em sua defesa; não pelo sangue, pelo idioma, ou pelo passado comum. Ao defender a nação defendemos nosso amanhã, não nosso ontem.

Isso é o que reverbera na frase de Renan: a nação como excelente programa para amanhã. O plebiscito decide um futuro. E, neste caso, mesmo que o futuro consista numa manutenção do passado, não modifica em nada a questão; apenas revela que a definição de Renan também é retrógrada.

Portanto, o Estado nacional representaria um princípio estatal mais próximo da simples ideia de Estado da antiga *polis* ou da "tribo" dos árabes, circunscrita pelo sangue. De fato, a ideia nacional conserva não pouco lastro de ligação com o passado, com o território, com a raça; mas por isso

---

vamente fechado para o futuro e este, relativamente aberto. Há, portanto, uma aparente contradição entre as duas teses. Essa aparência surge quando se esquece que o homem é um ente de dois andares: por um lado é o que é; por outro, tem ideias sobre si mesmo que coincidem mais ou menos com a sua realidade autêntica. Evidentemente, nossas ideias, preferências, desejos, não podem anular nosso verdadeiro ser, mas sim complicá-lo e modulá-lo. O antigo e o europeu estão igualmente preocupados com o futuro: mas aquele submete o futuro ao regime do passado, enquanto nós deixamos maior autonomia para o futuro, ao novo como tal. Esse antagonismo, não no ser, mas no preferir, justifica que se qualifique o europeu de futurista e o antigo de retrógrado. É significativo que, assim que o europeu desperta e toma posse de si, começa a chamar a sua vida de "época moderna". Como se sabe, "moderno" quer dizer o novo, o que nega o uso antigo. Já em fins do século XIV começa a surgir a *modernidade*, justamente nas questões que interessavam mais agudamente à época, e se fala, por exemplo, de *devotio moderna*, uma espécie de vanguardismo na "mística teologia".

mesmo é surpreendente notar como nela sempre vence o puro princípio de unificação humana em torno de um incitante programa de vida. E, mais, eu diria que esse lastro de passado e essa relativa limitação dentro de princípios materiais não foram nem são completamente espontâneos nas almas do Ocidente, mas são procedentes da interpretação erudita dada pelo Romantismo à ideia de nação. Se na Idade Média tivesse existido esse conceito de nacionalidade do século XIX, a Inglaterra, a França, a Espanha e a Alemanha teriam permanecido nonatas[15]. Porque essa interpretação confunde o que impulsiona e constitui uma nação com o que meramente a consolida e conserva. Não foi o patriotismo – diga-se logo – que fez as nações. Acreditar no contrário é o repertório de banalidades a que já aludi e que o próprio Renan admite em sua famosa definição. Se para existir uma nação é preciso que um grupo de homens tenha um passado comum, eu me pergunto como devemos chamar esse mesmo grupo de homens enquanto vivia no presente isso que, visto de hoje, é um passado. Pelo visto, seria forçoso que essa existência comum fenecesse, passasse, para que pudessem dizer: somos uma nação. Não se nota aqui o vício comum do filólogo, do arquivista, sua óptica profissional que o impede de ver a realidade quando não é pretérita? O filólogo é que, para ser filólogo, precisa, antes de tudo, que exista um passado; mas a nação, antes de possuir um passado comum, teve que criar essa comunidade, e antes de criá-la teve que sonhar com ela, desejá-la, projetá-la. E basta ter um projeto próprio para que a nação exista, ainda que não se realize, ainda que sua execução fracasse, como já aconteceu tantas vezes. Nesse caso, falaríamos de uma nação malograda (por exemplo, Borgonha).

---

15. O princípio das nacionalidades é, cronologicamente, um dos primeiros sintomas do Romantismo – fins do século XVIII.

Com os povos da América Central e da América do Sul a Espanha tem um passado comum, uma raça comum, uma língua comum e, no entanto, não forma uma nação com eles. Por quê? Falta só uma coisa, que, pelo visto, é essencial: o futuro comum. A Espanha não soube criar um programa de futuro coletivo que atraísse esses grupos zoologicamente afins. O plebiscito futurista foi adverso para a Espanha, e de nada valeram os arquivos, as memórias, os antepassados, a "pátria". Quando aquele existe, tudo isso atua como forças de consolidação; mas nada além.

Vejo no Estado nacional, pois, uma estrutura histórica de caráter plebiscitário. Tudo o mais que pareça ser tem um valor transitório e cambiante, representa o conteúdo, ou a forma, ou a consolidação que o plebiscito requer em cada momento. Renan encontrou a palavra mágica que explode de luz. Ela nos permite vislumbrar catodicamente o âmago essencial de uma nação, que se compõe destes dois ingredientes: primeiro, um projeto de convivência total numa empresa comum; segundo, a adesão dos homens a esse projeto incitativo. Essa adesão de todos engendra a solidez interna que distingue o Estado nacional de todos os antigos, nos quais a união se produz e se mantém pela pressão externa do Estado sobre os grupos díspares, tanto que aqui nasce o vigor estatal da coesão espontânea e profunda entre os "súditos". Na realidade os súditos já são o Estado e não o podem sentir – isso é o novo, o maravilhoso, da nacionalidade – como algo estranho a eles.

E não obstante Renan anula, ou quase, seu acerto, dando ao plebiscito um conteúdo retrospectivo, que se refere a uma nação já formada, cuja perpetuação decide. Eu preferiria mudar seu sentido e fazê-lo valer para a nação *in statu nascendi*. Esta é a óptica decisiva. Porque, na verdade, uma nação nunca está feita. Nisso se diferencia de outros tipos de Estado. A nação está sempre se fazendo ou se desfazendo.

Tertium non datur. Ou está recebendo adesões ou as está perdendo, segundo seu Estado represente ou não na época uma empresa vívida.

Para isso o mais instrutivo seria se reconstruir a série de empresas unificadoras que inflamaram sucessivamente os grupos humanos do Ocidente. Então se veria como os europeus têm vivido delas não só em público, mas até na sua vida mais privada; como se "treinaram" ou se desmoralizaram na medida em que houve ou não empresa à vista.

Esse estudo mostraria claramente outra coisa. As empresas estatais dos antigos, por não dependerem da adesão aglutinante dos grupos humanos sobre os quais se projetavam, porque o Estado propriamente dito ficava sempre preso a uma limitação fatal – tribo ou urbe –, eram praticamente ilimitadas. Um povo – o persa, o macedônio ou o romano – podia submeter à unidade de soberania todas as partes do planeta. Como a unidade não era autêntica, interna nem definitiva, não estava sujeita a outras condições além da eficácia bélica e administrativa do conquistador. Mas no Ocidente a unificação nacional teve que seguir uma série inexorável de etapas. Deveria nos surpreender mais o fato de que na Europa não tenha sido possível a existência de nenhum império do tamanho alcançado pelo persa, pelo de Alexandre ou pelo de Augusto.

Na Europa o processo criador de nações sempre seguiu este ritmo: *Primeiro momento*. O peculiar instinto ocidental, que faz sentir o Estado como fusão de vários povos numa unidade de convivência política e moral, começa a atuar sobre os grupos mais próximos geográfica, étnica e linguisticamente. Não porque essa proximidade funde a nação, mas porque a diversidade entre próximos é mais fácil de dominar. *Segundo momento*. Período de consolidação, em que se sentem os *outros* povos mais além do novo Estado como estranhos e mais ou menos inimigos. É o período em que o processo nacional toma um aspecto de exclusivismo, de fechar-se dentro do Estado; em resumo, o que hoje chamamos de *nacionalismo*. Mas o fato é que, enquanto se sentem os *outros politicamente* como estranhos e concorrentes, convive-se econômica, intelectual e moralmente com eles. As guerras nacionalistas servem para nivelar as diferenças de técnica e de espírito. Os inimigos habituais vão se tornando historicamente homogêneos[16]. Pouco a pouco vai surgindo no horizonte a consciência de que esses povos inimigos pertencem ao mesmo círculo humano que o nosso Estado. Não obstante, eles continuam sendo considerados como estranhos e hostis. *Terceiro momento*. O Estado goza de plena consolidação. Então surge a nova empresa: unir-se aos povos que até ontem eram seus inimigos. Cresce a convicção de que nos são afins quanto à moral e interesses, e que juntos formamos um círculo nacional diante de outros grupos mais distantes e ainda mais estrangeiros. Eis aqui madura a nova ideia nacional.

Um exemplo pode esclarecer melhor o que quero dizer. Afirma-se habitualmente que no tempo de El Cid a Espanha – *Spania* – já era uma ideia nacional, e para se corroborar a tese alega-se que San Isidro já falava da "mãe Espanha" alguns séculos antes. A meu ver, isso é um erro crasso de perspectiva histórica. Nos tempos de El Cid o Estado de Leão-Castela estava começando a ser urdido, e essa unidade leão-castelhana era a ideia nacional do tempo, a ideia politicamente eficaz. *Spania*, ao contrário, era uma ideia principalmente erudita; em todo caso, uma das tantas ideias fecundas que o Império romano semeou no Ocidente. Os espanhóis estavam

---

16. Agora vamos assistir a um exemplo gigantesco e claro, como de laboratório; vamos ver se a Inglaterra consegue manter em unidade soberana de convivência as diferentes partes de seu império, propondo-lhes um programa atraente.

acostumados a serem reunidos numa unidade administrativa por Roma, em uma *diocese* do Baixo Império. Mas essa noção geográfico-administrativa tinha sido simplesmente recebida, não era uma inspiração íntima, e de modo algum uma aspiração.

Por mais que se quisesse que essa ideia tivesse sido uma realidade no século XI, ter-se-á que reconhecer que não chegou a ter sequer o vigor e a precisão que a ideia da Hélade já tinha para os gregos do século IV. E, sem dúvida, a Hélade nunca foi uma verdadeira ideia nacional. A efetiva correspondência histórica estaria melhor colocada desta forma: a Hélade foi para os gregos do século IV e a *Spania* foi para os espanhóis do século XI, e ainda do século XIV, o que a Europa foi para os "europeus" no século XIX.

Isto demonstra como as empresas de unidade nacional vão chegando a seu tempo, da mesma forma que os sons de uma melodia. A mera afinidade de ontem terá que esperar até amanhã para entrar em erupção de inspirações nacionais. Mas, em compensação, é quase certo que chegará sua hora.

Para os europeus, agora chega a época em que a Europa pode converter-se em ideia nacional. E é muito menos utópico acreditar nisso hoje do que teria sido vaticinar a unidade da Espanha e da França no século XI. Quando mais fiel permanecer à sua autêntica substância, mais rapidamente o Estado nacional do Ocidente irá transformar-se num gigantesco Estado continental.

9

Assim que as nações do Ocidente acabam de delinear seu perfil atual, surge em volta delas e embaixo delas, como um fundo, a Europa. É essa a unidade de paisagem em que vão se movimentar desde o Renascimento, e essa paisagem europeia são elas mesmas que, sem o perceber, já começam a abstrair de sua belicosa pluralidade. França, Inglaterra, Espanha, Itália e Alemanha lutam entre si, formam ligas contrapostas, desfazem-nas, tornam a recompô-las. Mas tudo isso, guerra ou paz, é conviver de igual para igual, coisa que nem na guerra nem na paz Roma jamais conseguiu fazer com os celtiberos, os galos, os britânicos ou os germanos. A história coloca em primeiro plano as querelas e, em geral, a política, que é o terreno mais lento para o espigão da unidade; mas, enquanto se batalhava numa gleba, em cem outras comerciava-se com o inimigo, trocavam-se ideias e formas de arte e artigos de fé. Dir-se-ia que aquele fragor de batalhas foi apenas um pano de fundo por trás do qual trabalhava mais tenazmente o pacífico polipeiro da paz, construindo a vida das nações hostis. Em cada nova geração, a homogeneidade das almas era maior. Se quisermos uma maior exatidão e mais cuidado, digamos assim: as almas francesas, inglesas e espanholas eram, são e serão tão diferentes quanto se queira; mas possuem o mesmo plano ou arquitetura psicológicos e, sobretudo, vão adquirindo um conteúdo comum. Religião, ciência, direitos, arte, valores sociais e eróticos vão se tornando comuns. Pois bem: essas são as coisas espirituais *de* que se vive. A homogeneidade, portanto, acaba sendo maior do que se as almas fossem de cércea idêntica.

Se hoje fizéssemos um balanço de nosso conteúdo mental – opiniões, normas, desejos, pretensões –, notaríamos que a maior parte dele não vem da França para o francês, nem da Espanha para o espanhol, mas do fundo comum europeu. Hoje, de fato, pesa muito mais para cada um de nós nossa parte europeia do que nossa parte diferencial de francês, espanhol etc. Se fosse feita uma experiência imaginária de nos reduzirmos a viver somente com o que somos como "nacionais", e num movimento de fantasia se extirpasse do homem médio francês tudo o que usa, pensa, sente, por recepção dos outros países continentais, esse homem sentiria terror. Veria que não era possível viver só com isso; que quatro quintos de seu acervo íntimo são bens jacentes europeus.

Não se vislumbra qualquer outra coisa de envergadura que possa ser *feita* por nós que vivemos neste lado do planeta, a não ser realizar a promessa que há quatro séculos significa o vocábulo Europa. Só se opõe a isso o preconceito das velhas "nações", a ideia de nação como passado. Vamos ver agora se os europeus também são filhos da mulher de Lot e se obstinam em fazer história com a cabeça voltada para trás. A alusão a Roma e ao homem antigo em geral nos serviram de advertência; é muito difícil que um certo tipo de homem abandone a ideia de Estado que enfiou na cabeça. Por sorte, a ideia do Estado nacional que o europeu trouxe ao mundo, conscientemente ou não, não é a ideia erudita, filológica, que lhe tem sido atribuída.

Resumo agora a tese deste ensaio. O mundo padece hoje de uma grave desmoralização, que entre outros sintomas se manifesta por uma desaforada rebelião das massas e tem sua origem na desmoralização da Europa. As causas desta última são muitas. Uma das principais é o deslocamento do poder que antes era exercido pelo nosso continente sobre o resto do mundo e sobre si mesmo. A Europa não tem certeza de que é ela quem manda, nem o resto do mundo, de ser mandado. A soberania histórica encontra-se em dispersão.

Já não há "plenitude dos tempos", porque isso supõe um futuro claro, predeterminado, inequívoco, como era o do século XIX. Naquela época se julgava saber o que ia acontecer amanhã. Mas agora surgem outra vez no horizonte outras linhas incógnitas, *posto que* não se sabe *quem* vai mandar, como se vai articular o poder sobre a Terra. *Quem* quer dizer que povo ou que grupo de povos; portanto, que tipo étnico; portanto, que ideologia, que sistema de preferências, de normas, de molas vitais...

Não se sabe qual será o centro de gravitação onde as coisas humanas serão ponderadas no futuro próximo, e por isso a vida do mundo se encontra numa transitoriedade escandalosa. Tudo, tudo que se faz hoje na esfera pública ou privada – até na íntima –, a não ser algumas partes de algumas ciências, é provisório. Quem desconfiar de tudo o que hoje é apregoado, ostentado, ensaiado ou elogiado, estará certo. Tudo, desde a mania do esporte físico (a mania, não o esporte verdadeiro) até a violência na política; desde a "arte nova" até os banhos de sol nas ridículas praias da moda. Nada disso tem raízes, porque tudo isso é pura invenção, no mau sentido da palavra, que o equipara a um capricho leviano. Não é uma criação que parte do fundo substancial da vida; não é aspiração nem missão autêntica. Em suma: tudo isso é vitalmente falso. Estamos diante de um caso contraditório de um estilo de vida que cultiva a sinceridade e é ao mesmo tempo uma falsificação. Só há verdade na existência quando sentimos seus atos como irrevogavelmente necessários. Não há hoje nenhum político que sinta a inevitabilidade de sua política, e, quanto mais extremo é o seu gesto, mais frívolo e menos determinado pelo destino ele é. Não há vida com raízes mais próprias, não há vida mais autóctone que aquela que se compõe de cenas ineludíveis. O resto, o que está em nossas mãos pegar, largar ou substituir, é exatamente falsificação da vida.

A atual é fruto de um interregno, de um vazio entre duas organizações do mundo histórico: a que foi e a que vai ser. Por isso é essencialmente provisória. E nem os homens sabem direito a que instituições servir de verdade, nem as mulheres, que tipo de homem preferem de verdade.

Os europeus não sabem viver se não estão empenhados numa grande empresa unitiva. Quando esta falta, se envilecem, se abandonam, ficam com a alma aos pedaços. Um começo disso já está diante de nossos olhos hoje. Os círculos que até agora foram chamados de nações chegaram à sua máxima expansão há um século ou pouco menos. Já não se pode fazer mais nada com eles a não ser transcendê-los. Já não são senão passado que se acumula em volta e embaixo do europeu, aprisionando-o, lastreando-o. Com mais liberdade vital que nunca, sentimos todos que o ar é irrespirável dentro de cada povo porque é um ar confinado. Cada nação que antes era a grande atmosfera aberta, arejada, transformou-se em província e "interior". Na supernação europeia que imaginamos, a pluralidade atual não pode nem deve desaparecer. Enquanto o Estado antigo aniquilava o diferencial dos povos ou o deixava de fora inativo, ou, no máximo, o conservava mumificado, a ideia nacional, mais puramente dinâmica, exige a permanência ativa desse plural que sempre foi a vida do Ocidente.

Todo mundo sente a urgência de um novo princípio de vida. Mas – como sempre acontece em crises como esta – alguns tentam salvar o momento através de uma intensificação extremada e artificial, justamente do princípio que já caducou. Este é o sentido da erupção "nacionalista" nos anos atuais. E sempre – repito – aconteceu assim. A última chama é a maior. O último suspiro, o mais profundo. Às vésperas de desaparecerem, as fronteiras se hiperestesiam – as fronteiras militares e as econômicas.

Por isso todos esses nacionalismos são becos sem saída. Tente-se projetá-los no amanhã e se sentirá sua inviabilidade. Com eles não se chega a nada. O nacionalismo é sempre um impulso de direção oposta ao princípio nacionalizador. É exclusivista, enquanto este é inclusivista. Na fase de consolidação tem, sem dúvida, um valor positivo e é uma norma muito importante. Mas na Europa tudo já está sobejamente consolidado e o nacionalismo não é mais que uma mania, o pretexto que se usa para se esquivar do dever de invenção e de grandes empresas. A simplicidade de meios com que opera e a categoria dos homens que exalta revelam nitidamente que é o contrário de uma criação histórica.

Só a decisão de se construir uma grande nação com o grupo dos povos continentais tornaria a regularizar a pulsação da Europa. Esta voltaria a crer em si mesma e, automaticamente, a exigir muito de si, a se disciplinar.

Mas a situação é muito mais perigosa do que parece. Os anos vão passando e corre-se o risco de que o europeu se acostume a este tom menor de existência de agora; se acostume a não mandar – nem nos outros nem em si mesmo. E, nesse caso, todas as virtudes e capacidades superiores iriam desaparecendo.

Mas, como sempre tem acontecido no processo de nacionalização, as classes conservadoras opõem-se à unidade da Europa. Isto pode resultar numa catástrofe para elas, pois, além do perigo genérico de que a Europa se desmoralize definitivamente e perca toda sua energia histórica, há um outro muito concreto e iminente. Quando o comunismo triunfou na Rússia, muitos acreditaram que todo o Ocidente seria inundado pela torrente vermelha. Eu não participei de semelhante prognóstico. Ao contrário: por aqueles anos, escrevi que o comunismo russo era uma substância inassimilável para os europeus, casta que jogou todos os esforços e fervores de sua história numa carta, a Individualidade. O tempo passou e os temerosos de outrora voltam hoje à tranquilidade. Voltaram à tranquilidade justamente quando chegou a hora de perdê-la. Porque agora sim é que se pode derramar sobre a Europa o comunismo devastador e vitorioso.

Minha opinião é a seguinte: agora, como antes, o conteúdo do credo comunista dos russos não interessa, não atrai, não se mostra como um futuro desejável para os europeus. E não pelas razões triviais que seus apóstolos, obstinados, surdos e sem veracidade, como todos os apóstolos, costumam propalar. Os *bourgeois* do Ocidente sabem muito bem que, mesmo sem comunismo, o homem que vive exclusivamente de suas rendas e que as transmite a seus filhos tem os dias contados. Não é isso que imuniza a Europa contra a fé russa, e muito menos o medo. Hoje parecem bastante ridículas as suposições arbitrárias em que Sorel baseava sua tática da violência há vinte anos. O burguês não é covarde, como ele pensava, e atualmente está mais disposto à violência que os operários. Ninguém ignora que, se o bolchevismo triunfou na Rússia, foi porque lá não havia burgueses[17]. O fascismo, que é um movimento *petit bourgeois*, revelou-se mais violento que todo o movimento operário junto. Não é nada disso, pois, o que impede o europeu de se envolver com o comunismo, mas uma razão muito mais simples e primária. Esta: que o europeu não vê na organização comunista um aumento da felicidade humana.

E, apesar disso – torno a repetir –, acho que é bem possível que nos próximos anos a Europa se entusiasme com o bolchevismo. Não por ele mesmo, mas apesar dele.

Imagine-se que o "plano de cinco anos" heroicamente seguido pelo Governo soviético lograsse suas previsões e a enorme economia russa ficasse não só restaurada, mas exuberante. Qualquer que seja o conteúdo do bolchevismo, representa uma tentativa gigante de empresa humana. Nele os homens abraçaram resolutamente um destino de reforma e vivem tensos sob a grande disciplina que essa fé lhes inspira. Se a matéria cósmica, indócil aos entusiasmos do homem, não fizer fracassar completamente o projeto, se lhe deixar uma pequena possibilidade de sucesso, seu esplêndido caráter de magnífica empresa se irradiará sobre o horizonte continental como uma nova e resplandescente constelação. Entre-

---

17. Se bem que essa homogeneidade respeite e não anule a pluralidade das condições originárias.

tanto, se a Europa continuar no rotineiro regime vegetativo destes anos, com os nervos relaxados pela falta de disciplina, sem projeto de vida nova, como poderá evitar o efeito contaminador daquela empresa tão ilustre? É não conhecer o europeu, esperar que ele possa ouvir sem se entusiasmar essa chamada para um novo *fazer* quando ele não tem outra bandeira de altivez semelhante para levar à frente. Com tamanha vontade de servir a algo que dê um sentido à vida e de fugir do próprio vazio existencial, não é difícil que o europeu esqueça suas objeções ao comunismo e, mesmo sem ser por sua substância, sinta-se arrastado por seu gesto moral.

Vejo na construção da Europa, como grande Estado nacional, a única empresa que poderá ser contraposta à vitória do "plano de cinco anos".

Os técnicos de economia política asseguram que essa vitória tem muito poucas probabilidades de êxito. Mas seria demasiadamente vil que o anticomunismo deixasse tudo a cargo das dificuldades materiais encontradas por seu adversário. Dessa forma, o fracasso deste equivaleria à derrota universal: de todos e de tudo do homem atual. O comunismo é uma "moral" extravagante – algo semelhante a uma moral. Não parece mais decente e fecundo opor-se a essa moral eslava uma nova moral do Ocidente, a incitação de um novo programa de vida?

CAPÍTULO XV
CHEGA-SE À VERDADEIRA QUESTÃO

A questão é esta: a Europa ficou sem moral. Não é que o homem-massa menospreze uma antiquada em favor de outra emergente, mas é que o centro do seu regime vital consiste precisamente na aspiração de viver sem se submeter a qualquer moral. Não se deve acreditar numa única palavra quando os jovens falam da "nova moral". Nego redondamente que exista hoje em qualquer parte do continente qualquer grupo que se oriente por um novo *ethos* que se pareça com uma moral. Quando se fala da "nova", só se faz cometer mais uma imoralidade e procurar um meio mais cômodo para viver clandestinamente.

Por esta razão seria uma ingenuidade acusar o homem de hoje por sua falta de moral. Essa imputação não só não o deixaria preocupado como até mesmo lhe agradaria. O imoralismo chegou a uma vulgaridade extrema e qualquer um se vangloria de exercitá-lo.

Se deixarmos de lado – como já fizemos neste ensaio – todos os grupos que representam sobrevivências do passado – os cristãos, os "idealistas", os velhos liberais etc. –, não se achará entre os representantes da época atual uma única pessoa cuja atitude diante da vida não se reduza a crer que tem todos os direitos e nenhuma obrigação. É indiferente que use a máscara de reacionário ou de revolucionário: por ação ou por omissão, no final das contas, seu estado de ânimo consistirá, decisivamente, em ignorar toda obrigação e em se sentir, sem que ele mesmo saiba por quê, com direitos ilimitados.

Qualquer substância que penetre numa alma assim dará o mesmo resultado, e se converterá em pretexto para não se sujeitar a nada concreto. Quando se apresenta como reacionário ou antiliberal, é para poder afirmar que a salvação da pátria, do Estado, dá o direito de passar por cima de todas as outras normas e de massacrar o próximo, principalmente se o próximo tem uma personalidade valorosa. Mas acontece a mesma coisa se ele decide ser revolucionário: seu aparente entusiasmo pelo operário artesanal, o miserável e a justiça social serve-lhe de disfarce para poder desvencilhar-se de qualquer obrigação – como a cortesia, a veracidade e, acima de qualquer outra coisa, o respeito ou a admiração pelos indivíduos superiores. Sei de vários que ingressaram em qualquer partido trabalhista apenas para conquistar dentro de si mesmos o direito de desprezar a inteligência e não precisar reverenciá-la. Quanto às outras Ditaduras, já vimos muito bem o quanto agradam ao homem-massa, esmagando tudo que pareça excepcional.

Esta fuga de toda obrigação explica, em parte, o fenômeno, entre ridículo e escandaloso, de que se tenha feito em nossos dias uma plataforma da "juventude" como tal. Talvez o aspecto mais grotesco de nosso tempo. É cômico ver como as pessoas se declaram "jovens" porque ouviram que o jovem tem mais direitos que obrigações, já que o cumprimento destas pode ficar para as calendas gregas da maturidade. O jovem, como tal, sempre se considerou exímio em *fazer* ou já *ter feito* mil façanhas. Sempre viveu de crédito. Isso já está na natureza do homem. Era como um falso direito, entre irônico e terno, que os não jovens concediam aos moços. Mas é de pasmar que agora estes o tomem como um direito efetivo, justamente para se atribuírem todos os demais que pertencem apenas àqueles que já fizeram alguma coisa.

Ainda que pareça mentira, chegou-se ao ponto de se fazer da juventude uma *chantagem*. Na verdade, vivemos um tempo de *chantagem* universal que toma as formas de gesto complementar: existe a *chantagem* da violência e a *chantagem* do humorismo. Com qualquer delas aspira-se sempre à mesma coisa: que o inferior, que o homem vulgar possa sentir-se eximido de qualquer sujeição.

Por isso não é o caso de se enobrecer a crise atual apresentando-a como o conflito entre duas morais ou civilizações, uma na caducidade e outra no alvorecer. O homem-massa carece simplesmente de moral, que é sempre, por essência, um sentimento de submissão a algo, consciência de serviço e obrigação. Mas talvez seja um erro dizer "simplesmente". Porque não se trata apenas de que esse tipo de criatura se desinteresse pela moral. Não; não é tão fácil assim. Da moral, não é possível desligar-se sem explicações. Aquilo que, com um vocábulo falho até de gramática, se chama de *amoralidade* não existe. Quem não quer se submeter a nenhuma norma tem, *velis nolis*, que se submeter à norma de negar toda moral, e isso não é amoral, mas imoral. Uma moral negativa que conserva da outra a forma vazia.

Como se pôde acreditar na amoralidade da vida? Sem dúvida, porque toda a cultura e toda a civilização moderna levam a essa convicção. A Europa colhe agora as penosas consequências de sua conduta espiritual. Precipitou-se sem reservas pela encosta de uma cultura magnífica, mas sem raízes.

Neste ensaio pretendeu-se delinear um certo tipo de europeu, analisando-se principalmente seu comportamento diante da própria civilização onde nasceu. Tinha que ser dessa forma porque esse personagem não representa outra civilização que lute com a antiga, mas uma mera negação, negação que oculta um efetivo parasitismo. O homem-massa ainda está vivendo justamente do que nega e do que outros construíram ou acumularam. Por isso não convinha misturar seu psicograma com a grande questão: quais são as insuficiências radicais sofridas pela cultura europeia moderna? Porque é evidente que, em última análise, é delas que se origina essa forma humana hoje dominante.

Mas essa grande questão não pode ser tratada nestas páginas, porque é excessiva. Seria necessário fazer uma ampla exposição da doutrina sobre a vida humana que, como um contraponto, aparece aqui apenas entrelaçada, insinuada, sussurrada. Talvez em breve possa ser gritada.

EPÍLOGO PARA INGLESES

Logo irá fazer um ano que, numa paisagem holandesa onde o destino me colocara, escrevi o *Prólogo para franceses* anteposto à primeira edição popular deste livro. Naquela época começava uma das etapas mais problemáticas para a Inglaterra em sua história, e na Europa eram muito poucas as pessoas que acreditavam em suas virtudes latentes. Nestes últimos tempos têm-se falado tantas coisas que, por inércia mental, tende-se a duvidar de tudo, até da Inglaterra. Dizia-se que era um povo em decadência. Não obstante – e mesmo enfrentando certos riscos dos quais não quero falar agora –, eu ressaltava com grande convicção a missão europeia do povo inglês, que ele desempenhou durante dois séculos e que, de forma superlativa, estava sendo chamado a desempenhar outra vez. O que eu não imaginava então é que os fatos viessem confirmar meu prognóstico e alentar minha esperança tão rapidamente. Muito menos que viessem a se ajustar com tamanha precisão ao papel muito bem definido que, usando um paradigma humorístico, eu atribuía à Inglaterra diante do Continente. A manobra de saneamento histórico que neste momento é posta em prática pela Inglaterra no seu interior é portentosa. Em meio à tormenta mais atroz, o navio inglês muda todas as suas velas, vira dois quadrantes, cinge-se ao vento e a guinada de seu timão modifica o destino do mundo. Tudo isso sem alarde e muito além de todas as frases, inclusive das que acabo de escrever. É evidente que há muitas maneiras de se fazer história, quase tantas quanto de desfazê-la.

Há vários séculos que, periodicamente, ao despertarem certa manhã, os continentais exclamam coçando a cabeça: "Esta Inglaterra...!". É uma expressão que significa surpresa, irritação, e a consciência de estar diante de algo admirável mas incompreensível. O povo inglês é, efetivamente, o fato mais estranho que há no planeta. Não me refiro ao inglês individual, mas ao corpo social, à coletividade dos ingleses. O estranho, o maravilhoso, portanto, não pertence à esfera psicológica, mas à esfera sociológica. E como a sociologia é uma das disciplinas sobre as quais as pessoas de todas as partes têm as ideias menos claras, não seria possível, sem muitas preparações, dizer por que a Inglaterra é estranha e maravilhosa. Menos ainda tentar explicar como chegou a ser essa coisa estranha que é. Enquanto se acreditar que um povo possui um "caráter" predeterminado e que sua história é uma manifestação desse caráter, não haverá sequer um modo de se iniciar esse assunto. O "caráter nacional", como tudo o que é humano, não é um dom inato, mas uma fabricação. O caráter nacional vai sendo feito e desfeito e refeito na história. Em que pese desta vez a etimologia, a nação não nasce, mas é feita. É uma empresa que se sai bem ou mal, que se inicia depois de um período de experiências, que se desenvolve, que se corrige, da qual se "perde o fio" uma ou várias vezes, e é preciso recomeçar ou, pelo menos, reatar. O interessante seria definirem-se quais são os atributos surpreendentes, pelo insólito, da vida inglesa nos últimos cem anos. Em seguida se tentaria mostrar como a Inglaterra adquiriu essas qualidades sociológicas. Insisto em empregar esta palavra, apesar de seu pedantismo, porque por trás dela está o verdadeiramente essencial e fértil. É preciso extirpar da história o psicologismo, que já foi eliminado de outros campos do conhecimento. O excepcional da Inglaterra não repousa no tipo de indivíduo humano que soube criar. É muito discutível que o inglês individual valha mais que outras formas de individualidade surgidas no Oriente e no Ocidente. Mas mesmo aquele que qualifique o modo de ser dos homens ingleses como superior a todos os demais estará reduzindo o assunto a uma questão de mais ou de menos. Sustento, por outro lado, que o excepcional, que a originalidade extrema do povo inglês reside na sua maneira de conduzir o lado social ou coletivo da vida humana, no modo como sabe ser uma sociedade. Nisto é que se contrapõe a todos os outros povos, e não é uma questão de mais ou de menos. Talvez, em breve, eu tenha a oportunidade de expor tudo que quero dizer com isto.

Esse respeito que temos pela Inglaterra não nos exime de nos sentirmos irritados com seus defeitos. Não há povo que, analisado por outro, não seja insuportável. E sob esse aspecto os ingleses são, por acaso, especialmente exasperantes. Acontece que as virtudes de um povo, como as de um homem, são construídas e, de certo modo, consolidadas sobre seus defeitos e limitações. Quando chegamos a esse povo, a primeira coisa que vemos são suas fronteiras, que, tanto no sentido moral como no físico, são seus limites. A inquietação dos últimos meses fez com que quase todas as nações tenham vivido encarapitadas em suas fronteiras; isto é, dando um espetáculo exagerado de seus defeitos mais congênitos. Acrescentando-se que um dos principais temas de discussão tem sido a Espanha, há de se compreender até que ponto tenho sofrido com tudo o que na Inglaterra, na França e na América do Norte representa deficiência, estupidez, vício e falha. O que mais tem me surpreendido é a decidida vontade de não se inteirar bem do conteúdo da opinião pública desses países; e do que mais tenho sentido falta, em relação à Espanha, tem sido algum gesto de elegância generosa, que é, a meu ver, o mais estimável que há no mundo. Nos países anglo-saxões – não em seus governos, mas na opinião pública – tem se deixado correr a intriga, a frivolidade, a rudeza, o preconceito arcaico e a hipocrisia nova sem lhes pôr um paradeiro. Os maiores absurdos têm sido levados a sério, desde que sejam autóctones, e, por outro lado, tem havido a decisão radical de não se querer ouvir nenhuma voz espanhola capaz de esclarecer as coisas, ou de ouvi-la só depois de deformá-la.

Isso me levou, embora convicto de estar forçando um pouco a situação, a aproveitar o primeiro pretexto para falar sobre a Espanha e – já que a desconfiança do povo inglês não tolerava outra coisa – falar sem parecer que era dela, nas páginas intituladas "Quanto ao pacifismo", que se seguem a estas. Se o leitor for benévolo, não esquecerá do verdadeiro destinatário. Dirigidas aos ingleses, representam um esforço de adequação aos seus usos. Nelas houve uma renúncia a qualquer "brilhantismo" e são escritas em estilo bastante pickwickiano, composto de cautelas e eufemismos.

Deve-se lembrar que a Inglaterra não é um povo de escritores mas de comerciantes, de engenheiros e de homens piedosos. Por isso soube forjar uma língua e uma elocução onde se visa principalmente não dizer o que se diz, ou, antes, insinuá-lo e se furtar a dizer. O inglês não veio ao mundo para *se dizer* mas, ao contrário, para se silenciar. Com seus rostos impassíveis atrás de seus cachimbos, os ingleses velam atentamente seus próprios segredos para que nenhum deles escape. Isso é uma força magnífica, e importa sobremaneira à espécie humana que esse tesouro e essa energia de taciturnidade conservem-se intactos. Mas ao mesmo tempo dificultam enormemente o entendimento com outros povos, sobretudo com os nossos. O homem do sul tem propensão para ser muito falante. A Grécia, que nos educou, soltou-nos as línguas e nos fez indiscretos de *nativitate*. O aticismo tinha superado o laconismo, e, para o ateniense, viver era falar, dizer, esganiçar-se contando aos quatro ventos em formas claras e eufônicas a mais secreta intimidade. Por isso divinizaram o dizer, o *logos*, ao qual atribuíam um poder mágico, e a retórica acabou sendo para a civilização antiga o que a física tem sido para nós nestes últimos séculos. Sob essa disciplina, os povos românticos forjaram línguas complicadas, mas deliciosas, de uma sonoridade, uma plasticidade e uma elegância incomparáveis; línguas feitas através de conversas sem fim – na praça pública e na pracinha, na sala de visitas, na taberna e na tertúlia. Por isso nos sentimos irritados quando, aproximando-nos desses esplêndidos ingleses, os ouvimos emitir uma série de miados displicentes em que consiste seu idioma.

O tema do ensaio que se segue é a incompreensão mútua em que caíram os povos do Ocidente – isto é, povos que convivem desde sua infância. O fato é de estarrecer. Porque a Europa sempre foi como uma casa de vizinhança, onde as famílias nunca vivem separadas, mas misturam a toda hora sua existência doméstica. Estes povos, que agora se estranham tão profundamente, brincaram juntos, quando crianças, nos corredores da grande mansão comum. Como puderam chegar a se desentender tão radicalmente? A gênese dessa situação tão grave é longa e complexa. Para enunciar apenas um dos mil fios que se juntam naquele fato, diga-se que o costume de alguns povos de se converterem em juízes dos outros, de se desprezarem e insultarem *porque* são diferentes, enfim, de permitirem que as nações poderosas de hoje acreditem que o estilo ou o "caráter" de um povo menor é absurdo *porque* ele é bélica ou economicamente fraco, são fenômenos que, se não me engano, jamais haviam acontecido até os últimos cinquenta anos. O enciclopedista francês do século XVIII, não obstante sua petulância e sua pequena flexibilidade intelectual, apesar de acreditar estar de posse da verdade absoluta, não pensaria em desdenhar de um povo "inculto" e depauperado como a Espanha. Quando alguém o fazia, o escândalo que provocava era a prova de que o homem normal de então, como um *parvenu*, não via nas diferenças de poderio uma diferença de caráter humano. Ao contrário: é o século das viagens cheias de curiosidade amável e prazerosa pela divergência do próximo. Este foi o sentido do cosmopolitismo que vicejou até seu último terço. O cosmopolitismo de Fergusson, Herder e Goethe é o contrário do "internacionalismo" atual. Apoia-se não na exclusão das diferenças nacionais, mas, ao contrário, no entusiasmo por elas. Busca a pluralidade de formas vitais com a intenção não de anulá-la, mas de integrá-la. Estas palavras de Goethe foram seu lema: "Só todos os homens vivem o humano". O Romantismo que o sucedeu não é mais que sua exaltação. O romântico encantava-se com os outros povos justamente porque eram outros, e no uso mais exótico e incompreensível receava mistérios de grande sabedoria. E acontece que – em princípio – tinha razão. É indubitável, por exemplo, que o inglês de hoje, hermetizado pela consciência de seu poder político, não é muito capaz de ver o que há de cultura refinada, sutil e de alta linhagem nessa ocupação – que para ele é o exemplo da desocupação – de "tomar sol" a que o espanhol castiço costuma dedicar-se conscienciosamente. Ele pensa, talvez, que a última ocupação realmente civilizada é vestir calças largas e bater numa bolinha com uma vara, o que se costuma dignificar chamando-se de *golf*.

O assunto é, pois, de grande fôlego, e as páginas seguintes só abordam seu lado mais urgente. Esse desconhecimento mútuo fez com que o povo inglês, tão parco de erros históricos graves, cometesse o gigantesco erro de seu pacifismo. De todas as causas que têm gerado as atuais desgraças do mundo, talvez o desarmamento da Inglaterra seja a mais concreta. Seu gênio político permitiu-lhe, nestes meses, corrigir com um esforço incrível de *self-control* o mais extremo do mal. Talvez tenha sido a consciência da responsabilidade assumida que a tenha feito tomar essa resolução.

Nas páginas seguintes argumenta-se tranquilamente sobre tudo isso, sem pretensão excessiva, mas com o grande desejo de colaborar na reconstrução da Europa. Quero dizer ao leitor que todas as notas foram acrescentadas agora e portanto suas alusões cronológicas são referentes ao mês em curso.

Paris e abril, 1938

Quanto ao pacifismo

Há vinte anos[1], a Inglaterra – seu governo e sua opinião pública – adotou o pacifismo. Cometemos o erro de designar com este único nome atitudes muito diferentes, tão diferentes que na prática são frequentemente antagônicas. Há, com efeito, muitas formas de pacifismo. A única coisa comum entre elas é algo muito vago: a crença de que a guerra é um mal e a aspiração de eliminá-la como meio de relacionamento entre os homens. Mas os pacifistas começam a divergir quando dão o passo imediato e se perguntam até que ponto é absolutamente possível a desaparição das guerras. Enfim: a divergência torna-se superlativa quando começam a pensar nos meios necessários à instauração da paz neste globo terrestre tão belicoso. Um estudo completo sobre as diversas formas do pacifismo seria provavelmente muito mais útil do que se imagina. Dele emergiria não pouca claridade. Mas é evidente que aqui e agora não é o momento oportuno para se fazer um estudo que defina com certa precisão o peculiar pacifis-

---

1. Estas páginas foram publicadas na revista *The Nineteenth Century*, no número de junho de 1937.

mo que a Inglaterra – seu governo e sua opinião pública – adotou há vinte anos.

Mas, por outro lado, a realidade atual infelizmente nos facilita o assunto. É demasiadamente notório que *esse* pacifismo inglês fracassou. O que significa que esse pacifismo foi um erro. O fracasso foi tão grande, tão completo, que se teria direito de rever radicalmente a questão e de perguntar se todo pacifismo não é um erro. Mas neste momento prefiro me adaptar tanto quanto possível ao ponto de vista inglês, e supor que sua aspiração à paz mundial era uma excelente aspiração. Mas isso ressalta ainda mais tudo o que houve de erro no resto, ou seja, na apreciação das possibilidades de paz que o mundo atual oferece e na determinação da conduta que deve ser obedecida por quem pretenda, de verdade, ser pacifista.

Dizendo isto, não pretendo sugerir nada que possa levar ao desânimo. Pelo contrário. Por que desanimar? Talvez as duas únicas coisas às quais o homem não tem direito sejam a petulância e seu oposto, o desânimo. Nunca há razão suficiente nem para uma nem para o outro. Basta que se atente para o estranho mistério da condição humana consistente no fato de que uma situação tão negativa e de derrota como a de se ter cometido um erro possa se converter magicamente em uma nova vitória para o homem pelo simples fato de reconhecê-lo. Reconhecer-se um erro é por si só uma nova verdade e como uma luz que se faz dentro do homem.

Ao contrário do que creem os lastimadores, todo erro é um bem que aumenta nosso haver. Em vez de chorar sobre ele é mais conveniente que nos apressemos a explorá-lo. Para tanto é preciso que nos resolvamos a estudá-lo a fundo, a descobrir, sem piedade, suas raízes e a construir decisivamente a nova concepção das coisas que ele nos proporciona. Suponho que os ingleses já estejam dispostos, de forma serena mas decidida, a corrigir o enorme erro que durante vinte anos foi seu peculiar pacifismo e a substituí-lo por um outro pacifismo mais perspicaz e eficiente.

Como acontece quase sempre, o maior defeito do pacifismo inglês – e, em geral, dos que se apresentam como titulares do pacifismo – foi subestimar o inimigo. Essa subestima levou-os a um diagnóstico falso. O pacifista vê a guerra como um dano, um crime ou um vício. Mas esquece que, antes e acima disso, a guerra é um enorme esforço feito pelos homens para resolverem certos conflitos. A guerra não é um instinto, mas uma invenção. Os animais a desconhecem e é pura instituição humana, como a ciência ou a administração. Ela deu origem a uma das maiores descobertas, base de toda civilização: a disciplina. Todas as outras formas de disciplina originam-se da primigênia, que foi a disciplina militar. O pacifismo está perdido e se converte em nula beatice quando não leva em consideração que a guerra é uma genial e formidável técnica de vida e para a vida.

Como toda forma histórica, a guerra tem dois aspectos: o da hora de sua invenção e o da hora de sua superação. Na hora de sua invenção significou um progresso incalculável. Hoje, quando se aspira a superá-la, só vemos dela seu lado sujo, seu horror, sua rusticidade, sua insuficiência. Do mesmo modo, costumamos maldizer a escravidão, sem maiores reflexões, não percebendo o maravilhoso avanço que representou quando foi inventada. Porque antes disso matavam-se todos os vencidos. Foi um gênio benfeitor da humanidade aquele que primeiro teve a ideia de, em vez de matar os prisioneiros, conservar-lhes a vida e aproveitar seu trabalho. Augusto Comte, que tinha um grande sentido humano, isto é, histórico, já tinha visto deste modo a instituição da escravidão – libertando-se das tolices que Rousseau disse sobre ela – e cabe a nós generalizar sua advertência, aprendendo a ver todas as coisas humanas com essa dupla perspectiva, ou seja: o aspecto que tinha quando chegou e o aspecto que tinha quando se foi. Os romanos, com muita perspicácia, encarregaram duas divindades de consagrar esses dois instantes – Adeona e Abeona, o deus do chegar e o deus do partir.

Por desconhecer tudo isso, que é elementar, o pacifismo encarou sua tarefa como excessivamente fácil. Pensou que para eliminar a guerra bastava não fazê-la ou, no máximo, trabalhar para que não fosse feita. Como a considerava apenas uma excrescência supérflua e mórbida surgida no relacionamento humano, acreditou que bastava extirpá-la e que *não era necessário substituí-la*. Mas o enorme esforço que é a guerra só poderá ser evitado na medida em que se entender por paz um esforço ainda maior, um sistema de esforços muito complexo e que, em parte, requer a feliz intervenção do gênio. Entender-se de outra forma é um erro absoluto. É interpretar a paz como um simples vazio que a guerra deixaria se desaparecesse; portanto, ignorar que, se a guerra é uma coisa que se faz, também a paz é uma coisa que se tem que fazer, que se tem que fabricar, empregando-se nessa tarefa todas as forças humanas. A paz não "está por aí" simplesmente, servindo apenas para que o homem a desfrute. A paz não é um fruto espontâneo de alguma árvore. Nada realmente importante é dado de presente ao homem; pelo contrário, ele tem que fazê-lo, que construí-lo. Por isso a designação mais adequada de nossa espécie é *homo faber*.

Diante de tudo isso, não parece surpreendente que a Inglaterra tenha acreditado que o máximo que podia fazer em prol da paz era desarmar, um ato que se assemelha tanto a uma simples omissão? Essa crença seria incompreensível se não se percebesse o erro de diagnóstico em que se baseia, ou seja: a ideia de que a guerra nasce simplesmente das paixões dos homens, e que, uma vez reprimidas essas paixões, o belicismo será sufocado. Para vermos a questão com maior clareza, façamos o que fazia Lord Kelvin para resolver seus problemas de física: vamos construir um modelo imaginário.

Imaginemos, de fato, que em certo momento todos os homens renunciassem à guerra, como a Inglaterra, por seu lado, tentou fazer. Podemos acreditar que basta isso, ainda mais, que com isso se tenha dado o passo mais rápido e eficiente em direção à paz? Grande erro! A guerra, repetimos, era um meio que os homens tinham inventado para resolver certos conflitos. A renúncia à guerra não elimina esses conflitos. Ao contrário, ficam mais intactos e menos resolvidos que nunca. A ausência de paixões e a vontade pacífica de todos os homens seriam completamente ineficazes, porque os conflitos reclamariam solução e, *enquanto não se inventasse outro meio*, a guerra reapareceria inexoravelmente nesse planeta imaginário só habitado por pacifistas.

Não é, pois, a vontade de paz o fator decisivo do pacifismo. É preciso que esse vocábulo deixe de significar uma boa intenção e passe a representar um sistema de novos meios de relacionamento entre os homens. Não se poderá esperar nada de fértil nesse campo enquanto o pacifismo não deixar de ser um desejo gratuito e cômodo para ser um complexo conjunto de novas técnicas.

O enorme dano que aquele pacifismo ocasionou à causa da paz consistiu em não nos deixar ver a carência das técnicas mais elementares, cujo exercício completo e preciso constitui isso que, com um vago nome, chamamos de paz.

A paz, por exemplo, é o direito como forma de relação entre os povos. Muito bem: o pacifismo usual supunha que esse direito existia, que estava por aí à disposição dos homens e que só as paixões destes e seus instintos de violência os levavam a ignorá-lo. Mas vejam: isso é completamente oposto à verdade.

Para que o direito ou um ramo dele exista é preciso: 1.º, que alguns homens, especialmente inspirados, descubram certas ideias ou princípios de direito; 2.º, a propaganda e expansão dessas ideias de direito na coletividade em questão (em nosso caso, pelo menos, a coletividade que formam os povos europeus e americanos, incluindo-se os domínios ingleses na Oceania); 3º, que essa expansão chegue a ser tão predominante, que aquelas ideias de direito se consolidem na forma de "opinião pública". Então, e só então, poderemos falar, na plenitude do termo, de direito, isto é, de norma *vigente*. Não importa que não haja legislador, não importa que não haja juízes. Se aquelas ideias dominarem de verdade as almas, atuarão inevitavelmente como normas de conduta às quais se pode recorrer. E esta é a verdadeira substância do direito.

Pois bem: um direito referente às matérias que inevitavelmente originam as guerras não existe. E não só não existe no sentido de ainda não ter conseguido ser "vigente", isto é, de não estar consolidado como norma firme na "opinião pública", como também não existe sequer como ideia, como puro teorema incubado na mente de algum pensador. E, não havendo nada disso, não havendo nem em teoria um direito dos povos, é possível pretender que desapareçam as guerras entre eles? Permito-me qualificar de frívola, de imoral, semelhante pretensão. Porque é imoral pretender-se que uma coisa desejada se realize magicamente, simplesmente porque a desejamos. Só é moral o desejo que é acompanhado da enérgica vontade de preparar os meios para sua execução.

Não sabemos quais são os "direitos subjetivos" das nações e nem suspeitamos de como seria o "direito objetivo" que pudesse regular seus atos. A proliferação de tribunais internacionais, de órgãos de arbitragem entre Estados que os últimos cinquenta anos presenciaram, contribui para nos ocultar a indigência de um verdadeiro direito internacional em que nos encontramos. Não desconheço, absolutamente, a importância dessas magistraturas. Para o progresso de uma função moral é sempre importante que ela apareça materializada na forma de um órgão especial claramente visível. Mas a importância desses tribunais internacionais se resumiu apenas nisso até esta data. O direito que administram é, em sua essência, o mesmo que já existia antes de sua criação. Com efeito: se examinarmos as matérias julgadas por esses tribunais, notaremos que são as mesmas que eram resolvidas anteriormente pela diplomacia. Não representaram nenhum progresso importante quanto ao essencial: a criação de um direito para a realidade peculiar que são as nações.

Nem era de se esperar maior fertilidade nesse campo, de uma etapa que se iniciou com o Tratado de Versalhes e com a instituição da Sociedade das Nações, para nos referirmos apenas aos dois cadáveres maiores e mais recentes. Não me apraz chamar a atenção do leitor para coisas falidas, maltratadas ou em ruínas. Mas é indispensável para se despertar o interesse para novas grandes empresas, para novas tarefas construtivas e salutares. É preciso que não se torne a cometer um erro como o da criação da Sociedade das Nações; compreende-se o que foi concretamente e o que significou essa instituição na hora de seu nascimento. Não foi um erro qualquer, como os habituais, na difícil tarefa que é a política. Foi um erro que merece a qualificação de profundo. Foi um profundo erro *histórico*. O "espírito" que levou àquela criação, o sistema de ideias filosóficas, históricas, sociológicas e jurídicas de que emanaram seu projeto e sua figura já estava *historicamente* morto naquela data, pertencia ao passado e, longe de antecipar o futuro, já era arcaico. E não se diga que agora é fácil dizer isso. Houve homens na Europa que já naquela ocasião denunciaram seu inevitável fracasso. Mais uma vez aconteceu o que é quase normal na história, isto é: ela foi prevista. E mais uma vez também os políticos não ouviram esses homens. Deixo de mencionar o nome do grupo a que pertenciam os profetas. É suficiente dizer que na fauna humana representam a espécie mais oposta ao político. Sempre será este o que deve governar, e não o profeta; mas é muito importante para os destinos humanos que o político ouça sempre o que o profeta diz explicitamente ou insinua. Todas as grandes épocas da história nasceram da sutil colaboração entre esses dois tipos de homem. E talvez uma das causas mais profundas do atual desacerto seja o fato de há duas gerações os políticos terem se declarado independentes e cancelado essa colaboração. Devido a isso produziu-se o fenômeno vergonhoso de, nestas alturas da história e da civilização, o mundo navegar mais à deriva que nunca, entregue a uma cega mecânica. Cada vez é menos possível uma política sadia sem uma longa antecipação histórica, sem profecia. Talvez as catástrofes presentes voltem a abrir os olhos dos políticos para o fato evidente de que há homens que, pelos temas a que se dedicam habitualmente, ou por terem almas sensíveis como sismógrafos, recebem antes que os outros a visita do porvir[2].

A Sociedade das Nações foi um gigantesco aparato jurídico criado para um direito inexistente. E esse espaço que lhe era destinado foi fraudulentamente preenchido com a sempiterna diplomacia, que disfarçada de direito contribuiu para a desmoralização universal.

Sugiro ao leitor que escolha qualquer um dos grandes conflitos hoje existentes entre as nações e responda para si mesmo se encontra em sua mente uma *possível* norma jurídica que permita resolvê-lo, ainda que teoricamente. Quais são, por exemplo, os direitos de um povo que ontem tinha vinte

---

2. Certa dose de anacronismo é conatural à política. Esta é um fenômeno coletivo, e todo coletivo ou social é arcaico relativamente à vida pessoal das minorias inventoras. Na medida em que as massas se distanciam destas, aumenta o arcaísmo da sociedade e, de uma magnitude normal, constitutiva, passa a ter uma característica patológica. Revendo-se a lista das pessoas que intervieram na criação da Sociedade das Nações, é muito difícil encontrar-se alguma que merecesse então, e muito menos agora, admiração intelectual. É claro que não estou me referindo aos especialistas e técnicos, obrigados a desenvolver e executar as insensatezes daqueles políticos.

milhões de homens e hoje tem quarenta ou oitenta? Quem tem direito ao espaço desabitado do mundo? Estes exemplos, os mais rudimentares e elementares que se podem apontar, ilustram muito bem o caráter ilusório de qualquer pacifismo que não comece por ser uma nova técnica jurídica. Sem dúvida, o direito que aqui se postula é uma invenção muito difícil. Se fosse fácil já existiria há muito tempo. É difícil, exatamente tão difícil quanto a paz com a qual coincide. Mas uma época que assistiu à invenção das geometrias não euclidianas, de uma física de quatro dimensões e de uma mecânica do descontínuo pode, sem susto, encarar aquela empresa e resolver atacá-la. De certo modo, o problema do novo direito internacional pertence ao mesmo estilo que estes recentes progressos doutrinários. Neste caso também se trata de liberar uma atividade humana – o direito – de certa limitação radical de que sempre sofreu. O direito é, de fato, estático, e não é sem razão que seu órgão principal se chama Estado. O homem ainda não conseguiu elaborar uma forma de justiça que não esteja circunscrita à cláusula *rebus sic stantibus*. Mas acontece que as coisas humanas não são *res stantes*; ao contrário, são coisas históricas, isto é, puro movimento, mutação perpétua. O direito tradicional só serve de regulamento para uma realidade paralítica. E, como a realidade histórica muda periodicamente de forma radical, choca-se, inexoravelmente, com a estabilidade do direito, que se transforma numa camisa de força. Mas uma camisa de força posta num homem não tem o dom de transformá-lo em louco furioso. Vem daqui – dizia eu, recentemente – esse estranho aspecto patológico que a história tem e que a faz parecer uma luta permanente entre os paralíticos e os epiléticos. Dentro do povo produzem-se as revoluções, e entre os povos estouram as guerras. O bem que o direito pretende ser converte-se num mal, como diz a Bíblia: "Por que transformaste o direito em fel e o fruto da justiça em absinto?" (Oseias, 6, 12).

No direito internacional, esta incongruência entre a estabilidade da justiça e a mobilidade da realidade, que o pacifista quer submeter àquela, atinge sua culminância. Quanto à parte que interessa ao direito, a história é, antes de tudo, a mudança na repartição do poder sobre a terra. E, enquanto não houver princípios de justiça que, mesmo em teoria, regulem satisfatoriamente essas mudanças do poder, qualquer pacifismo será inútil. Porque, se a realidade histórica é isso antes de tudo, é evidente que o *status quo* é o máximo da *injúria*. Não é de se estranhar, pois, o fracasso da Sociedade das Nações, gigantesco aparato construído para administrar o *status quo*.

O homem precisa de um direito dinâmico, um direito plástico e em movimento, capaz de acompanhar a história em sua metamorfose. O pedido não é exorbitante, nem utópico, nem sequer novo. Há mais de setenta anos, o direito, tanto civil como político, evolui nesse sentido. Por exemplo: quase todas as constituições contemporâneas procuram ser "abertas". Embora o expediente seja um pouco ingênuo, convém lembrá-lo, porque nele se declara a aspiração a um direito *semovente*. Mas, a meu ver, o mais interessante seria analisarmos a fundo e tentarmos definir com precisão – isto é, extrair a teoria que jaz sob ele – o fenômeno jurídico mais avançado já produzido até hoje no planeta: a *British Commonwealth of Nations*. Talvez se alegue que isso é impossível porque esse estranho fenômeno jurídico foi forjado justamente nestes dois princípios: um, o formulado por Balfour em 1926 com suas famosas palavras "Nas questões do Império é preciso evitar o *refining, discussing or defining*". E o outro, o princípio "da margem e da elasticidade", enunciado por *Sir* Austin Chamberlain em seu histórico discurso de 12 de setembro de 1925: "Observem-se as relações entre as diferentes seções do Império Britânico; a unidade do Império Britânico não repousa numa constituição lógica. Não está baseada sequer numa Constituição. Porque queremos conservar uma margem e uma elasticidade para todas as coisas".

Seria um erro não ver nestas duas fórmulas mais que simples manifestações do oportunismo político. Muito ao contrário, expressa muito adequadamente a realidade formidável que é a *British Commonwealth of Nations* e a designam precisamente sob seu aspecto jurídico. O que não fazem é defini-la, porque um político não nasceu para isso, e se o político é inglês acha que definir algo é quase cometer uma traição. Mas é evidente que há outros homens cuja missão é fazer o que é proibido para o político, especialmente o inglês: definir as coisas, ainda que estas se apresentem com a pretensão de serem essencialmente vagas. Em princípio, não é nem mais nem menos difícil definir o triângulo que definir a névoa. É muito importante reduzir a conceitos claros essa situação efetiva de direito que consiste em puras "margens" e puras "elasticidades". Porque a elasticidade é a condição que permite a um direito ser plástico, e, se lhe é atribuída uma margem, é porque se prevê seu movimento. Se em vez de se entenderem essas duas características como meras burlas e como insuficiências de um direito as tomarmos como qualidades positivas, é possível que as perspectivas mais férteis se apresentem para nós. Provavelmente a constituição do Império Britânico se assemelhe muito ao "molusco de referência" de que falou Einstein, uma ideia que a princípio foi julgada ininteligível e que hoje é a base da nova mecânica.

A capacidade para se descobrir a nova técnica de justiça que aqui se postula está pré-formada em toda a tradição jurídica da Inglaterra mais intensamente que na de qualquer outro país. E certamente não por mera casualidade. A maneira inglesa de ver o direito é um caso particular do estilo geral que caracteriza o pensamento britânico, no qual adquire sua expressão mais extrema e depurada o que por acaso é o destino intelectual do Ocidente, isto é: interpretar todo o inerte e material como puro dinamismo, substituir o que parece ser apenas "coisa" jacente, imóvel e fixada por forças, movimentos e funções. Em todos os campos de ação a Inglaterra tem sido newtoniana. Mas não creio que seja necessário me deter neste ponto. Suponho que isso já tenha sido constatado e demonstrado detalhadamente umas cem vezes. Permitam-me apenas que, como leitor inveterado, manifeste meu *desideratum* de ler um livro cujo tema seja este: o newtonismo inglês, fora da física; portanto, em todos os demais campos da vida.

Resumo agora minha argumentação através de uma linha de raciocínio simples e clara, segundo creio.

Está certo que o homem pacífico trabalhe diretamente para evitar esta ou aquela guerra; mas o pacifismo não consiste nisso, mas em se construir a outra forma de convivência humana que é a paz. Isso significa a invenção e o exercício de toda uma série de novas técnicas. A primeira delas é uma nova técnica jurídica que começa por descobrir princípios de equidade referentes às mudanças da divisão do poder sobre a terra.

Mas a ideia de um novo direito ainda não é um direito. Não esqueçamos que o direito se compõe de muitas outras coisas além de uma ideia: por exemplo, os bíceps dos policiais ou similares. A técnica do puro pensamento jurídico tem que ser acompanhada de muitas outras técnicas ainda mais complicadas.

Infelizmente, o próprio nome de direito internacional já impede uma visão clara do que seria em sua plena realidade um direito das nações. Porque o direito nos dá a impressão de ser um fenômeno que acontece dentro das sociedades, e o chamado "internacional" nos leva, pelo contrário, a imaginar um direito que acontece *entre* elas; isto é, num vazio social. Nesse vazio social as nações se reuniriam e, mediante um pacto, criariam uma sociedade nova, que seria, pela mágica virtude dos vocábulos, a *Sociedade das Nações*. Mas isso tem todo o aspecto de um *calembour*³. Uma sociedade constituída por meio de um pacto só é sociedade no sentido que este vocábulo tem para o direito civil, isto é, uma associação. Mas uma associação não pode existir como realidade jurídica se não surgir numa área onde um certo direito civil já estiver previamente em vigência. Qualquer outra coisa não passa de pura ilusão de óptica. Essa área onde surge a sociedade pactuada é outra sociedade preexistente, que não é obra de nenhum pacto e sim o resultado de uma convivência inveterada. Esta autêntica sociedade e não associação só se assemelha à outra quanto ao nome. Eis aqui o *calembour*.

Sem pretender resolver agora com um gesto dogmático, rápida e superficialmente, as questões mais intrincadas da filosofia do direito e da sociologia, atrevo-me a insinuar que estará certo quem, ao ouvir falar de um direito jurídico, exigir que lhe seja indicada a sociedade portadora desse direito e anterior a ele. No vazio social não há nem pode nascer direito. Este requer como substrato uma unidade de convivência humana, da mesma forma que os usos e costumes, dos quais o direito é o irmão mais novo, porém mais enérgico. E tanto é assim que não existe sintoma mais seguro para se descobrir a existência de uma autêntica sociedade que a existência de um fato jurídico. A evidência deste é turvada pela confusão habitual que fazemos ao pensar que toda sociedade autêntica tem que possuir forçosamente um Estado autêntico. Mas é bem claro que o aparato estatal não se produz dentro de uma sociedade a não ser num estágio muito avançado de uma evolução. Talvez o Estado proporcione certas perfeições ao direito, mas é desnecessário declarar diante de leito-

---

3. Os ingleses, de forma mais adequada, preferiram chamá-la de "liga". Isso evita o equívoco mas, ao mesmo tempo, situa o agrupamento de Estados fora do direito, consignando-o francamente à política.

res ingleses que o direito existe sem o Estado e sua atividade estatutária.

Quando falamos das nações tendemos a imaginá-las como sociedades separadas e fechadas dentro de si mesmas. Mas esta é uma abstração que não considera o mais importante da realidade. É claro que a convivência ou o relacionamento dos ingleses entre si é muito mais intenso que, por exemplo, a convivência entre os homens da Inglaterra e os homens da Alemanha ou da França. Mas é evidente que existe uma convivência geral dos europeus entre si e que, portanto, a Europa é uma sociedade de muitos séculos de idade e que tem uma história própria, da mesma forma como cada nação particular. Essa sociedade geral europeia possui um grau ou índice de socialização menos elevado que o alcançado desde o século XVI pelas sociedades particulares chamadas nações europeias. Pode-se dizer, portanto, que a Europa é uma sociedade mais tênue que a Inglaterra ou a França, mas não se pode desconhecer seu efetivo caráter de sociedade. Este fato é de extrema importância porque as únicas possibilidades de paz que existem dependem de que exista ou não efetivamente uma sociedade europeia. Se a Europa é *só* uma pluralidade de nações, os pacíficos podem perder suas esperanças[4]. Entre sociedades independentes não pode existir paz verdadeira. O que se costuma chamar assim é apenas um Estado de guerra mínimo ou latente.

Como os fenômenos corporais são o idioma e o hieroglífico, através do qual pensamos as realidades morais, não é para se desprezar o dano causado por uma imagem visual errônea convertida em hábito de nossa mente. Por isso censuro essa imagem da Europa em que ela aparece constituída por uma multidão de esferas – as nações – que só têm al-

---

4. Sobre a unidade e a pluralidade da Europa, vistas de outra perspectiva, cf. o "Prólogo para franceses", desta obra.

guns pontos de contato externo. Esta metáfora de jogador de bilhar deveria despertar o bom pacifista porque, como o bilhar, não nos promete mais que a eventualidade de choque. É preciso, pois, corrigi-la. Em vez de imaginarmos as nações europeias como uma série de sociedades isentas, imaginemos uma sociedade única – Europa –, dentro da qual se produziram grumos ou núcleos de condensação mais intensa. Esta figura corresponde muito mais aproximadamente que a outra ao que foi, de fato, a convivência ocidental. Não se trata de delinear um ideal com ela, trata-se de expressar graficamente o que realmente foi essa convivência desde seu início, após o término do período romano[5].

A convivência, por si só, não significa sociedade, viver em sociedade ou fazer parte de uma sociedade. Convivência implica apenas as relações entre indivíduos. Mas não pode haver convivência duradoura e estável sem que se produza automaticamente o fenômeno social por excelência, que são os usos – usos intelectuais ou "opinião pública", usos de técnica vital ou "costumes", usos que dirigem a conduta ou "moral", usos que a determinam ou "direito". O caráter geral do uso consiste em ser uma norma de comportamento – intelectual, sentimental ou físico – que se impõe aos indivíduos, independentemente de sua vontade. O indivíduo poderá resistir ao uso, por sua conta e risco; mas precisamente este esforço de resistência demonstra, melhor que nada, a realidade coativa do uso, que chamaremos de sua "vigência". Pois bem: uma sociedade é um conjunto de indivíduos que mutuamente se sabem submetidos à vigência de certas opiniões e valores. Assim, não há sociedade sem a vigência efetiva de

---

5. A sociedade europeia não é, pois, uma sociedade cujos membros sejam as nações. Como em toda sociedade autêntica, seus membros são homens, indivíduos humanos, isto é, os europeus, que *além* de serem europeus são ingleses, alemães, espanhóis.

certa concepção do mundo, que atua como última instância a que se pode recorrer em caso de conflito.

A Europa sempre foi um âmbito social unitário, sem fronteiras absolutas nem descontinuidades, porque nunca faltou esse fundo ou tesouro de "vigências coletivas" – convicções comuns e escalas de valores – dotadas dessa força coativa tão estranha em que consiste "o social". Não seria nenhum exagero dizer-se que a sociedade europeia existe antes das nações europeias, e que estas nasceram e cresceram no regaço materno daquela. Os ingleses podem ver isso com certa clareza no livro de Dawson, *The Making of Europe. Introduction to the History of European Society*.

Naturalmente o livro de Dawson não é suficiente. Foi escrito por uma mente alerta e ágil, mas que ainda não se libertou por completo do arsenal de conceitos tradicionais na historiografia, conceitos mais ou menos melodramáticos e míticos que ocultam, em vez de iluminar, as realidades históricas. Poucas coisas contribuíram tanto para apaziguar o horizonte como uma história da sociedade europeia, entendida como acabo de dizer – uma história realista, sem "idealizações". Mas este assunto nunca foi *visto*, porque as formas tradicionais da óptica histórica cobriam essa realidade unitária que chamei, *sensu stricto*, de "sociedade europeia", e a suplantavam com um plural – as nações –, como, por exemplo, aparece no título de Ranke, *História dos povos germânicos e românticos*. A verdade é que esses povos no plural flutuam como ludiões dentro do único espaço social que é a Europa: "nele se movem, vivem e são". A história que postulo contaria as vicissitudes desse espaço humano e nos faria ver como seu índice de socialização tem variado; como, em certas ocasiões, desceu seriamente fazendo com que se temesse a extinção da Europa e, sobretudo, como o grau de paz de cada época sempre esteve na razão direta desse índice. Este último é o que mais nos importa para as aflições atuais.

A realidade histórica ou, mais vulgarmente falando, o que se passa no mundo humano, não é um monte de fatos isolados, mas possui uma estrita anatomia e uma nítida estrutura. E mais: talvez seja a única coisa no Universo que tem por si mesma estrutura, organização. Todas as outras – por exemplo, os fenômenos físicos – carecem dela. São fatos soltos para os quais o físico tem que inventar uma estrutura imaginária. Mas essa anatomia da realidade histórica precisa ser estudada. Os editoriais dos jornais e os discursos de ministros e demagogos não nos dão notícia dela. Quando bem estudada, é possível diagnosticar-se com certa precisão em que lugar ou estrato do corpo histórico se encontra a enfermidade. Havia no mundo uma sociedade muito ampla e poderosa – a sociedade europeia. Por ser uma sociedade, era constituída por uma ordem básica devido à eficiência de certas instâncias últimas – o credo intelectual e moral da Europa. Essa ordem, que por baixo de todas as suas desordens superficiais atuava nos seios profundos do Ocidente, se irradiou durante gerações sobre o resto do planeta e, muito ou pouco, pôs nele toda a ordem de que esse resto era capaz.

Pois bem: nada deveria hoje interessar tanto ao pacifista como averiguar o que acontece nesses seios profundos do corpo ocidental, qual é seu índice atual de socialização, por que o sistema tradicional de "vigências coletivas" se volatilizou e se, apesar das aparências, alguma destas ainda conserva uma vida latente. Porque o direito é operação espontânea da sociedade, mas a sociedade é convivência sob instâncias. Poderia acontecer que no presente essas instâncias faltassem numa proporção sem igual ao longo de toda a história europeia. Nesse caso, a enfermidade seria a mais grave de que o Ocidente já sofreu desde Diocleciano ou os Severos. Isso não significa que seja incurável; significa apenas que seria necessário chamarem-se médicos muito bons e não o primeiro que passasse. Significa principalmente que não se pode esperar nenhum remédio da Sociedade das Nações, segundo o que foi, e continua sendo, instituto anti-histórico que um maledicente poderia supor ter sido inventado num clube cujos membros principais fossem Mr. Pickwick, M. Homais e congêneres.

O diagnóstico anterior, além de poder estar certo ou errado, parecerá impenetrável. E de fato é. Lamento, mas não está em minhas mãos evitá-lo. Os diagnósticos mais rigorosos da medicina atual também são impenetráveis. Que profano, lendo o resultado de um complexo exame de sangue, consegue definir através dele uma enfermidade grave? Tenho sempre me esforçado para combater o esoterismo, que é por si mesmo um dos males de nosso tempo. Mas não nos iludamos. Há um século, por causas profundas e, parcialmente, respeitáveis, as ciências se inclinam irresistivelmente numa direção esotérica. É uma das muitas coisas cuja grave importância os políticos não têm percebido, como homens atacados pelo vício oposto, que é um exoterismo excessivo. No momento, a única coisa a fazer é aceitar a situação e reconhecer que o conhecimento se distanciou radicalmente das conversas de *beer-table*.

A Europa hoje está *dissocializada* ou, o que é a mesma coisa, faltam princípios de convivência que estejam vigentes e aos quais se possa recorrer. Uma parte da Europa esforça-se para introduzir alguns princípios que considera "novos", a outra se esforça para defender os tradicionais. Pois bem, esta é a melhor prova de que nenhum deles está em vigor e de que ou perderam ou não lograram a qualidade de instâncias. Quando uma opinião ou norma chega a ser verdadeiramente "vigência coletiva", não recebe seu vigor do esforço que determinados grupos sociais fazem para impô-la ou para mantê-la. Ao contrário: todo grupo determinado procura sua força máxima apoiando-se nessas vigências. A partir do momento em que é necessário lutar em prol de um princípio, significa que este ainda não é ou já deixou de ser vigente. E vice-versa, quando está em plena vigência, o que se pode fazer é usá-lo, referir-se a ele, apoiar-se nele como se faz com a lei da gravidade. As vigências exercem sua influência mágica sem polêmica nem agitação, quietas e jacentes no fundo das almas, às vezes sem que estas percebam que estão dominadas por elas, e às vezes achando inclusive que lutam contra elas. O fenômeno é surpreendente mas inquestionável, e constitui o fato fundamental da sociedade. As vigências são o autêntico poder social, anônimo, impessoal, independente de todo grupo ou indivíduo determinado.

Mas, inversamente, quando uma ideia perde esse caráter de instância coletiva, dá uma sensação entre cômica e irritante ver que alguém acha que basta mencioná-la para sentir-se justificado ou fortalecido. Pois bem: isso acontece hoje, com muita frequência, na Inglaterra e na América do Norte[6]. Ao observá-lo, ficamos perplexos. Essa conduta significa um erro ou uma ficção deliberada? É inocência ou é tática? Não sabemos como qualificá-la, porque no homem anglo-saxão a função de se expressar, de "dizer", talvez represente um papel diferente que nos demais povos europeus. Mas, qualquer que seja o sentido desse comportamento, temo que seja funesto para o pacifismo. E, mais, deveríamos ver se não foi um dos fatores que contribuíram para o desprestígio das vigências europeias o uso peculiar que a Inglaterra tem feito delas. A questão deverá ser estudada a fundo algum dia, mas não agora e nem por mim[7].

Mas o fato é que o pacifista precisa se conscientizar de que está num mundo onde falta ou está muito debilitado o

---

6. Por exemplo: os apelos a um suposto "mundo civilizado" ou a uma "consciência moral do mundo", que tão frequentemente aparecem, cômicos, nas cartas dirigidas ao diretor do *The Times*.

7. Há cento e cinquenta anos a Inglaterra fertiliza sua política internacional apelando sempre que lhe convém – e só quando lhe convém – para o princípio melodramático de "Women and Children", "mulheres e crianças"; este é um exemplo.

requisito principal para a organização da paz. Nas relações de um povo com outros não se pode recorrer a instâncias superiores, porque elas não existem. A atmosfera de sociabilidade em que viviam e que, como um éter benéfico, se interpunha entre eles, permitindo-lhes uma comunicação suave, se acabou. Encontram-se, pois, separados e frente a frente. Enquanto há trinta anos as fronteiras eram para o viajante pouco mais que coluros imaginários, todos viram como se foram endurecendo rapidamente, convertendo-se em matéria córnea, que anulava a porosidade das nações e as tornava herméticas. A pura verdade é que, há muitos anos, a Europa se acha em estado de guerra, num estado de guerra substancialmente mais radical que em todo o seu passado. E a origem que atribuí a esta situação parece confirmada pelo fato de que não só existe uma guerra virtual entre os povos como também dentro de cada um deles há uma grave discórdia, declarada ou em preparação. É frívolo interpretarem-se os regimes autoritários de hoje como tendo sido criados pelo capricho ou pela intriga. Está bem claro que são manifestações ineludíveis do estado de guerra civil em que quase todos os países se encontram hoje. Agora se vê como a coesão interna de cada nação alimentava-se em boa parte das vigências coletivas europeias.

Essa debilitação súbita da comunidade entre os povos do Ocidente equivale a um enorme distanciamento moral. As relações entre eles são muito difíceis. Os princípios comuns constituíam uma espécie de linguagem que lhes permitia se entenderem. Não era tão necessário, pois, que cada povo conhecesse bem e *singulatim* a cada um dos outros. Mas com isso retornamos a nossas considerações iniciais.

Porque esse distanciamento moral se complica perigosamente com outro fenômeno oposto, que é o que inspirou de modo concreto todo este artigo. Refiro-me a um fato gigantesco cujas características devem ser um pouco esclarecidas.

Há quase um século se diz que os novos meios de comunicação – deslocamento de pessoas, transporte de produtos e transmissão de notícias – têm aproximado os povos e unificado a vida no planeta. Mas, como já é hábito, tudo isso era um exagero. Quase sempre as coisas humanas começam por ser lendas, e só mais tarde transformam-se em realidade. Nesse caso, vemos hoje bem claro que só se tratava de uma entusiástica antecipação. Alguns dos meios que deviam tornar efetiva essa aproximação já existiam em princípio – vapores, estradas de ferro, telégrafo, telefone. Ainda nem se tinha aperfeiçoado sua invenção, nem estavam sendo amplamente utilizados, nem sequer se tinham inventado os mais decisivos, como o motor a explosão e a radiocomunicação. O século XIX, emocionado com as primeiras grandes conquistas da técnica científica, apressou-se em emitir torrentes de retórica sobre os "avanços", o "progresso material" etc. De sorte que, lá pelo seu fim, as almas começaram a se cansar desses lugares-comuns, apesar de os julgarem verídicos, isto é, embora acreditando que o século XIX já tinha realizado, de fato, tudo o que aquela fraseologia proclamava. Isso ocasionou um curioso erro de óptica histórica, que impede a compreensão de muitos conflitos atuais. O homem médio, convencido de que o século anterior é que tinha concluído os grandes avanços, não percebeu que a época sem par dos inventos técnicos e de sua realização foram estes últimos quarenta anos. O número e importância das descobertas, e o ritmo de seu emprego efetivo nessa curta etapa, supera em muito todo o passado humano em seu conjunto. Isso quer dizer que a efetiva transformação técnica do mundo é um fato muito recente e que essa mudança está produzindo agora – agora e não há um século – suas consequências radicais[8]. E em to-

---

8. Estão excluídos desta consideração os que podemos chamar de "inventos elementares" – o machado, o fogo, a roda, a cesta, a vasilha etc.

dos os campos. Não são poucos os desajustes profundos na economia atual que têm origem na mudança súbita que esses inventos causaram na produção, mudança a que o organismo econômico ainda não teve tempo de se adaptar. Que uma só fábrica seja capaz de produzir todas as lâmpadas elétricas ou todos os sapatos necessários a meio continente é um fato excessivamente afortunado para não ser, neste momento, monstruoso. O mesmo aconteceu com as comunicações. Nestes últimos anos cada povo recebe, de imediato e de verdade, a cada instante, notícias em tal quantidade e tão recentes, sobre tudo o que se passa nos outros, que tem a impressão de estar, efetivamente, *nos* outros povos ou nas suas imediações. Ou, dito de outra forma: para os efeitos da vida pública universal, o tamanho do mundo diminuiu subitamente. Os povos se encontraram de repente *dinamicamente* mais próximos. E isso acontece justamente no momento em que os povos europeus mais se distanciaram moralmente.

Percebe o leitor, imediatamente, o perigo de semelhante conjuntura? É sabido que o ser humano não pode, sem mais nem menos, aproximar-se de outro ser humano. Como viemos de uma das épocas históricas em que a aproximação *era aparentemente* mais fácil, costumamos esquecer que sempre foram necessárias grandes precauções para se aproximar dessa fera com veleidades de arcanjo que costuma ser o homem. Por isso, ao longo da história ocorre a evolução da técnica de aproximação, cuja parte mais notória e visível é o cumprimento. Talvez se possa dizer, com certas reservas, que as formas de cumprimento são determinadas em função da densidade populacional, portanto, da distância normal que um homem está de outro. No Saara cada tuaregue possui um raio

---

Precisamente por serem os antecessores de todos os outros e terem ocorrido em períodos milenares, é muito difícil sua comparação com a massa dos inventos derivados ou históricos.

de solidão que alcança muitas milhas. O cumprimento do tuaregue começa a cem jardas e dura três quartos de hora. Na China e no Japão, povos pululantes, onde os homens vivem, praticamente, uns em cima dos outros, nariz contra nariz, num formigueiro compacto, o cumprimento e a forma de tratamento complicaram-se na mais sutil e complexa técnica de cortesia; tão refinada que, para o extremo-oriental, o europeu dá a impressão de ser grosseiro e insolente com quem, a rigor, só é possível o combate. Nessa proximidade superlativa tudo é ofensivo e perigoso: até os pronomes pessoais transformam-se em impertinências. Por isso o japonês chegou a excluí-los de seu idioma, e em vez de "tu" dirá algo assim como "a maravilha presente", e em lugar de "eu" fará uma reverência e dirá "a miséria que está aqui".

Se uma simples mudança da distância entre dois homens comporta semelhantes riscos, imaginem-se os perigos que engendra sua súbita diminuição entre os povos, acontecida nos últimos quinze ou vinte anos. Acho que ainda não se reparou devidamente neste novo fator, e é urgente prestar-lhe atenção.

Nestes meses tem-se falado muito sobre a intervenção ou não intervenção de alguns Estados na vida de outros países. Mas não se falou, pelo menos com ênfase suficiente, sobre a intervenção hoje exercida de fato pela opinião de algumas nações na vida de outras, às vezes muito remotas. E esta, a meu ver, é hoje muito mais grave do que aquela. Porque o Estado é, no final, um órgão relativamente "racionalizado" dentro de cada sociedade. Suas atuações são deliberadas e dosadas pela vontade de determinados indivíduos – os homens políticos –, aos quais não pode faltar um mínimo de reflexão e senso de responsabilidade. Mas a opinião de um povo todo ou de grandes grupos sociais é um poder elementar, irrefletido e irresponsável, que além disso está sujeito a toda sorte de intrigas por sua inércia. Não obstante, a opinião pública *senso stricto* de um país, quando opina sobre a vida de seu próprio país, sempre tem "razão" no sentido de que nunca é incongruente com as realidades que ajuíza. A causa disso é óbvia. As realidades que ajuíza são o que efetivamente aconteceu com o mesmo sujeito que as ajuíza. O povo inglês, ao opinar sobre os grandes problemas que afetam sua nação, opina sobre fatos que lhe aconteceram, que experimentou em sua própria carne e em sua própria alma, que viveu e, em suma, que são ele mesmo. Como vai se enganar, quanto à essência? A interpretação doutrinária desses fatos poderá dar margem às maiores divergências teóricas, e estas poderão suscitar opiniões partidárias sustentadas por grupos particulares; mas, sob essas discrepâncias "teóricas", os fatos insofismáveis, desfrutados ou sofridos pela nação, precipitam nela uma verdade vital, que é a realidade histórica mesma e tem um valor e uma força superior a todas as doutrinas. Esta "razão" ou "verdade" viva, que, como atributo, temos que reconhecer em toda "opinião pública" autêntica, consiste, como se vê, em sua congruência. Em outras palavras, chegamos a esta proposição: é extremamente improvável que nos assuntos graves de seu país a "opinião pública" careça da informação mínima necessária para que seu juízo não corresponda organicamente à realidade julgada. Padecerá de erros secundários e de detalhe, mas, analisada como atitude macroscópica, não é possível que seja uma reação *incongruente* com a realidade inorgânica referente a ela e, por conseguinte, tóxica.

Mas acontece exatamente o contrário quando se trata da opinião de um país sobre o que acontece em outro. É extremamente provável que essa opinião seja incongruente em alto grau. O povo A pensa e opina, partindo do fundo de suas próprias experiências de vida, que são diferentes daquelas do povo B. Isso poderá levar a outra coisa que não seja uma série de despropósitos? Aqui está, pois, a primeira causa de uma inevitável incongruência, que só poderia ser compensada mediante uma coisa muito difícil, ou seja, uma informação *suficiente*. Como neste caso falta a "verdade" do que se viveu, teríamos que substituí-la por uma verdade de conhecimento.

Há um século não tinha importância que o povo dos Estados Unidos tivesse uma opinião sobre o que acontecia na Grécia, e que essa opinião estivesse mal informada. Enquanto o governo americano não atuasse, essa opinião seria inoperante sobre os destinos da Grécia. O mundo era então "maior", menos compacto e elástico. A distância dinâmica entre um povo e outro era tão grande que, ao atravessá-la, a opinião incongruente perdia sua toxicidade[9]. Mas, nestes últimos anos, os povos passaram a viver numa extrema proximidade dinâmica, e a opinião, por exemplo, de grandes grupos sociais norte-americanos está interferindo de fato – diretamente como tal, e não *seu* governo – na guerra civil espanhola. O mesmo se pode dizer da opinião inglesa.

Não tenho nenhuma pretensão de impedir o arbítrio dos ingleses e americanos, discutindo seu "direito" de opinar como quiserem sobre o que quiserem. Não é uma questão de "direito" ou da desprezível fraseologia que costuma se amparar nesse título: é, simplesmente, uma questão de bom senso. Sustento que a ingerência da opinião pública de alguns países na vida dos outros é hoje um fator impertinente, venenoso e gerador de disposições bélicas, porque essa opinião ainda não está regida por uma técnica adequada à mudança de distância entre os povos. O inglês e o americano têm todo direito de opinar sobre o que aconteceu e o que deve acontecer na Espanha, mas esse direito é uma *iniuria* se não assume uma obrigação correspondente: a de estar bem informa-

---

9. Acrescente-se que nestas opiniões as *vigências* comuns a todo o Ocidente sempre desempenhavam um grande papel.

do sobre a realidade da guerra civil espanhola, cujo primeiro e mais substancial capítulo é a sua origem, as causas que a produziram.

Mas é aqui que os meios atuais de comunicação produzem seus efeitos, por ora, daninhos. Porque a quantidade de notícias que um povo recebe constantemente sobre o que acontece com o outro é enorme. Como será possível convencer o homem inglês de que ele não está informado sobre o fenômeno histórico que é a guerra civil espanhola ou outra emergência análoga? Ele sabe que todos os jornais ingleses gastam altas somas para manter correspondentes em todos os países. Sabe que, embora entre esses correspondentes não sejam poucos os que exercem seu ofício de forma apaixonada e partidária, há muitos outros cuja imparcialidade é inquestionável e cuja preocupação em transmitir dados exatos não é fácil de ser superada. Tudo isso é verdade, e, por sê-lo, é muito perigoso[10]. Pois acontece que, se o homem inglês rememorar rapidamente estes últimos três ou quatro anos, verá que no mundo aconteceram muitas coisas de grave importância para a Inglaterra, e *que o surpreenderam*. Como na história nada que tenha certa relevância acontece de repente, não seria excessiva suspicácia do homem inglês admitir a hipótese de que está muito menos informado do que pensa,

---

10. Neste mês de abril, o correspondente do *The Times* em Barcelona envia uma informação para o seu jornal na qual procura os dados mais minuciosos e as cifras mais exatas para descrever a situação. Mas toda a argumentação do artigo que mobiliza e dá um sentido a esses dados minuciosos e a essas cifras exatas parte da suposição – considerada coisa sabida e suficiente para explicar tudo – de que os nossos antepassados foram os mouros. Basta isso para demonstrar que esse correspondente, seja qual for sua dedicação e imparcialidade, é completamente incapaz de informar sobre a realidade da vida espanhola. É evidente que uma nova técnica de conhecimento mútuo entre os povos reclama uma profunda reforma da fauna jornalística.

ou de que essa informação tão copiosa se compõe de dados externos, sem uma perspectiva arguta, dos quais escapa o mais autêntico da realidade. O exemplo mais claro disso, por suas grandes proporções, é o fato gigante que serviu de ponto de partida para este artigo: o fracasso do pacifismo inglês, de vinte anos de política internacional inglesa. Esse fracasso demonstra de forma gritante que o povo inglês – apesar de seus inúmeros correspondentes – sabia muito pouco do que estava acontecendo com os outros povos.

Para que fique bem entendido, vamos representar esquematicamente a complicação do processo que vem acontecendo. As notícias que o povo A recebe do povo B suscitam nele um estado de opinião – seja de grandes grupos ou de todo o país. Mas, como essas notícias hoje chegam a ele com incrível rapidez, abundância e frequência, essa opinião não se mantém num plano mais ou menos "contemplativo", como há um século, mas é irremediavelmente carregada de intenções ativas e assume naturalmente um caráter de intervenção. Além disso, sempre há intrigantes que, por motivos particulares, encarregam-se deliberadamente de fustigá-la. Inversamente, o povo B recebe também com abundância, rapidez e frequência notícias dessa opinião distante, de sua agitação, de seus movimentos, e tem a impressão de que o estrangeiro, com intolerável impertinência, invadiu seu país, de que está ali, quase presente, atuando. Mas essa reação de aborrecimento multiplica-se até a exasperação porque o povo B nota ao mesmo tempo a incongruência entre a opinião de A e o que efetivamente aconteceu em B. Já é irritante que o próximo pretenda interferir em nossa vida, mas, se além disso revela uma ignorância completa de nossa vida, sua audácia provoca em nós uma verdadeira fúria.

Enquanto em Madri os comunistas e seus correligionários obrigavam, sob as maiores ameaças, escritores e professores a firmarem manifestos, a falarem no rádio etc., comodamente sentados em seus escritórios ou em seus clubes, livres de qualquer pressão, alguns dos principais escritores ingleses firmavam outro manifesto onde se garantia que esses comunistas e seus correligionários eram os defensores da liberdade. Deixemos de lado as exclamações e as frases feitas, mas eu gostaria que o leitor inglês imaginasse qual foi meu primeiro movimento diante de semelhante fato, que oscila entre o grotesco e o trágico. Porque não é fácil deparar-se com maior incongruência. Por sorte, durante toda a minha vida tive o cuidado de montar em meu aparato psicofísico um sistema de inibições e freios muito forte – aliás, a civilização não é outra coisa senão essa montagem –, e, além disso, como dizia Dante:

che saetta previsa vien più lenta,

a surpresa não contribuiu para me enfraquecer. Há muitos anos me dedico a salientar a frivolidade e a irresponsabilidade frequentes no intelectual europeu, que denunciei como fatores de primeira grandeza entre as causas da presente desordem. Mas essa moderação que por acaso posso ostentar não é "natural". O natural seria que agora eu estivesse numa guerra acalorada contra esses escritores ingleses. Por isso é um exemplo concreto do mecanismo belicoso que o desconhecimento mútuo tem criado entre os povos.

Há alguns dias, Albert Einstein achou-se no "direito" de opinar sobre a guerra civil espanhola e de tomar uma posição diante dela. Pois bem, Albert Einstein é de uma ignorância radical quanto ao que aconteceu na Espanha agora, há séculos e sempre. O espírito que o leva a essa insolente intervenção é o mesmo que há muito tempo vem causando o desprestígio universal do homem intelectual, o qual, por sua vez, faz com que hoje o mundo siga à deriva, carente de *pouvoir spirituel*.

Note-se que falo da guerra civil espanhola como um exemplo entre muitos, o exemplo que conheço com maior exatidão, e restrinjo-me a tentar fazer com que o leitor inglês admita por um momento a possibilidade de não estar bem informado, apesar de suas copiosas "informações". Talvez isso o leve a corrigir seu conhecimento insuficiente sobre as outras nações, suposição mais decisiva para que a ordem volte a reinar no mundo.

Mas eis outro exemplo mais geral. Há pouco tempo, o Congresso do Partido Trabalhista rejeitou, por 2.100.000 votos contra 300.000, a união com os comunistas, isto é, a formação de uma "Frente Popular" na Inglaterra. Mas esse mesmo partido e a massa de opinião que campeia estão favorecendo e fomentando, do modo mais concreto e eficaz, a "Frente Popular" que se formou em outros países. Não entro no mérito da "Frente Popular", se é uma coisa benéfica ou catastrófica; restrinjo-me a confrontar dois comportamentos de um mesmo grupo de opinião, e a salientar sua incongruência nociva. A diferença numérica na votação foi daquelas diferenças quantitativas que, segundo Hegel, convertem-se automaticamente em diferenças qualitativas. Os números mostram que, para o bloco do Partido Trabalhista, a união com o comunismo, a "Frente Popular", não é uma questão de mais ou de menos, mas seria considerada um mal terrível para a nação inglesa. Mas acontece que, ao mesmo tempo, esse mesmo grupo de opinião encarrega-se de cultivar esse mesmo micróbio em outros países, e isso é uma intervenção, mais que isso, poderia dizer-se que é uma intervenção guerreira, visto que tem muitas características da guerra química. Enquanto acontecerem fenômenos como este, todas as esperanças de que a paz reine no mundo serão, repito, vãs. Porque essa conduta incongruente, essa duplicidade da opinião trabalhista só pode causar irritação fora da Inglaterra.

E parece-me inútil objetar que essas intervenções irritam uma parte do povo em que se realizam, mas agradam a outra. Esta é uma observação óbvia demais para ser verídica. A parte do país momentaneamente favorecida pela opinião estrangeira procurará, naturalmente, beneficiar-se dessa intervenção. Outro comportamento seria pura tolice. Mas sob essa gratificação aparente e transitória continua o processo real do vivido pelo país inteiro. A nação acaba se estabilizando em "*sua* verdade", no que efetivamente se passou, e ambos os partidos hostis coincidem nela, declarando-o ou não. Eis por que acabam por se unir *contra* a incongruência da opinião estrangeira. Esta só pode esperar um agradecimento duradouro na medida em que, *por sorte*, acerte ou seja menos incongruente com essa "verdade" viva. Toda a realidade desconhecida prepara sua vingança. A origem das catástrofes humanas não é outra. Por isso será funesta qualquer tentativa de desconhecer que um povo é, como uma pessoa, embora de outro modo e por outras razões, uma intimidade – portanto, um sistema de segredos que não pode ser descoberto, simplesmente, de fora. Não pense o leitor em nada vago ou místico. Tome-se qualquer função coletiva – por exemplo, a língua. É fato notório que é praticamente impossível conhecermos *intimamente* um idioma estrangeiro, por mais que o estudemos. E não será insensatez julgar que seja fácil o conhecimento da realidade política de um país estranho?

Sustento, pois, que a nova estrutura do mundo converte os movimentos da opinião de um país sobre o que acontece no outro – movimentos que antes eram quase inócuos – em autênticas incursões. Isto bastaria para explicar por que, quando as nações europeias pareciam estar mais próximas de uma unificação superior, começaram repentinamente a se fechar dentro de si mesmas, a tornar suas existências herméticas, umas afastadas das outras, e a converter suas fronteiras em escafandros isoladores.

Creio haver aqui um novo problema de primeira ordem para a disciplina internacional, que caminha paralelamente ao do direito acima referido. Assim como antes postulávamos uma nova técnica jurídica, reclamamos aqui uma nova técnica de relacionamento entre os povos. Na Inglaterra o indivíduo aprendeu a tomar certas cautelas quando se permite opinar sobre outro indivíduo. Há a lei do libelo e há a formidável ditadura das "boas maneiras". Não há razão para que a opinião de um povo sobre outro não tenha regulamentação análoga.

É claro que isto supõe que se esteja de acordo sobre um princípio básico: que os povos, que as nações existem. Pois bem, o velho e barato "internacionalismo", que engendrou as angústias atuais, pensava, no fundo, o contrário. Nenhuma de suas doutrinas e atuações será compreensível se não se descobrir em sua origem o desconhecimento do que é uma nação e de que isso que são as nações constitui uma formidável realidade situada no mundo e com que é preciso contar. Curioso internacionalismo aquele que em seus cálculos esquecia sempre o detalhe de que há nações[11].

Talvez o leitor reclame agora uma doutrina positiva. Não vejo inconveniente em declarar qual é a minha, ainda que me exponho a todos os riscos de uma enunciação esquemática.

No livro *The Revolt of the Masses*[12], que foi bastante lido na língua inglesa, propugno e anuncio o advento de uma forma mais avançada de convivência europeia, um passo

---

11. Os perigos mais graves que, como nuvens negras, ainda se acumulam no horizonte não têm sua origem diretamente no quadrante político e sim no econômico. Até que ponto é inevitável uma pavorosa catástrofe econômica em todo o mundo? Os economistas deveriam dar-nos oportunidade de recuperarmos nossa confiança em seu diagnóstico. Mas não dão mostras de terem pressa disso.

12. Tradução inglesa deste livro. George Allen & Unwin, Londres.

adiante na organização jurídica e política de sua unidade. Essa ideia europeia tem o sentido inverso daquele internacionalismo confuso. A Europa não é, não será, a "internação", porque isso significa, com claras noções de história, um oco, um vazio e nada. A Europa será a "ultranação". A mesma inspiração que formou as nações do Ocidente continua atuando no subsolo como a lenta e silenciosa proliferação dos corais. O desvio metódico que representa o internacionalismo impediu que se visse que só através de uma etapa de nacionalismos exacerbados é que se pode chegar à unidade concreta e plena da Europa. Uma nova forma de vida não consegue instalar-se no planeta até que a anterior e tradicional não tenha sido experimentada em sua forma extrema. As nações europeias agora estão quase batendo em suas próprias travas, e esse impacto será a nova integração da Europa. Porque é disso que se trata. Não de separar as nações, mas de integrá-las, deixando para o Ocidente todo o seu rico relevo. Nesta data, como acabo de insinuar, a sociedade europeia parece volatilizada. Mas seria um erro pensar que isto significa sua desaparição ou dispersão definitiva. O estado atual de anarquia e superlativa dissociação na sociedade europeia é uma prova a mais da realidade que esta possui. Se isso acontece na Europa é porque há uma crise em sua fé comum, da fé europeia, das *vigências* em que consiste sua socialização. A enfermidade que atravessa é, pois, comum. Não é que a Europa esteja doente, mas que uma ou outra nação goze de plena saúde, e que, portanto, seja provável a desaparição da Europa e sua substituição por outra forma de realidade histórica – por exemplo, as nações soltas ou uma Europa oriental dissociada até a raiz de uma Europa ocidental. Nada disto se prenuncia no horizonte – mas, como a doença é comum e europeia, o restabelecimento também o será. Primeiro, virá uma *articulação* da Europa em duas formas distintas de vida pública: a forma de um novo liberalismo e a forma que, com um nome impróprio, costuma-se chamar de "totalitária". Os povos menores adotarão formas de transição e intermediárias. Isto salvará a Europa. Mais uma vez ficará patente que qualquer forma de vida precisa de sua antagônica. O "totalitarismo" salvará o "liberalismo", livrando-o de suas toxinas, depurando-o, e graças a ele veremos em breve um novo liberalismo amenizar os regimes autoritários. Esse equilíbrio puramente mecânico e provisório permitirá uma nova etapa de mínimo repouso, imprescindível para que torne a brotar, no fundo do bosque que têm as almas, a fonte de uma nova fé. Este é o autêntico poder de criação histórica, mas não medra no meio da alteração, e sim no recato do recolhimento.

Paris e dezembro, 1937

A DINÂMICA DO TEMPO

As Vitrines Mandam

Diz-se que o dinheiro é o único poder que atua na vida social. Se olharmos a realidade com uma óptica de retículo fino, veremos que essa colocação é mais falsa que verídica. Mas também tem seus fundamentos a visão com retículo grosso, e então não há inconveniente em se acertar essa terrível sentença.

Não obstante, seria necessário que lhe tirássemos e lhe puséssemos alguns ingredientes para que a ideia fosse luminosa. Pois acontece que em muitas épocas históricas se disse o mesmo que agora, e isso nos leva a suspeitar de que ou nunca foi verdade ou o foi em sentidos muito diversos. Porque é difícil que tempos tão diferentes coincidam num ponto tão fundamental. Em geral, não se pode dar muita importância ao que as épocas passadas disseram de si mesmas, porque – é preciso dizer – eram muito pouco inteligentes a respeito de si mesmas. Essa perspicácia quanto ao próprio modo de ser, essa clarividência quanto ao próprio destino, é algo relativamente novo na história.

No século VII antes de Cristo já corria por todo o Oriente do Mediterrâneo o famoso apotegma: *Chrémata, chrémata aner!* "Seu dinheiro, seu dinheiro é o homem!" No tempo de César dizia-se a mesma coisa, o século XIV o proclama nos quartetos de nosso turbulento tonsurado de Hita, e no século XVII Gôngora o transforma em vilancetes. O que se pode deduzir dessa monótona insistência? Que, desde que se inventou, o dinheiro é uma grande força social? Isto nem seria preciso salientar: seria mais que óbvio. Em todas as lamentações insinua-se algo mais. Aquele que as faz expressa com elas, pelo menos, sua surpresa de que o dinheiro tenha mais força do que deveria ter. E de onde nos vem essa convicção de que o dinheiro deveria ter menos influência do que efetivamente tem? Por que ainda não nos habituamos com esse fato constante depois de tantos e tantos séculos, e ele ainda nos surpreende?

É, talvez, o único poder social que ao ser reconhecido nos dá asco. A própria força bruta, que nos costuma deixar indignados, encontra em nós um eco último de simpatia e admiração. Incita-nos a repeli-la através de uma força semelhante, mas não nos dá asco. Poderíamos dizer que estes ou aqueles efeitos da violência nos revoltam; mas ela mesma nos dá a impressão de um sintoma de saúde, um magnífico atributo do ser vivo, e compreendemos que os gregos a tivessem divinizado em Hércules.

Creio que essa surpresa, sempre renovada, diante do poder do dinheiro encerra uma porção de problemas curiosos ainda não esclarecidos. As épocas em que mais autenticamente e com as mais sentidas queixas se lamentou esse poder são muito diferentes umas das outras. No entanto, há em todas elas um ponto comum: são sempre épocas de crise moral, tempos muito transitórios entre duas etapas. Os princípios sociais que tinham regido uma idade tinham perdido seu vigor e os que iriam imperar na seguinte ainda não tinham amadurecido. Como? Será que o dinheiro não possui, a rigor, o poder que se atribui a ele, deplorando-o, e que sua influência só é decisiva quando os demais poderes organizadores da sociedade desaparecem? Se fosse assim, entenderíamos um pouco melhor essa mistura tão estranha de submissão e de asco que a humanidade sente diante dele, essa surpresa e essa insinuação perene de que o poder que ele exerce não lhe pertence. Pelo visto, não deveria tê-lo porque não é seu, mas é usurpado das outras forças ausentes.

Essa questão é bastante complicada e não é assunto que se resolva com quatro palavras. Por isso, tudo que digo aqui é apenas uma possibilidade de interpretação. O importante é que se evite a concepção econômica da história, que tira toda a graça do problema, fazendo da história inteira uma monótona consequência do dinheiro. Porque é bem evidente que em muitas épocas humanas o poder social deste foi muito reduzido e outras energias alheias à economia nortearam a convivência humana.

Se hoje os judeus são os donos do dinheiro e são os senhores do mundo, também o possuíam na Idade Média e eram a escória da Europa. E é inútil dizer que o dinheiro não era a forma principal da riqueza, da realidade econômica nos tempos feudais. Porque, mesmo isso sendo verdade, estabelecendo-se na devida cifra o peso puramente econômico do dinheiro na dinâmica da economia medieval, não há correspondência entre a riqueza daqueles judeus e sua posição social. Os marxistas, para comporem as coisas segundo a linha da sua tese, menosprezaram excessivamente a importância da moeda na etapa pré-capitalista da evolução econômica, e foi preciso refazer-se a história econômica daquela idade para se mostrar a importância efetiva que o dinheiro hebreu tinha nos Estados medievais.

Ninguém, nem o mais idealista, pode duvidar da importância do dinheiro na história, mas talvez se possa duvidar de que seja um poder primário e substantivo. Talvez o poder social não dependa normalmente do dinheiro e sim, vice-versa, seja o dinheiro repartido conforme esteja repartido o poder social, indo para o guerreiro na sociedade belicosa e para o sacerdote na sociedade teocrática. O sintoma de um poder social autêntico é ele criar hierarquias, destacar o indivíduo no corpo público. Pois bem: no século XVI, por mais dinheiro que um judeu tivesse, continuava sendo um infra-homem, e no tempo de César os "cavalheiros", que eram os mais ricos como classe, não ascendiam ao cume da sociedade.

Parece mais verossímil que o dinheiro seja um fator social secundário, incapaz, por si mesmo, de inspirar a grande arquitetura da sociedade. É uma das principais forças que atuam no equilíbrio de qualquer edifício coletivo, mas não é a musa de seu estilo arquitetônico. Em compensação, se os poderes históricos normais e verdadeiros cedem – raça, religião, política, ideias –, toda a energia social vacante é absorvida por ele. Diríamos pois que, quando as outras formas de prestígios se volatilizam, fica sempre o dinheiro, que, por ser elemento material, não pode se volatilizar. Ou, de outro modo: o dinheiro só manda quando não há outro princípio que mande.

Assim se explica esse ponto comum a todas as épocas submetidas ao império crematístico – o fato de serem tempos de transição. Morta uma constituição política e moral, a sociedade fica sem referência para estabelecer uma hierarquia entre os homens. Pois bem: isso é impossível. Contra a ingenuidade igualitária é preciso salientar que a hierarquização é um impulso essencial da socialização. Onde houver cinco homens em estado normal se produzirá automaticamente uma estrutura hierárquica. Qual será o princípio desta é um outro assunto. Mas algum princípio sempre terá que existir. Se os normais faltam, um pseudoprincípio encarrega-se de modelar a hierarquia e definir as classes. Durante um certo tempo – no século XVIII –, na Holanda, o homem mais invejado era o que possuía um certo tipo raro de tulipa. A fantasia humana, fustigada por esse instinto irreprimível de hierarquia, inventa sempre algum novo tema de desigualdade.

Mas, embora limitando-se dessa maneira a frase inicial que deu ocasião a este artigo, pergunto-me se há alguma razão para afirmar-se que em nosso tempo o dinheiro goza de um poder social maior do que em qualquer época passada. Essa curiosidade também é exposta e difícil de se satisfazer. Se não estivermos prevenidos, tudo o que se passa em nosso momento nos parecerá único e excepcional na série dos tempos. Não obstante, há, a meu ver, uma razão para tornar muito provável a suspeita de ser o nosso tempo o mais crematístico de todos. Também é uma idade de crise: os prestígios vigentes há tantos anos perderam sua eficácia. Nem a religião nem a moral dominam a vida social e tampouco o coração da multidão. A cultura intelectual e artística é menos valorizada que há vinte anos. Resta só o dinheiro. Mas, como já disse, isto já aconteceu várias vezes na história. O novo, o exclusivo do presente é esta outra conjuntura. O dinheiro encontrou, para o seu poder, um limite automático na sua própria essência. O dinheiro não é mais que um meio para comprar coisas. Se há poucas coisas para se comprar, por mais dinheiro que haja e por mais que sua ação esteja livre de conflitos com outras potências, sua influência será pouca. Isto nos permite construir uma escala das épocas de crematismo e dizer: o poder social do dinheiro – *ceteris paribus* – será tanto maior quanto mais coisa houver para se comprar, e não quanto maior for a quantidade do próprio dinheiro. Pois muito bem: não há dúvida de que o industrialismo moderno, combinado com os fabulosos progressos da técnica, tem produzido nestes anos tal acúmulo de objetos comerciáveis, de tantos tipos e qualidades, que o dinheiro pode ampliar fantasticamente sua essência – o comprar.

No século XVIII também existiam grandes fortunas, mas havia pouco que comprar. O rico, se queria alguma coisa a mais que o pequeno repertório de mercadorias existentes, tinha que inventar um desejo e o objeto que o satisfizesse, tinha que procurar o artífice para fazê-lo e dar tempo para sua fabricação. Em todo esse intrincamento que se interpunha entre o dinheiro e o objeto, aquele se complicava com outras forças espirituais – fantasia criadora de desejos no rico, escolha do artífice, trabalho técnico deste etc. – das quais, sem querer, tornava-se dependente.

Hoje um homem chega a uma cidade e em quatro dias pode ser o mais famoso e invejado de seus habitantes, sem fazer mais do que olhar as vitrines, escolher os melhores objetos – o melhor automóvel, o melhor chapéu, o melhor isqueiro etc. – e comprá-los. Poderíamos imaginá-lo como um autômato provido de um bolso no qual enfiasse automaticamente a mão e se tornasse o personagem mais ilustre da cidade.

El Sol, 15 de maio de 1927

Juventude

1

As variações históricas nunca procedem de causas externas ao organismo humano, pelo menos dentro de um mesmo período zoológico. Se houve catástrofes telúricas – dilúvios, submersão de continentes, mudanças súbitas e extremas de clima –, como os mitos mais arcaicos parecem recordar confusamente, o efeito que produziram transcendeu os limites do histórico e transtornou a espécie como tal. O mais provável é que o homem nunca tenha assistido a tais catástrofes. A existência, pelo visto, sempre foi muito rotineira. As mudanças mais violentas que nossa espécie conheceu, os períodos glaciais, não tiveram um caráter de grande espetáculo. Basta que durante algum tempo a temperatura média do ano desça cinco ou seis graus para que a glaciação aconteça. Basta simplesmente que os verões sejam um pouco menos quentes. A lentidão e suavidade desse processo dá tempo para que o organismo reaja, e essa reação de dentro do organismo à mudança física do ambiente é a verdadeira variação histórica. Convém abandonar a ideia de que o meio modela a vida, mecanicamente, ou seja, que a vida é um processo de fora para dentro. As modificações externas atuam apenas como estímulos para modificações intraorgânicas; são, mais precisamente, perguntas que o ser vivo responde com uma ampla margem de originalidade imprevisível. Cada espécie, cada variedade e mesmo cada indivíduo dará uma resposta mais ou menos diferente, nunca idêntica. Viver é, em resumo, uma operação que se faz de dentro para fora, e por isso as causas ou princípios de suas variações têm que ser procuradas no interior do organismo.

Pensando assim, eu teria que achar altamente verossímil que nos fenômenos históricos mais amplos e profundos aparecesse, mais ou menos clara, a influência decisiva das diferenças biológicas mais elementares. Como se pode pensar que estes módulos tão elementares e divergentes da vitalidade não sejam gigantescos poderes plásticos da história? A meu ver, uma das descobertas sociológicas mais importantes foi a que se fez, há aproximadamente trinta anos, quando se percebeu que a organização social mais primitiva é a que está gravada na massa coletiva dessas grandes categorias vitais: sexos e idades. A estrutura mais primitiva da sociedade reduz-se a dividir os indivíduos que a integram em homens e mulheres, e cada uma destas classes sexuais[1] em crianças, jovens e velhos, em classes de idade. As formas biológicas foram, por assim dizer, as primeiras instruções.

Masculinidade e feminilidade, juventude e senectude são dois pares de potências antagônicas. Cada uma dessas potências significa a mobilização da vida toda num sentido divergente da sua forma oposta. São como que estilos de vida diversos. E como todos coexistem em todos os instantes da

---

1. A ponto de existirem dois idiomas em certos povos primitivos: um falado só pelos homens e outro, só pelas mulheres.

história, há uma colisão entre eles, uma oposição em que cada um tenta arrastar no seu sentido a existência humana inteira. Para se compreender bem uma época é preciso determinar-se a equação dinâmica que nela formam essas quatro potências, e perguntar-se: Quem pode mais? Os jovens ou os velhos, isto é, os homens maduros? O varonil ou o feminino? É extremamente interessante acompanhar os deslocamentos do poder de uma dessas potências para outra, no decorrer dos séculos. Então se percebe o que já era de se presumir de antemão: toda a vida sendo rítmica, a história também o é, e os ritmos fundamentais são justamente os biológicos; isto é, há épocas em que predomina o masculino e outras dominadas pelos instintos da feminilidade, que há tempos de jovens e tempos de velhos.

No ser humano a vida se duplica porque, ao intervir a consciência, a vida primária se reflete nela: é interpretada por ela em forma de ideia, imagem, sentimento. E como a história é, antes de tudo, história da mente, da alma, o interessante será descrever-se a projeção desses predomínios rítmicos na consciência. A luta misteriosa que nas secretas oficinas do organismo travam a juventude e a senectude, a masculinidade e a feminilidade, reflete-se na consciência sob a forma de preferências e desdéns. Chega uma época que prefere, que aprecia mais as qualidades da vida jovem, e pretere, desestima as da vida madura, ou então acha os modos femininos o máximo da graça em comparação com os masculinos. Por que acontecem essas variações de preferência, às vezes súbitas? Eis uma questão sobre a qual ainda não podemos dizer nada de claro[2].

---

2. Há, sem dúvida, um fator que colabora em todas essas mudanças como em todas as do organismo vivo, mas resisto em considerá-lo decisivo. É o contraste. A vida tem a condição inexorável de se cansar, de se tor-

O que me parece evidente é que nosso tempo se caracteriza pelo extremo predomínio dos jovens. É surpreendente que em povos tão velhos como os nossos, e depois de uma guerra mais triste que heroica, a vida tome um aspecto de juventude triunfante. Na realidade, como tantas outras coisas, esse império dos jovens já vinha se preparando desde 1890, desde o *fin de siècle*. Hoje de um lugar, amanhã de outro, foram desalojadas a maturidade e a velhice: em seu lugar instalava-se o homem jovem com seus atributos peculiares.

Não sei se esse triunfo da juventude será um fenômeno passageiro ou uma atitude profunda que a vida humana tomou e que chegará a qualificar toda uma época. É preciso deixar passar algum tempo antes de se ousar fazer algum prognóstico. O fenômeno é muito recente e ainda não se pôde ver se esta nova vida *in modo juventutis* será capaz do que direi a seguir, sem o que não será possível a permanência de seu triunfo. Mas, se fôssemos atentar apenas para o aspecto do momento atual, veríamo-nos forçados a dizer: na história houve outras épocas em que os jovens predominaram, mas nunca, entre as bem conhecidas[3], esse predomínio foi extremado e exclusivo. Nos séculos clássicos da Grécia, a vida toda se organiza em torno do efebo, mas junto dele, e como potência compensadora, está o homem maduro que o educa e dirige. A dupla Sócrates-Alcebíades simboliza mui-

---

nar imune a certos estímulos e, no tempo certo, reabilitar-se para o estímulo oposto. Se num estilo pictórico as figuras aparecem na posição vertical, é sumamente provável que pouco tempo depois surja outro estilo com as figuras em diagonal (mudança da pintura italiana de 1500 a 1600).

3. A meu ver não se explica a origem de certas coisas humanas, entre elas o Estado, se não se supõe em épocas muito primitivas uma etapa de enorme predomínio dos jovens, que deixou, de fato, muitos vestígios positivos nos povos selvagens do presente. (Cf. do autor "El origen deportivo del Estado", em *El Espectador*, vol. VII. cf. *Obras completas*, vol. II.)

to bem a equação dinâmica de juventude e maturidade desde o século V até o tempo de Alexandre. O jovem Alcebíades vence na sociedade, mas pelo fato de se orientar pelo espírito que Sócrates representa. Desse modo, a graça e o vigor juvenis são postos a serviço de algo que está além deles e que lhes serve de norma, de estímulo e freio. Roma, ao contrário, prefere o velho ao jovem e se submete à figura do senador, do pai de família. O "filho", sem dúvida, o jovem, sempre atua na forma de oposição diante do senador. Os nomes dados aos dois partidos da luta multissecular são alusivos a essa dualidade de potências: patrícios e proletários. Ambos significam "filhos", mas uns são filhos de pai que é cidadão, casado segundo a lei do Estado, e por isso herdeiros de bens, enquanto o proletário é filho natural, não é filho de "alguém" reconhecido, é um simples descendente e não herdeiro, prole. (Como se vê, a tradução exata de patrício seria fidalgo.)

Para se achar outra época de juventude como a nossa, seria preciso retroceder até o Renascimento. Repassemos rapidamente a sequência das épocas europeias. O Romantismo, que com alguma intensidade impregna todo o século XIX, pode parecer, no seu início, um tempo de jovens. Há nele, efetivamente, uma subversão contra o passado e é uma tentativa de a juventude se autoafirmar. A Revolução tinha feito tábua rasa da geração precedente e permitiu que, durante quinze anos, homens muito jovens ocupassem todas as posições de eminência social. O jacobino e o general de Bonaparte são rapazes. Sem dúvida, esse tempo é o exemplo de um falso triunfo juvenil, e o Romantismo manifestará sua carência de autenticidade. O jovem revolucionário é apenas o executor das velhas ideias construídas nos dois séculos anteriores. O que o jovem afirma então não é sua juventude, mas princípios recebidos: nada é tão representativo disso como Robespierre, o velho de nascimento. Quando no Romantismo se reage contra o século XVIII, é para retroceder a um passado mais antigo, e os jovens, ao olharem para dentro de si, só encontram o desinteresse pela vida. É a época dos *blasés,* dos suicídios, do ar prematuramente envelhecido no andar e no sentir. O jovem imita o velho, prefere suas atitudes cansadas e se apressa em abandonar sua mocidade. Todas as gerações do século XIX aspiraram a ser maduras o mais rápido possível e sentiam uma estranha vergonha de sua própria juventude. Compare-se com os jovens atuais – de ambos os sexos – que tendem a prolongar indefinidamente sua juventude e instalam-se nela como se fosse definitiva.

Com um passo atrás, chegamos ao século *vieillot* por excelência, o século XVIII, que abomina qualquer qualidade juvenil, detesta o sentimento e a paixão, o corpo elástico e nu. É o século do entusiasmo pelos decrépitos, que estremece com a passagem de Voltaire, cadáver vivo que passa sorrindo para si mesmo no sorriso inumerável de suas rugas. Para enfatizar esse estilo de vida disfarça-se a cabeça com a neve da idade, e a peruca empoada cobre todos os rostos primaveris – homem ou mulheres –, criando uma aparência de sessenta anos.

Chegando ao século XVII neste virtual retrocesso teremos que perguntar, com uma surpresa fingida: Para onde foram os jovens? Tudo que tem valor nesta idade parece ter quarenta anos: os trajes, os usos, os modos, só são adequados para pessoas dessa idade. De Ninon admira-se a maturidade, não a juventude confusa. O século é dominado por Descartes, vestido no estilo espanhol, de preto. Procura-se por todas as partes a *raison*, e a teologia interessa mais que qualquer outra coisa: jesuítas contra Jansênio. Pascal, o menino gênio, é genial porque antecipa a velhice dos geômetras.

El Sol, 9 de julho de 1927

2

Todo gesto virtual é ou um gesto de domínio ou um gesto de servidão. *Tertium non datur*. O gesto de combate que parece estar intercalado entre ambos pertence, a rigor, a um outro estilo. A guerra ofensiva é inspirada pela certeza da vitória e antecipa o domínio. A guerra defensiva costuma empregar táticas vis, porque no fundo de sua alma o agredido admira, mais que a si mesmo, o ofensor. Esta é a causa que decide um ou outro estilo de atitude.

O gesto servil adquire essa forma porque o ser não gravita sobre si mesmo, não está seguro de seu próprio valor e vive se comparando com os outros a todo instante. Necessita deles de uma ou outra forma; precisa de sua aprovação para se tranquilizar, quando não de sua benevolência e de seu perdão. Por isso o gesto sempre tem uma referência no próximo. Servir é preencher nossa vida com atos que só têm valor porque são aprovados ou aproveitados por outro. Têm sentido vistos da vida desse outro ser, não da nossa vida. E esta é, em princípio, a servidão: viver em função do outro, não de si mesmo.

O estilo de domínio, por outro lado, não implica vitória. Por isso aparece com mais clareza que nunca em certos casos de guerra defensiva que terminaram com a completa derrota do defensor. O caso da Numância é exemplar. Os numantinos possuem uma fé inquebrantável em si mesmos. Sua longa campanha contra Roma começou por ser ofensiva. Desprezavam o inimigo e, com efeito, derrotavam-no algumas vezes[4]. Quando mais tarde, reunindo e organizando melhor

---

4. Quem quisesse contar com certos detalhes a guerra da Numância, as consequências que teve para a vida romana, mudanças políticas, reforma das instituições etc., faria uma boa coisa. Porque o paralelismo com o momento presente da Espanha é surpreendente e brilhante.

suas forças superiores, Roma aperta a Numância, esta, imagina-se, toma a defensiva, mas não se defende propriamente, se aniquila, se suprime. O fato material da superioridade de forças do inimigo leva o povo de alma dominante a preferir sua própria aniquilação. Porque só sabe viver a partir de si mesmo, e a nova forma de existência que o destino lhe propõe – servidão – é inconcebível para ele, sabe que é a negação da própria vida; portanto, é a morte.

Nas gerações anteriores a juventude vivia preocupada com a maturidade. Admirava os maiores, recebia deles as normas – em arte, ciência, política, usos e regime de vida –, queria sua aprovação e temia irritá-los. Só se entregava a si mesma, da forma que é peculiar dessa idade, sub-repticiamente e como um caso à parte. Os jovens sentiam sua própria juventude como uma transgressão do dever. Isso manifestava-se objetivamente no fato de que a vida social não estava organizada com base neles. Os costumes, os prazeres públicos estavam ajustados ao tipo de vida próprio para as pessoas maduras, e eles tinham que se contentar com as sobras que estas lhes deixavam ou então buscar prazeres censuráveis. Até nas roupas viam-se forçados a imitar os velhos: as modas eram inspiradas na convivência das pessoas mais velhas. As moças sonhavam com o momento em que se vestiriam "de longo", isto é, em que adotariam os trajes de suas mães. Em suma, a juventude vivia na servidão à maturidade.

A mudança ocorrida neste ponto é fantástica. Hoje a juventude parece dona indiscutível da situação, e todos os seus movimentos estão saturados de domínio. Em suas atitudes transparece muito claramente que não se preocupa com a outra idade. O jovem atual vive sua juventude de hoje com tamanha determinação e ousadia, com tamanha despreocupação e segurança, que parece existir só nela. Não se preocupa absolutamente com o que a maturidade pensa dele; mais ainda: esta tem a seus olhos um valor quase ridículo.

As coisas mudaram. Hoje o homem e a mulher maduros vivem quase sobressaltados, com a vaga impressão de que quase não têm direito de viver. Percebem a invasão do mundo pela mocidade como tal e começam a tomar atitudes servis. No momento, a imitam em seu modo de vestir (já tenho afirmado muitas vezes que a moda não é um fato frívolo, mas um fenômeno de grande transcendência histórica, determinado por causas profundas. O presente exemplo comprova indiscutivelmente esta afirmação).

A moda atual é criada para corpos jovens, e é tragicômica a situação dos pais e mães que se veem obrigados a imitar seus filhos e filhas na indumentária. Nós que já somos entrados em anos nos encontramos diante da inaudita necessidade de ter que retroceder um pouco no caminho já percorrido, como se tivéssemos nos enganado, e nos tornarmos – com ou sem vontade – mais jovens do que somos. Não se trata de fingir uma mocidade que se ausenta de nossa pessoa, mas é que o tom adotado pela vida objetiva é o juvenil, e isso nos força a adotá-lo. Da mesma forma que acontece com o vestir, acontece com todo o resto. Os usos, prazeres, costumes, modos são feitos sob medida para os efebos.

O fenômeno é curioso, formidável, e induz a essa humildade e devoção ante o poder, ao mesmo tempo criador e irracional, da vida que tenho recomendado fervorosamente durante toda a minha. Note-se que hoje a existência social está organizada em toda a Europa para que só os jovens das classes médias possam viver à vontade. Os mais velhos e as aristocracias ficaram fora da circulação vital, sintoma em que se juntam dois fatores distintos – juventude e massa – dominantes na dinâmica deste tempo. O regime da vida média foi aperfeiçoado – por exemplo, os prazeres –, e, em troca, as aristocracias não souberam criar para si novos refinamentos que as distanciem da massa. Para elas só restou a compra de objetos mais caros, mas do mesmo gênero daqueles usados pelo homem médio. As aristocracias foram desprestigiadas, desde 1800 no campo político e desde 1900 no campo social, e é lei da história que as aristocracias não podem ser desprestigiadas senão quando tenham entrado previamente numa degeneração irremediável.

Mas há um fato que ressalta mais que qualquer outro esse triunfo da juventude e revela até que ponto é profunda a inversão de valores na Europa. Refiro-me ao entusiasmo pelo corpo. Quando se pensa na juventude, pensa-se antes de tudo no corpo. Por várias razões: em primeiro lugar, a alma tem um frescor mais prolongado, que às vezes chega a ornar a velhice da pessoa; em segundo lugar, a alma é mais perfeita em certo momento da maturidade que na juventude. Sobretudo, o espírito – inteligência e vontade – é, sem dúvida, mais vigoroso no pleno cume da vida que na sua etapa ascensional. Já o corpo tem sua flor – seu *akmé,* diziam os gregos – na estrita juventude, e, vice-versa, decai infalivelmente quando esta é transposta. Por isso, partindo-se de um ponto de vista superior às oscilações históricas, digamos, *sub specie aeternitatis*, é indiscutível que a juventude é mais agradável para ser vista e a maturidade para ser ouvida. O admirável do moço é o seu exterior; o admirável do homem feito é sua intimidade.

Pois bem: hoje se prefere o corpo ao espírito. Não creio que na vida europeia atual haja sintoma mais importante. Talvez as gerações anteriores tenham se preocupado excessivamente com o culto do espírito e – salvo a Inglaterra – tenham se desinteressado excessivamente da carne. Seria conveniente que o ser humano fosse alertado e que o lembrassem que ele não é só alma, e sim união mágica de espírito e corpo.

O corpo como tal é puerilidade. O entusiasmo que hoje desperta inundou de infantilismo a vida continental, afrouxou a tensão de intelecto e vontade em que se recurvou o século XIX, arco excessivamente retesado na direção de metas excessivamente problemáticas. Vamos descansar um pouco no corpo. A Europa – tendo pela frente os problemas mais pavorosos – entra em férias. Expõe o músculo elástico de seu corpo nu atrás de uma bola que demonstra francamente seu desprezo a toda transcendência voando no ar com ar no seu interior.

As associações de estudantes alemães solicitaram energicamente que o currículo universitário fosse reduzido. A razão que apresentaram não era hipócrita: era preciso diminuir as horas de estudo porque precisavam ter tempo para seus jogos e diversões, para "viver a vida".

Essa atitude dominante da juventude de hoje me parece magnífica. Só me ocorre uma reserva mental. Uma entrega tão completa a seu próprio momento é justa enquanto afirma o direito da mocidade como tal diante de sua antiga servidão. Mas não será exorbitante? A juventude, estágio de vida, tem direito a si mesma; mas por ser estágio está afetada inexoravelmente de um caráter transitório. Encerrando-se em si mesma, destruindo as pontes e queimando os barcos que conduzem aos estágios subsequentes, parece declarar-se em rebeldia e separatismo do resto da vida. Se é falso que o jovem não deve fazer outra coisa a não ser preparar-se para ser velho, também é uma ingenuidade abandonar por completo essa cautela. Pois acontece que a vida necessita, objetivamente, da maturidade; portanto, que a juventude também precisa dela. É preciso organizar a existência: ciência, técnica, riqueza, saber vital, criações de toda ordem são necessárias para que a juventude possa se instalar e se divertir. A juventude de agora, tão gloriosa, corre o risco de chegar à maturidade sem aptidão. Hoje goza o ócio florescente que lhe foi proporcionado por gerações sem juventude[5].

---

5. De um ponto de vista mais geral, que, portanto, não contradiz o que foi dito agora, tem sentido dizer que a vida não é senão juventude,

Meu entusiasmo pelo caráter juvenil que a vida adotou só se detém diante desse temor. O que farão quando tiverem quarenta anos os europeus futebolistas? Porque o mundo é de fato um balão, mas com algo mais que ar dentro dele.

El Sol, 19 de junho de 1927

---

ou que a vida tem seu ponto culminante na juventude, ou que viver é ser jovem, e tudo o mais é deixar de viver. Mas isso é válido para um conceito mais minucioso de juventude do que o habitualmente usado e acolhido por este ensaio.

Masculino ou Feminino?

1

Não há dúvida de que nosso tempo é tempo de jovens. O pêndulo da história, sempre inquieto, ascende agora pelo quadrante "mocidade". O novo estilo de vida começou não faz muito tempo, e acontece que a geração que se aproxima dos quarenta anos foi uma das mais desafortunadas que existiram. Porque quando era jovem os velhos ainda reinavam na Europa, e agora que entrou na maturidade depara com a mudança do império para a mocidade. Não teve, portanto, sua hora de triunfo e de domínio, a época da grata coincidência com a ordem reinante na vida. Em resumo: viveu sempre ao contrário do mundo e, como o esturjão, teve que nadar sem parar contra a correnteza do tempo. Os mais velhos e os mais jovens desconhecem esse duro destino de nunca ter flutuado; isto é, de a pessoa nunca ter se sentindo como levada por um elemento favorável, de ter tido, dia após dia e lustro após lustro, que viver no ar, sustentando-se à força sobre o nível da existência. Mas talvez essa impossibilidade de se abandonar um só instante a tenha disciplinado e purificado sobremaneira. É a geração que mais combateu, que, a rigor, ganhou mais batalhas e gozou menos triunfos[1].

Mas deixemos de lado, por ora, o tema dessa geração intermediária e concentremos nossa atenção no momento atual. Não basta dizer que vivemos em tempo de juventude. Com isso apenas o definimos dentro do ritmo das idades. Mas, paralelamente a este, atua sobre a substância histórica o ritmo dos sexos. Tempo de juventude! Perfeitamente. Mas masculino ou feminino? Este problema é mais sutil, mais delicado – quase indiscreto. Trata-se de definir o sexo de uma época.

Para se acertar, tanto nesta como em todas as tarefas da psicologia histórica, é preciso partir de um ponto de vista elevado e libertar-se de ideias estreitas sobre o que é masculino e o que é feminino. Em primeiro lugar, é urgente livrar-se do erro trivial que entende a masculinidade principalmente na sua relação com a mulher. Para quem pensa assim, é muito masculino o cavalheiro fanfarrão cuja ocupação principal é cortejar as damas e falar de mulheres. Este era o tipo de homem dominante por volta de 1890: traje barroco, grandes sobrecasacas com abas ondulando ao vento, plastrão, barba de mosqueteiro, cabelo com ondas, um duelo por mês. (O bom fisionomista da moda logo percebe qual era a ideia inspiradora desta: a ocultação do corpo viril sob uma profusão de tecidos e peles. Só ficam descobertas as mãos, o nariz e os olhos. O resto era falsificação, literatura têxtil, perucas. É uma época de profunda falsidade: discursos parlamentares e prosa de "artigo de fundo"[2].)

---

1. Um exemplo desses combates em que a vitória efetiva não deu, apesar de tudo, o triunfo ao combatente, pode ser visto na ordem pública. Os que combateram e venceram realmente a velha política pseudoparlamentar foram os "intelectuais" dessa geração. E, não obstante, por razões de curiosa visão histórica, o triunfo foi gozado por aqueles que nunca combateram esse regime enquanto foi poderoso.

2. Quando se estudar seriamente a história do último século, ver-se-á que essa geração é a efetivamente culpada pelo transtorno atual da Europa.

O fato de que ao pensar no homem se destaque em primeiro lugar seu afã pela mulher revela, imediatamente, que nessa época predominavam os valores da feminilidade. Só quando a mulher é o que mais se aprecia e o que mais se encanta tem sentido se apreciar o varão pelo serviço e culto que presta a esta. Não há sintoma mais evidente de que o masculino, como tal, é preterido e desestimado. Porque, assim como a mulher não pode em nenhum caso ser definida sem ser relacionada com o varão, este tem o privilégio de ter sua maior e melhor parte completamente independente da existência da mulher. Ciência, técnica, guerra, política, esporte etc., são coisas às quais o homem se dedica com o centro vital de sua pessoa, sem que a mulher tenha qualquer intervenção substantiva. Este privilégio do masculino, que lhe permite bastar-se a si mesmo em ampla medida, talvez pareça irritante. É possível que o seja. Não o aprovo nem desaprovo, tampouco o inventei. É uma realidade de primeira grandeza que a Natureza, inexorável em suas vontades, obriga-nos a levar em conta.

A bem da verdade, pois, sou obrigado a dizer que todas as épocas masculinas da história se caracterizam pela falta de interesse pela mulher. Esta fica relegada ao fundo da vida, a ponto de o historiador, forçado a uma óptica de distância, mal enxergá-la. Na fachada histórica só aparecem homens, e, de fato, nessa época os homens vivem só com homens. Seu relacionamento normal com a mulher fica excluído da zona diurna e luminosa em que acontecem as coisas mais valiosas da vida, e se esconde nas trevas, no subterrâneo das horas inferiores, entregues aos puros instintos – sensualidade, paternidade, familiaridade. Egrégia ocasião de masculinidade foi o século de Péricles, século só para homens. Vive-se em público: praça pública, ginásio, acampamento, galera. O homem maduro assiste aos jogos dos efebos despidos e habitua-se a discernir as mais raras qualidades da beleza varonil, que o escultor vai perpetuar no mármore. Por seu lado, o adolescente bebe no ar ático a fluência de palavras agudas que brotam dos velhos dialéticos, sentados nos pórticos com o cajado sob o braço. A mulher? Sim, à última hora, no banquete varonil, faz sua entrada sob forma de flautistas e dançarinas que executam suas humildes destrezas no fundo, muito no fundo da cena, servindo de apoio e pausa para a conversação que enlanguesce. Uma vez ou outra, a mulher se adianta um pouco: Aspásia. Por quê? Porque aprendeu o saber dos homens, porque se masculinizou.

Embora tendo esculpido formosos corpos de mulher, os gregos não conseguiram, na sua interpretação da beleza feminina, libertar-se da preferência que tinham pela beleza do varão. A Vênus de Milo é uma figura másculo-feminina, uma espécie de atleta com seios. E é um exemplo de cômica falsidade que essa imagem tenha sido proposta para o entusiasmo dos europeus durante o século XIX, quando viviam mais ébrios de romantismo e de fervor pela pura e extremada feminilidade. O cânone da arte grega ficou inscrito nas formas do rapaz esportista; e, quando isso não lhe bastou, preferiu sonhar com o hermafrodita. (É curioso notar que a sensualidade inicial da criança normalmente a faz sonhar com o hermafrodita; quando mais tarde separa a forma masculina da feminina, sofre – por um instante – uma amarga desilusão. A forma feminina é vista como uma mutilação da masculina; portanto, como algo incompleto e defeituoso[3].)

Seria um erro atribuir-se esse masculinismo, que culmina no século de Péricles, a uma cegueira nata do homem grego para os valores da feminilidade, e contrapô-lo à presumida

---

3. Tenho ideia de que Freud trata minuciosamente desse fato. Como li esse autor há já dezesseis anos, não lembro bem em que obra ele trata desse assunto; mas com alguma probabilidade indico ao leitor a que então se intitulava *Três ensaios sobre teoria sexual*.

rendição do germano à mulher. A verdade é que em outras épocas da Grécia, anteriores à clássica, triunfou o feminino, como em certas etapas do germanismo domina o varonil. Melhor que qualquer outro exemplo para esclarecer a diferença entre as épocas de um e de outro sexo é justamente o que aconteceu na Idade Média, que se divide, por si mesma, em duas partes: a primeira, masculina; a segunda, desde o século XII, feminina.

Na primeira Idade Média a vida tem o caráter mais rude. É preciso guerrear cotidianamente e, à noite, compensar o esforço com o abandono e a loucura da orgia. O homem vive quase sempre em acampamentos, só com outros homens, em perpétua emulação com eles sobre temas viris: esgrima, cavalaria, caça, bebida. O homem, como diz um texto da época, "não se deve separar, até a morte, da crina de seu cavalo e passará sua vida à sombra de sua lança". Ainda nos tempos de Dante alguns nobres – os Lamberti, os Soldanieri – conservavam, de fato, o privilégio de serem enterrados a cavalo[4].

Em tal paisagem moral, a mulher não tem papel e não intervém no que podemos chamar de vida de primeira classe. Entendamos bem: em todas as épocas se desejou a mulher, mas ela não foi estimada em todas elas. Assim aconteceu nesta idade rude. A mulher é presa de guerra. Quando o germano desses séculos idealiza a mulher, imagina a valquíria, a fêmea beligerante, virago musculosa que tem atitudes e destrezas de varão.

Essa existência de regime áspero cria as bases primeiras, os alicerces do futuro europeu. Graças a ela se conseguiu já no século XII acumular certa riqueza, contar com um pouco de ordem, de paz, de bem-estar. E é aí que, rapidamente, como em certos dias de primavera, ocorre a mudança da

---

4. Cf. a *Cronaca*, de Fra Salimbene, Parma, 1857, p. 94-102.

face da história. Os homens começam a polir as palavras e os modos. Já não se aprecia o comportamento rude, e sim o gesto comedido, gracioso. A contenda permanente é substituída pela *solatz* e *deport* – que quer dizer conversação e jogo. A transformação deve-se ao ingresso da mulher no cenário da vida pública. A corte dos carolíngios era exclusivamente masculina. Mas no século XII as altas damas de Provença e Borgonha têm a audácia surpreendente de afirmar, diante do Estado dos guerreiros e diante da Igreja dos clérigos, o valor específico da pura feminilidade. Esta nova forma de vida pública, onde a mulher é o centro, contém o germe do que, diante do Estado e da Igreja, vai se chamar de "sociedade", séculos mais tarde. Naquela ocasião se chamou "corte"; mas não como na antiga corte de guerra e de justiça, e sim "corte de amor". Trata-se, nada menos, de todo um novo estilo de cultura e de vida...

El Sol, 26 de junho de 1927

2

Trata-se, nada menos, de todo um novo estilo de cultura e de vida. Porque até o século XII não se tinha encontrado a maneira de afirmar a delícia da existência, do mundano diante do forte "tabu" que a Igreja tinha semeado por toda parte. Agora aparece a "cortesia" vencedora da "cleresia". E a "cortesia" é, antes de mais nada, o regime de vida inspirado pelo entusiasmo pela mulher. Nela se vê a norma e o centro da criação. Sem a violência do combate e do anátema, suavemente, a feminilidade se eleva ao máximo poder histórico. Como aceitam este jugo o guerreiro e o sacerdote, em cujas mãos se achavam todos os meios de luta? Não há exemplo mais claro da força indomável que tem o "sentir do tempo". A rigor, é tão poderoso que não precisa combater. Quando chega, montado sobre os nervos de uma nova geração, instala-se singelamente no mundo como uma propriedade indiscutível.

A vida do varão perde o tom da etapa masculina e se adapta ao novo estilo. Suas armas preterem o combate pela justiça e o torneio, que são organizados para serem vistos pelas damas. Os trajes dos homens começam a imitar as linhas do traje feminino, ajustam-se à cintura e descobrem o colo. O poeta abandona um pouco a gesta em que se canta o herói varonil e constrói a trova que foi inventada

sol per domnas lauzar[5].

O cavaleiro desvia suas ideias feudais para a mulher e decide "servir" uma dama, cujo monograma põe em seu escudo. É dessa época que provém o culto à Virgem Maria, que projeta nas regiões transcendentes a entronização do feminino, acontecida no espaço sublunar. A mulher torna-se ideal do homem, e chega a ser a forma de todo ideal. Por isso, no tempo de Dante, a figura feminina absorve o papel alegórico de todo o sublime, de todo o aspirado. Por fim, consta no Gênesis que a mulher não foi feita de barro como o homem, mas de sonho do homem.

Após exercitar os olhos nestes esquemas do passado, que poderíamos facilmente multiplicar, volta-se ao panorama atual e se reconhece com precisão que nosso tempo não é só tempo de juventude, mas de juventude masculina. Hoje o senhor do mundo é o rapaz. E não porque o tenha conquistado, mas por força do descaso. A mocidade masculina se afirma, se entrega a seus gostos e apetites, a seus exercícios

---

5. "Só para louvar as damas", diz o trovador Giraud de Bornelh.

e preferências, sem se preocupar com o resto, sem acatar ou render homenagem a nada que não seja sua própria juventude. É surpreendente a resolução e a unanimidade com que os jovens decidiram não "servir" a nada nem a ninguém, salvo à ideia mesma da mocidade. Nada pareceria hoje mais obsoleto que o gesto reverente e curvo com que o cavalheiro fanfarrão de 1890 se aproximava da mulher para lhe dizer uma frase galante, rebuscada como uma voluta. As moças perderam o hábito de serem galanteadas, e esse gesto, que há trinta anos representava a fusão de todas as qualidades da virilidade, hoje lhes pareceria afeminado.

Porque a palavra "afeminado" tem dois sentidos muito diversos. Num deles significa o homem anormal que fisiologicamente é um pouco mulher. Estes indivíduos monstruosos existem em todos os tempos, como desvio fisiológico da espécie, e seu caráter patológico impede-os de representar a normalidade de qualquer época. Mas, no outro sentido, "afeminado" significa simplesmente *homme à femmes*, o homem muito preocupado com a mulher, que gira em torno dela e define suas atitudes e pessoa em vista de um público feminino. Nos tempos deste sexo, esses homens parecem muito homens; mas quando chegam etapas de masculinismo descobre-se o que há de efetivo afeminamento neles, apesar de seu aspecto de valentões.

Hoje, como sempre, que os valores masculinos predominaram, o homem estima sua figura mais que a do sexo contrário e, consequentemente, cuida de seu corpo e tende a ostentá-lo. O velho "afeminado" chama a este novo entusiasmo dos jovens pelo corpo viril e a esse esmero com que o tratam de afeminamento, quando é exatamente o contrário. Os rapazes convivem juntos nos estádios e áreas de esportes. Nada lhes interessa além de seu jogo, e a maior ou menor perfeição da postura ou da destreza. Convivem, pois, em perpétuo concurso e emulação, que versam sobre qualidades viris. De tanto se contemplarem nos exercícios onde o corpo aparece livre de disfarces, adquirem uma percepção acurada da beleza física varonil, que passa a ter a seus olhos um valor enorme. Note-se que só se estima a excelência nas coisas de que se entende. Só essas excelências, percebidas com clareza, despertam o ânimo e o arrebatam[6].

Esta é a causa de a moda masculina destes anos ter a tendência de ressaltar a arquitetura do homem jovem, simplificando um tipo de traje tão pouco confortável para ele como o herdado do século XIX. Era preciso que, sob os tubos ou cilindros de tecido em que este traje horrível consiste, se afirmasse o corpo do futebolista.

Talvez desde os tempos gregos nunca se tenha apreciado tanto a beleza masculina como agora. E o bom observador nota que nunca as mulheres falaram tanto e com tamanha sem-cerimônia dos homens atléticos. Antes, sabiam manter em segredo seu entusiasmo pela beleza de um varão, se é que a percebiam. Mas, além disso, convém que se diga que a notavam muito menos que na atualidade. Um velho psicólogo habituado a meditar sobre esses assuntos sabe que o entusiasmo da mulher pela beleza corporal do homem, sobretudo pela beleza da compleição atlética, quase nunca é espontâneo. Ao ouvir hoje com tanta frequência o cínico elogio ao homem atlético brotando de lábios femininos, em vez de registrar ingênua e simplesmente que "a mulher de 1927 gosta superlativamente dos homens atléticos", faz uma descoberta profunda: a mulher de 1927 deixou de cunhar os valores por si mesma e aceita o ponto de vista dos homens que nesta

---

6. Por isso a admiração pelo escritor na Espanha é sempre falsa e muito mais um ato de boa vontade do que de entusiasmo sincero. Na França, ao contrário, o escritor tem um grande poder social. Simplesmente porque os franceses entendem de literatura.

data sentem, de fato, entusiasmo pela esplêndida figura do atleta. Vê nisso, portanto, um sintoma de primeira categoria, que revela o predomínio do ponto de vista varonil.

Não serviria de objeção a isso que alguma leitora, perscrutando sinceramente seu interior, reconhecesse que não achava que sua admiração pela beleza masculina fosse influenciada pela opinião que os jovens têm sobre ela. De tudo o que é um impulso coletivo e empurra a vida histórica inteira em uma ou em outra direção não temos consciência jamais, como não temos consciência do movimento estelar que leva nosso planeta, nem da faina química em que estão ocupadas nossas células. Cada qual acredita viver por sua conta, em virtude de razões que supõe personalíssimas. Mas o fato é que sob essa superfície de nossa consciência atuam as grandes forças anônimas que nos mobilizam a seu capricho.

Tampouco sabe a mulher de hoje por que fuma, por que se veste como se veste, por que se interessa pelos esportes físicos. Cada uma poderá apresentar uma razão diferente, que encerrará alguma verdade, mas não a suficiente. É muita coincidência que no presente o comportamento da assistência feminina nos mais diversos campos tenha sempre o mesmo ponto comum: a assimilação do homem. Se no século XII o varão se vestia como a mulher e fazia inspirado por ela versinhos melífluos, hoje a mulher imita o homem no vestir e adota seus jogos violentos. A mulher procura achar em seu corpo as linhas do outro sexo. Por isso o mais característico da moda atual não é a exiguidade do que cobrem, mas justo o contrário. Basta comparar os trajes de hoje com o usado na época de outro Diretório maior – 1800 – para se descobrir a essência variante, tanto mais expressiva quanto maior é a semelhança. O traje Diretório era também uma simples túnica, bastante curta, quase como a de agora. No entanto, aquela nudez era uma perversa nudez de mulher. Agora a mulher anda despida como um rapaz. A dama Diretório acentuava, levantava e ostentava o atributo feminino por excelência: aquela túnica era o talhe mais sóbrio para sustentar a flor do seio. O traje atual, aparentemente tão generoso quanto à nudez, oculta, anula, disfarça o seio feminino.

É um equívoco psicológico explicar-se a moda vigente por uma suposta intenção de excitar os sentidos do varão, que se tornaram um pouco indolentes. Essa indolência é um fato, e eu nego que esse detalhe da indumentária e as atitudes sejam influência desse propósito de incitação; mas as linhas gerais da figura feminina atual são inspiradas numa intenção oposta: a de se parecer um pouco com o homem jovem. O atrevimento e a falta de pudor da mulher contemporânea são, mais que femininos, o atrevimento e o despudor de um rapaz que expõe seu corpo elástico à intempérie. Exatamente o contrário, pois, de uma exibição lúbrica e viciosa. Provavelmente as relações entre os sexos nunca tenham sido mais sãs, paradisíacas e moderadas do que agora. Porque sempre aconteceu que as épocas masculinas da história, desinteressadas pela mulher, se entregaram ao culto estranho do amor dórico. Assim foi no tempo de Péricles, no tempo de César, no Renascimento.

É uma bobagem, portanto, perseguir em nome da moral a sumariedade das saias da moda. Há nos sacerdotes uma mania milenar de se oporem aos modismos. Em princípios do século XIII, nota Luchaire, "os pregadores não cessam de investir contra o comprimento exagerado das saias, que são, dizem, uma invenção diabólica"[7]. Em que ficamos? Qual é a saia diabólica? A curta ou a longa?

Para quem passou sua juventude numa época feminina, entristece ver a humildade com que hoje a mulher, destronada, procura insinuar-se e ser tolerada na sociedade dos

---

7. Achile Luchaire, *La société française au temps de Philippe Auguste*, p. 376.

homens. Com esse fim aceita os temas de conversação preferidos pelos rapazes e fala de esportes e de automóveis, e serve os *cocktails* como um rapaz. Essa míngua do poder feminino sobre a sociedade é a causa de que a convivência seja tão áspera em nossos dias. Sendo a mulher a inventora da "cortesia", com sua retirada do primeiro plano social chega o império da descortesia. Hoje não se compreenderia um fato como o acontecido no século XVII em razão da beatificação de vários santos espanhóis – entre eles, Santo Inácio, São Francisco Xavier e Santa Tereza de Jesus. Acontece que a beatificação sofreu uma grande demora por causa da disputa surgida entre os cardeais sobre quem deveria entrar primeiro na beatitude oficial: a dama Cepeda ou os dois varões jesuítas.

El Sol, 3 de julho de 1927